프로메테우스 인프라스트럭처 모니터링

프로메테우스 인프라스트럭처 모니터링

가상머신, 컨테이너 환경의 프로메테우스 모니터링 실습과 활용

조엘 바스토스 · 페드로 아라우호 지음   김진웅 · 문진수 옮김

i!i
에이콘

에이콘출판의 기틀을 마련하신 故 정완재 선생님 (1935-2004)

| 지은이 소개 |

조엘 바스토스^{Joel Bastos}

인프라 보안과 자동화에 대한 배경 지식을 갖춘 오픈소스 후원자이자 기고자다. 프로세스 표준화, 코드 유지 관리, 코드 재사용성을 위해 항상 노력한다. 프로메테우스^{Prometheus}를 기반으로 여러 조직에서 고가용성, 내결함성이 있는 중요 엔터프라이즈와 웹 스케일 인프라의 설계와 구현을 주도했다. 포르투갈의 두 유니콘 회사와 세계에서 가장 큰 트랜잭션 기반 게임 회사에서 근무했다. 포르투갈 시민증의 공개 키 인프라 프로젝트에 참여해 여러 정부 기관을 지원했다. 블로그 blog.kintoandar.com과 트위터 @kintoandar에서 활동 중이다.

아직 이 책을 읽지 않은 프로메테우스 메인테이너와 커뮤니티에 감사드린다. 특히 이번 프로젝트가 현실화되도록 시간을 내주신 브라이언 브라질(Brian Brazil)에게 감사를 전한다.

내 삶에 의미를 부여하고 정신을 지켜준 영혼의 동반자인 아나 소피아(Ana Sofia)와 내 가족, 친구들의 무조건적인 모든 지원에 감사를 전하고 싶다.

페드로 아라우호^{Pedro Araujo}

사이트 신뢰성^{SRE, site reliability}과 자동화 엔지니어며, 규모에 맞게 모니터링하는 여러 표준을 정의하고 구현했다. 개발 팀과 인프라스트럭처를 연결하는 데 근본적인 역할을 했다. 인프라 분야의 전문가지만 대규모로 거래되는 시스템의 자동화와 관리에 관심이 많다. Riemann, OpenTSDB, Sensu, 프로메테우스, 타노스^{Thanos} 등의 여러 오픈소스 프로젝트에 기여했다. 트위터 @phcrva에서 활동 중이다.

통찰 있는 관찰력으로 귀중한 피드백을 주신 브라이언 브라질에게 감사드리며, 프로메테우스의 개발자와 메인테이너들에게 정말 놀라운 결과물을 만들어주신 것에 감사드린다. 그리고 이 책을 제작하게 해주신 팩트출판사의 모든 분께 감사를 전한다.

마지막으로 아내 이네스(Ines)와 자녀 구이(Gui)와 미아(Mia), 가족과 친구들의 격려에 감사를 전하고 싶다.

브라이언 브라질^{Brian Brazil}

프로메테우스 개발자이자 Robust Perception의 창립자다. 프로메테우스 생태계 전반에 걸쳐 일하고 있으며, 모범 사례^{best practice}, 익스포터, PromQL, 클라이언트 라이브러리 개발 등의 분야에 종사 중이다. 프로메테우스 주제를 정기적으로 다루는 Reliable Insights 블로그의 메인 필자로 『프로메테우스, 오픈소스 모니터링 시스템』(책만, 2019)의 저자다.

| 옮긴이 소개 |

김진웅(ddiiwoong@gmail.com)

클라우드 엔지니어로서 주로 아키텍트와 데브옵스 업무를 하고 있다. 10여 년간 대기업 SI사에서 레거시Legacy 인프라 운영과 클라우드 운영 엔지니어로 근무했고, 2017년부터 컨테이너 기술 중심으로 업계가 변하면서 GPU 클라우드 플랫폼, FaaS(서버리스) 서비스를 개발했다. 현재 퍼블릭 클라우드 기반 데이터레이크 구축 프로젝트로 고군분투 중이다.

문진수(mjsjinsu@gmail.com)

인프라 엔지니어로 클라우드 세계에 입문했으며, 컨테이너 기술 중심으로 클라우드 네이티브 플랫폼과 CNCF 프로젝트 생태계 기술에 집중하고 있다. 과거 클라우드 OPS 엔니지어로서 클라우드파운드리CloudFoundry, 쿠버네티스Kubernetes 등의 클라우드 플랫폼 구축과 오픈소스 기반 클라우드 서비스 개발 경험이 있으며, 현재 금융 환경에서 클라우드 기술 검토와 안정적인 운용 업무에 힘쓰고 있다.

| 옮긴이의 말 |

프로메테우스는 클라우드 네이티브 컴퓨팅 재단^{CNCF, Cloud Native Computing Foundation}에서 졸업한 두 번째 프로젝트로, 다른 시계열 데이터베이스인 인플럭스디비^{InfluxDB}, 그라파이트^{Graphite}와 달리 푸시^{PUSH} 방식이 아닌 HTTP를 통한 풀^{PULL} 방식의 데이터 수집을 기본으로 한다. 그로 인해 쿠버네티스나 이스티오^{Istio} 등의 현재 가장 인기 있는 CNCF 오픈소스들과 대부분의 모니터링 서비스 및 플랫폼까지 모두 백엔드로 지원하고, 특히 쿠버네티스 클러스터를 직접 구축하거나 운영할 때 별도의 개발 없이 모니터링 시스템을 구축할 수 있다는 큰 장점이 있다. PromQL를 활용해 다양한 형태로 데이터를 가공해 모니터링 플랫폼에 전달하는 역할도 할 수 있고, 다양한 익스포터^{exporter}를 사용하거나 커스텀 메트릭을 구현해 네트워크 장비를 비롯한 다양한 인프라 자원의 모니터링을 통합 관리할 수 있다.

이 책을 통해 베이그런트^{Vagrant} 기반 가상 환경에서의 핸즈온으로 프로메테우스 관련 생태계와 명령어들을 직접 구동하고 경험해보면서 프로메테우스 도입을 검토하거나 다른 모니터링 시스템과 비교할 수 있을 것이다. 또한 2.9.X 버전을 기반으로 실습이 진행되기 때문에 2.4 버전 이후 변경된 점까지 확인할 수 있다.

번역 작업을 하면서 쿠버네티스 문서 한글화 가이드(https://kubernetes.io/ko/docs/contribute/localization_ko/)에서 많은 도움을 받았다. 이 책이 나오기까지 도움을 주신 많은 분과 언제나 큰 힘이 되는 아내와 가족들에게 고마움을 전한다.

김진웅

단일 머신으로 수천 개의 타깃^{Target}과 수백만 개의 메트릭 시계열 데이터를 처리하는 프로메테우스는 분명 매력적인 도구임에는 틀림없다. 프로메테우스는 쿠버네티스의 확산과 함께 간단한 내부 구성 요소와 메트릭 수집/처리 과정이 간소해 국내에서도 많은 기업과 운영 환경에서의 다양한 활용 사례가 생기고 있다. 더 다양하고 복잡한 클라우드 환경에서의 모니터링 환경을 구축하려는 운영자, 개발자에게 프로메테우스는 아주 좋은 선택지다.

프로메테우스를 기반으로 클라우드 네이티브 모니터링 시스템을 구축한 경험을 토대로 프로메테우스를 처음 접하고 시작하는 독자들께 도움이 되고자 하는 마음으로 번역을 진행했다. 번역 과정에서 프로메테우스에는 많은 변화가 있었고, CNCF 생태계와 함께 다양한 유관 프로젝트와 도구가 개발되고 있다.

이 책은 예제 코드와 함께 실제로 활용할 수 있는 내용 중심으로 구성됐으며, 프로메테우스를 도입하고 사용해 보고자 하는 다양한 사용자에게 도움이 될 것이다.

프로메테우스는 스케일아웃 형태의 규모에 따른 확장의 제약 사항을 가진 부분에서 다양한 접근 방식으로 노력 중이며, 더욱 복잡해지는 비즈니스와 IT 환경에서 큰 역할을 할 것으로 기대한다.

어려운 상황 속에서도 번역 작업에 도움주신 분들께 감사 인사를 드린다.

문진수

| 차례 |

책과 기술에 대한 소개

클라우드 네이티브 컴퓨팅 재단^{CNCF, Cloud Native Computing Foundation}에서 졸업한 두 번째
프로젝트인 프로메테우스^{Prometheus}에 관한 이 책은 모니터링의 핵심 기본 개념을 익히
고 업무에 필요한 인프라 가시성 확보에 사용할 수 있는 방법을 구체화하는 데 도움이
된다. 테스트 환경과 다이어그램을 사용해 해당 기술을 쉽게 이해할 수 있는 실용적인
예제 위주로 구성했다.

주목표는 책에서 다루는 기술을 이해하고 확인하는 것이기 때문에 중요한 프로메테우
스 기술과 스택 개념을 모두를 다룬다.

프로메테우스 서버 단독 실행에서부터 확장 가능한 옵션이 무엇인지, 알림 규칙 생성
과 테스트에서 슬랙^{Slack} 알림 템플릿 작성과 대시보드에서 타깃 디스커버리 자동화
^{automating target discovery}에 이르기까지 다양한 주제를 다룬다. 프로메테우스를 기본으로
사용하는 인프라 모니터링의 전반적인 기반 지식을 확보할 수 있도록 관련 있는 많은
주제를 다룬다.

이 책의 대상 독자

소프트웨어 개발자, 클라우드 전문가, 사이트 신뢰성 엔지니어, 데브옵스^{DevOps} 엔지니
어, 인프라 보안과 성능을 유지하기 위해 신뢰할 수 있는 모니터링과 알림 시스템을
설정하려는 시스템 관리자를 대상으로 한다. 네트워킹과 인프라 모니터링에 관한 기
본 지식은 이 책에서 다루는 개념을 이해하는 데 도움이 될 것이다.

▌이 책의 구성

1장, **모니터링 기초**에서는 책 전반에 걸쳐 사용되는 몇 가지 주요 개념의 토대를 정립한다. 또한 프로메테우스가 메트릭을 수집하는 접근 방법과 논란의 여지가 있는 몇 가지 사항이 스택의 설계와 아키텍처에 필수적인 이유도 살펴본다.

2장, **프로메테우스 생태계 개요**에서는 프로메테우스 생태계 전반에 걸쳐 고급 개요를 소개한다. 구성 요소마다 어떤 작업을 수행하는지와 모든 것이 논리적으로 상호 운용되는 방법을 설명한다.

3장, **테스트 환경 구축**에서는 책에서 제공되는 테스트 환경을 사용하는 기본적인 방법과 다양한 구성의 유효성을 검사하고자 테스트 환경을 점검하는 방법을 설명한다.

4장, **프로메테우스 메트릭 개념**에서는 프로메테우스의 핵심 리소스인 메트릭^{Metric}을 살펴본다. 프로메테우스 스택을 완전히 활용, 관리, 확장하려면 올바른 이해가 필요하다.

5장, **프로메테우스 서버 실행**에서는 프로메테우스 서버를 중점적으로 다루며, 가상 시스템과 컨테이너의 일반 사용 패턴과 전체 환경설정 프로세스의 시나리오를 제공한다.

6장, **익스포터와 통합**에서는 사용할 수 있는 가장 유용한 익스포터^{Exporter}를 소개하고 사용 방법과 관련 예제를 제공한다.

7장, **프로메테우스 쿼리: PromQL**에서는 애드혹 집계$^{adhoc\ aggregation}$와 시계열의 조합을 수용할 수 있고 다차원 데이터 모델을 활용할 수 있는 강력하고 유연한 프로메테우스 쿼리 언어인 PromQL을 상세히 살펴본다.

8장, **트러블슈팅과 검증**에서는 문제를 빠르게 감지하고 해결할 수 있는 유용한 지침을 제공한다. 또한 중요한 정보를 확인할 수 있도록 제공되는 엔드포인트 활용법과 중요한 정보를 제공하는 프로메테우스 커맨드라인 인터페이스이자 검증 도구인 promtool을 살펴본다.

9장, 알림과 레코딩 규칙 정의에서는 알림 규칙과 레코딩 규칙의 사용법과 테스트 진행 과정을 다루고, 관련 예제를 제공한다.

10장, 그라파나 대시보드 검색과 생성에서는 기본 제공되는 콘솔 기능뿐만 아니라 그라파나^Grafana와 대시보드의 구성, 공유, 재사용 방법을 다루며, 프로메테우스 스택의 시각화 구성 요소를 살펴본다.

11장, 알림 매니저에서는 프로메테우스 스택의 알림 구성 요소를 소개한다. 여러 가지 알림 도구와 통합하는 방법, 중복 제거를 통해 고가용성을 실현하도록 클러스터링을 올바르게 설정하는 방법을 살펴본다.

12장, 올바른 서비스 디스커버리 선택에서는 다양한 서비스 디스커버리^Service Discovery의 통합 방법을 살펴보고, 자체 통합을 구축하는 데 필요한 요구 사항과 지식을 제공한다.

13장, 프로메테우스 확장과 페더레이션에서는 프로메테우스 스택의 확장 방법을 다루고, 샤딩^sharding과 글로벌 뷰^global view의 개념을 설명한다.

14장, 롱텀 스토리지와 통합에서는 프로메테우스 읽기/쓰기 엔드포인트의 개념을 다룬다. 그런 다음 외부 스토리지와 롱텀^Long-Term 메트릭 스토리지 통합에 따른 고려 사항을 심층적으로 살펴본다. 마지막으로 타노스^Thanos를 사용하는 엔드투엔드 예제를 소개한다.

▌준비 사항

모니터링, 네트워킹, 컨테이너에 대한 기본 지식이 있으면 유용하지만 필수는 아니다. 모든 테스트 환경은 맥OS^MacOS와 리눅스^Linux를 사용해 검증했으며, 호환성을 높이기 위해 특정 소프트웨어 버전을 적용했으므로 문제가 발생하지 않도록 보장할 수 있는 최적의 환경으로 구성했다. 3장에서 이 주제에 대한 모든 기술 정보를 제공한다.

책에 제시된 모든 웹 인터페이스에 액세스할 수 있는 최신 브라우저와 소프트웨어 종속성을 다운로드하기 위한 인터넷 연결이 필요하다.

▎예제 코드 다운로드

이 책에서 사용된 예제 코드는 http://www.packtpub.com/support를 방문해 이메일을 등록하면 파일을 직접 받을 수 있으며, 이 링크를 통해 원서의 Errata도 확인할 수 있다. 또한 https://github.com/PacktPublishing/Hands-On-Infrastructure-Monitoring-with-Prometheus에서 다운로드할 수 있으며, 에이콘출판사의 도서정보 페이지인 http://www.acornpub.co.kr/book/monitoring-prometheus에서도 예제 코드를 다운로드할 수 있다.

▎컬러 이미지 다운로드

이 책에서 사용되는 화면과 다이어그램의 컬러 이미지를 제공하며 https://www.packtpub.com/sites/default/files/downloads/9781789612349_ColorImages.pdf에서 다운로드할 수 있다. 에이콘출판사의 도서정보 페이지 http://www.acornpub.co.kr/book/monitoring-prometheus에서도 컬러 이미지를 확인할 수 있다.

▎편집 규약

이 책에는 몇 가지 유형의 텍스트가 사용된다.

텍스트 안의 코드: 텍스트 내에 코드가 포함된 유형으로, 데이터베이스 테이블 이름, 사용자 입력란 등이 이에 포함된다. 예를 들어 다음과 같다.

"이제 vagrant status를 실행할 수 있다."

코드 블록은 다음과 같이 표기한다.

```
annotations:
    description: "Node exporter {{ .Labels.instance }} is down."
    link: "https://example.com"
```

코드 블록의 특정 부분을 강조할 때에는 관련 행이나 항목을 굵게 표기한다.

```
annotations:
    description: "Node exporter {{ .Labels.instance }} is down."
    link: "https://example.com"
```

커맨드라인 입력이나 출력은 다음과 같이 표기한다.

```
vagrant up
```

고딕체: 새로운 용어, 중요한 단어, 화면에 나타난 단어 등의 표시에 사용한다. 화면상의 메뉴나 대화상자에 나타난 텍스트가 이에 해당한다. 예를 들어 다음과 같이 표시한다.

"상단 표시줄의 Status ▶ Rules로 이동해 이 페이지를 찾을 수 있다."

 경고나 중요한 내용은 이와 같이 나타낸다.

 팁이나 요령은 이와 같이 나타낸다.

정오표

내용을 정확하게 전달하기 위해 최선을 다했지만, 실수가 있을 수 있다. 팩트출판사의 도서에서 문장이든 코드든 간에 문제를 발견해서 알려준다면 매우 감사하게 생각할 것이다. 독자의 참여를 통해 다른 독자에게 도움을 주고, 다음 버전의 도서를 더 완성도 높게 만들 수 있다. 오탈자를 발견한다면 http://www.packtpub.com/submiterrata를 방문해 책을 선택하고, 구체적인 내용을 입력해주길 바란다. 보내준 오류 내용이 확인 되면 웹사이트에 그 내용이 올라가거나 해당 서적의 정오표 부분에 그 내용이 추가될 것이다. http://www.packtpub.com/support에서 해당 도서명을 선택하면 기존 정오 표를 확인할 수 있다.

한국어판의 정오표는 에이콘출판사의 도서정보 페이지 http://www.acornpub.co.kr/book/monitoring-prometheus에서 찾아볼 수 있다.

저작권 침해

인터넷에서의 저작권 침해는 모든 매체에서 벌어지고 있는 심각한 문제다. 팩트출판 사에서는 저작권과 사용권 문제를 매우 심각하게 인식한다. 어떤 형태로든 팩트출판 사 서적의 불법 복제물을 인터넷에서 발견한다면 적절한 조치를 취할 수 있도록 해당 주소나 사이트명을 알려주길 부탁한다.

의심되는 불법 복제물의 링크는 copyright@packtpub.com으로 보내주길 바란다. 저자 와 더 좋은 책을 위한 팩트출판사의 노력을 배려하는 마음에 깊은 감사의 뜻을 전한다.

질문

이 책과 관련해 질문이 있다면 questions@packtpub.com으로 문의하길 바란다. 최선 을 다해 질문에 답하겠다. 한국어판에 관한 질문은 이 책의 옮긴이나 에이콘 출판사 편집 팀(editor@acornpub.co.kr)으로 문의해주길 바란다.

서론

1부를 완료하면 프로메테우스^{Prometheus} 기술 스택을 깊이 있게 익히는 데 필요한 기본 지식을 갖출 수 있다.

1부에는 다음 장들이 있다.

- 1장, 모니터링 기초
- 2장, 프로메테우스 생태계 개요
- 3장, 테스트 환경 구축

모니터링 기초

1장에서는 책 전반에 걸쳐 사용되는 몇 가지 주요 개념을 설명한다. 모니터링^{monitoring}의 정의를 시작으로, 체계적인 분석이 왜 중요하고 조직에 어떤 영향을 줄 수 있는지 강조하는 다양한 견해와 요인을 살펴본다. 메트릭 수집과 관련된 프로메테우스^{Prometheus} 접근 방식을 자세히 살펴보면서 다양한 모니터링 방식의 장단점을 알아본다. 그리고 프로메테우스 스택의 설계와 아키텍처에 필수적이지만 논쟁의 여지가 있는 고려 사항과 자체 모니터링 시스템을 설계할 때 이를 고려해야 하는 이유를 알아본다.

1장에서 다루는 내용은 다음과 같다.

- 모니터링 정의
- 화이트박스와 블랙박스 모니터링

- 메트릭 수집의 이해

모니터링 정의

모니터링에 대한 합의된 정의는 업계나 직무의 특정 상황에 따라 빠르게 변화하기 때문에 이해하기 어렵다. 다양한 관점, 모니터링 시스템을 구성하는 요소, 데이터가 수집되는 방식까지도 명확한 정의를 내리는 데 어려움을 주는 요인이다.

공통 기준이나 배경지식이 없으면 모니터링에 관련된 논의를 지속하기 어렵고, 기대치를 맞추기가 쉽지 않다. 따라서 다음 절에서는 이 책 전반에 걸쳐 안내할 모니터링의 정의를 얻기 위한 가이드라인을 제시한다.

모니터링의 가치

마이크로서비스^{MicroService} 지향 아키텍처의 채택이 기하급수적으로 늘어나고 인프라의 복잡성이 증가함에 따라 인프라의 모든 구성 요소에 대한 글로벌 뷰의 확보가 중요해졌다. 각 인스턴스(컨테이너), 캐싱, 데이터베이스, 로드밸런서의 상태를 수동으로 점검하는 것은 현실적으로 불가능하다. 대부분의 리소스가 너무 유동적으로 움직이기 때문에 주의 깊게 지켜봐야 하는 것은 말할 것도 없다.

최근 모니터링은 앞에 언급한 리소스들의 데이터를 추적^{Track}하는 것이 일반적이다. 하지만 데이터는 여러 가지 형태로 제공돼 다른 목적으로도 사용될 수 있다.

알림^{Alerting}은 모니터링 데이터의 표준 용도 중 하나지만 모니터링 데이터는 더 많은 곳에 사용될 수 있다. 인프라 용량 계획이나 인시던트(장애) 조사를 위해 과거 기록 정보가 필요할 수도 있고, 문제 상황을 더 드릴다운$^{drill down}$하기 위해 상위 레벨의 분석이 필요할 수도 있고, 심지어 서비스 중단 시 복구되는 평균 시간을 줄이기 위해 상위 레벨의 신규 서비스가 필요할 수도 있다.

모니터링은 현재 운영 중인 시스템, 프로덕션 및 비즈니스를 안정적으로 유지하기 위한 정보의 원천으로 볼 수 있다.

조직 컨텍스트

조직 컨텍스트 관점에서 살펴보면 시스템 관리자[SA, System Administrators], 품질보증 엔지니어[QAE, Quality Assurance Engineers], 사이트 신뢰성 엔지니어[SRE, Site Reliability Engineers] 또는 프로덕트 오너[PO, Product Owners] 등의 역할에 따라 모니터링에 대한 서로 다른 기대치를 갖고 있을 것이다. 각 역할별 필요한 요구 사항을 이해하면 모니터링에 대해 다룰 때 조직 컨텍스트가 왜 그렇게 유용한지 쉽게 이해할 수 있다. 몇 가지 예를 보면서 다음 상황들을 확장시켜보자.

- 시스템 관리자는 고해상도[high-resolution1], 짧은 지연 시간 및 다양성이 큰 데이터에 관심이 있다. 시스템 관리자의 경우 모니터링의 주요 목적은 인프라 전반의 가시성을 확보하고 CPU 사용량에서부터 하이퍼텍스트 전송 프로토콜[HTTP, Hypertext Transfer Protocol] 요청률에 이르는 데이터를 관리해 문제를 신속하게 발견하고 근본 원인을 최대한 빨리 파악하는 것이다. 이 접근 방식에서는 영향을 받는 시스템을 드릴다운하려면 모니터링 데이터를 고해상도로 노출하는 것이 중요하다. 문제가 발생하면 다음 데이터 확인 시점까지 오랜 시간을 기다릴 수 없으므로 데이터가 거의 실시간으로 제공되거나 지연 시간이 짧아야 한다. 마지막으로 영향을 받기 쉬운 시스템을 식별하거나 예측하기가 쉽지 않으므로 모든 시스템에서 가능한 한 많은 데이터를 수집해야 한다. 즉, 데이터의 다양성이 높아야 한다.
- 품질보증 엔지니어는 고해상도, 지연 시간 및 다양성이 큰 데이터에 관심이 있다. 품질보증 엔지니어에게는 시스템 영향도에 대한 심층적인 분석이 가능

---

1. 고해상도는 동일 시간 내에 더 많은 시계열 데이터를 가진다는 의미다. - 옮긴이

하도록 고해상도 모니터링 데이터를 수집하는 것이 가장 중요하고 지연 시간은 시스템 관리자만큼 중요하지 않다. 이러한 경우 과거 데이터를 바탕으로 소프트웨어 릴리스를 비교하는 것이 훨씬 더 중요하다. 새로운 릴리스의 영향도를 완벽히 예측할 수 없기 때문에 모니터링 데이터는 소프트웨어가 사용할 수 있도록 모든 시스템에 연계돼야 하고, 직접 또는 간접적으로 호출하거나 상호작용할 수 있도록 최대한 많은 데이터를 확보해야 한다.

- 용량 계획에 집중하는 사이트 신뢰성 엔지니어는 저해상도, 지연 시간 및 다양성이 큰 데이터에 관심이 있다. 사이트 신뢰성 엔지니어에게는 과거 데이터가 현재 데이터가 나타내는 해상도보다 훨씬 더 중요하다. 예를 들어 인프라 사용량 증가를 예측하기 위해 몇 달 전 오전 4시에 컴퓨트 노드 중 하나가 CPU 사용량이 10초 만에 100%에 도달한다는 것을 아는 것은 그다지 중요하지 않지만, 새로운 자원 스케일 요구 사항을 처리하는 데 필요한 노드 수를 추정하기 위해 CPU 사용량의 추세를 아는 것이 더 유용하다. 따라서 사이트 신뢰성 엔지니어는 그러한 요건에 의해 영향을 받는 다른 모든 부분에 대해 넓은 시각을 갖는 것도 중요하다. 예를 들어 로그의 저장 용량, 네트워크 대역폭 증가 등을 예측해 데이터 모니터링의 다양성을 높이는 것이 필수적이다.

- 프로덕트 오너는 저해상도, 지연 시간 및 다양성이 낮은 데이터에 관심이 있다. 일반적으로 프로덕트 오너와 관련된 경우 모니터링 데이터는 인프라에서 비즈니스 영역으로 이동한다. 프로덕트 오너는 과거 데이터가 기본이고 해상도가 그다지 중요하지 않은 특정 소프트웨어 제품의 추세를 이해하기 위해 노력한다. 소프트웨어 릴리스가 고객에게 미치는 영향을 평가하는 목표를 염두에 두고 지연 시간은 시스템 관리자만큼 필수적인 것은 아니다. 프로덕트 오너는 담당하는 특정 프로덕트만을 관리하므로, 주로 비즈니스 메트릭metric으로 구성된 모니터링 데이터의 다양성이 낮을 것으로 예상된다.

다음 표는 앞의 예를 훨씬 더 축약된 형태로 보여준다.

	데이터 해상도	지연 시간	다양성
인프라 알림	높음	낮음	높음
소프트웨어 릴리스 관점	높음	높음	높음
용량 계획	낮음	높음	높음
프로덕트/비즈니스 관점	낮음	높음	낮음

모니터링 구성 요소

상황에 따라 모니터링 정의가 변경되는 것과 동일한 방식으로, 모니터링 구성 요소가 정의된다. 원하는 모니터링 범위에 따라 다음 내용에서 이러한 구성 요소 중 일부 또는 전부를 찾을 수 있다.

- **메트릭**Metrics: 특정 시스템 리소스, 애플리케이션 작업 또는 비즈니스 특성이 특정 시점에서의 수치로 표시된다. 이 정보는 집계된 형식으로 얻을 수 있다. 예를 들어 특정 요청에 대한 정확한 시간이 아닌 초당 요청 수를 확인할 수 있으며, 컨텍스트가 없으면 요청의 ID를 알 수 없다.
- **로깅**Logging: 로깅은 메트릭보다 훨씬 많은 데이터를 포함하는 시스템이나 애플리케이션의 이벤트로 나타나며, 이러한 이벤트에 의해 생성되는 모든 정보를 포함한다. 이 정보는 집계되지 않고 전체 컨텍스트를 가진다.
- **추적**Tracing: 추적은 요청이 모든 시스템에 걸쳐 전체 라이프사이클 동안 추적될 수 있도록 고유한 식별자를 제공하는 로깅의 특별한 경우다. 요청 횟수에 따라 데이터셋dataset이 증가하기 때문에 모든 요청을 추적하는 대신 샘플을 사용하는 것이 좋다.
- **알림**Alerting: 메트릭이나 로그의 지속적인 임곗값 유효성을 검사하며, 설정된 임곗값을 위반하는 경우 처리하거나 통지한다.

- **시각화**Visualization: 메트릭, 로그, 추적 데이터를 시각 자료 형태Graph로 표현한 것이다.

최근 모니터링이라는 용어는 모니터링의 진화(또는 발전된 개념)라 할 수 있는 관측 가능성observability2의 상위 집합superset 용어로 쓰이거나 데브옵스처럼 개념을 소생시키고 의미를 개괄한 용어로 쓰인다. 현재 상태로 관찰 가능성은 지금부터 설명하는 모든 구성 요소를 포함한다.

책 전반에 걸쳐 모니터링의 정의에는 메트릭, 알림, 시각화가 모두 통합돼 있다.

 모니터링은 알림 및 시각화와 연관된 메트릭이다.

▌ 화이트박스와 블랙박스 모니터링

모니터링을 구현하는 다양한 방법이 있지만, 크게 블랙박스 모니터링blackbox monitoring과 화이트박스 모니터링whitebox monitoring으로 나눌 수 있다.

블랙박스 모니터링에서는 애플리케이션이나 호스트가 외부에서 관찰돼 접근이 상당히 제한될 수 있다. 모니터링 타깃 시스템이 다음과 같은 방법으로 프로브probes에 정상적으로 응답하는지 여부를 검사하는 방식으로 이뤄진다.

- 호스트가 인터넷 제어 메시지 프로토콜ICMP, Internet Control Message Protocol의 에코 요청(보통 ping이라고 한다)에 응답하는가?
- TCP 포트가 열려 있는가?

---

2. observability란 시스템의 외부 시그널과 특성만으로 내부 상태를 이해하고 판단하는 수준으로 측정하는 것 – 옮긴이

- 애플리케이션이 특정 HTTP 요청을 수신할 때 정상적인 데이터와 상태 코드로 응답하는가?
- 특정 애플리케이션의 프로세스가 호스트에서 실행되고 있는기?

반면 화이트박스 모니터링에서는 모니터링 타깃 시스템이 내부 상태와 주요 성능에 대한 데이터를 제공한다. 이러한 유형의 수집은 운영상의 측정 데이터와 다양한 내부 구성 요소의 상태를 노출하기 때문에 매우 효과적이며, 그렇지 않은 경우 내부를 확인하기 어렵고 불가능하다. 측정 데이터는 대개 다음과 같은 방법으로 처리된다.

- **로깅**^{Logging}**을 통해 내보내기**: 가장 일반적인 경우로, 측정 라이브러리가 널리 보급되기 전에 애플리케이션이 내부 동작 상태를 노출시킨 방법이다. 예를 들어 HTTP 서버의 액세스 로그를 처리해 요청 속도, 지연 시간 및 에러율을 모니터링할 수 있다.
- **설계된 이벤트**^{Events}**로 내보내기**: 로깅과 비슷한 방법이지만, 디스크에 쓰는 대신 데이터의 분석과 집계를 위해 처리 시스템으로 직접 전송된다.
- **메모리에 집계해 관리하기**: 이 형식의 데이터는 엔드포인트에서 호스팅되거나 커맨드라인 도구에서 제공된다. 이 접근법의 예로 프로메테우스 메트릭이 제공되는 `/metrics` 엔드포인트와 HAProxy stats 페이지, varnishstats 커맨드라인이 있다.

그러나 모든 소프트웨어가 내부 상태를 측정하고 메트릭 수집 정보를 노출할 준비가 된 것은 아니다. 예를 들어 내부 동작 상태를 노출할 수단이 없는 서드파티^{third-party}, 비공개 소스^{closed-source} 형태의 애플리케이션은 서비스 상태 검증을 위한 필수 데이터 수집을 위해 외부 측정이 가능한 옵션이 될 수 있다.

그럼에도 서드파티 애플리케이션만 블랙박스 모니터링을 통해 이점을 얻을 수 있는 것은 아니다. 예를 들어 로드밸런서나 방화벽을 통해 고객의 관점에서 애플리케이션을 검증하는 것이 유용할 수 있다. 다른 모든 방법이 실패하면 프로브^{probing}라는 마지막 방법으로 블랙박스 모니터링을 통해 가용성을 평가할 수 있다.

▌메트릭 수집의 이해

시스템을 모니터링하고 메트릭을 수집하는 방법은 일반적으로 푸시^{push}와 풀^{pull} 두 가지 방식으로 나눌 수 있다. 다음 절에서 살펴보겠지만, 두 가지 방식은 서로 장단점이 있는 정상적인 방법이며, 좀 더 자세히 살펴보자. 프로메테우스를 이해하고 잘 활용하려면 메트릭 수집 방법에 어떤 차이점이 있는지 명확히 이해할 필요가 있다. 메트릭 수집 방법을 이해한 후 메트릭 수집 항목을 알아본다. 몇 가지 검증된 방법으로 각각의 개요를 설명한다.

수집 방식의 개요

푸시 기반 모니터링 시스템에서 발생된 메트릭이나 이벤트는 다음과 같이 애플리케이션에서 직접 전송되거나 로컬 에이전트에서 수집 서비스로 전송된다.

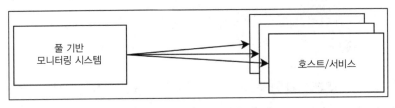

그림 1.1 풀 기반 모니터링 시스템

원시^{raw} 이벤트 데이터를 처리하는 시스템은 일반적으로 이벤트 생성 빈도가 인스턴스당 초당 수백에서 수천, 심지어 수만 건으로 매우 높기 때문에 데이터 폴링^{polling}은 실용적이지 않고 복잡해 푸시 방식을 선호한다. 폴링 사이에 생성되는 이벤트를 유지하고 데이터의 정확도를 위해 버퍼링 메커니즘이 필요하며, 단순히 데이터를 밀어

넣는 것에 비하면 여전히 문제를 갖고 있다. 이 방법을 사용하는 몇 가지 예로는 Riemann, StatsD, Elasticsearch, Logstash, Kibana(ELK) 스택이 있다.

앞서 언급된 유형의 시스템만이 푸시 방식을 지원하는 것이 아니며, Graphite, OpenTSDB, Telegraf, InfluxDB, Chronograph, Kapacitor(TICK) 등 일부 모니터링 시스템은 푸시 방식을 사용하는 형태로 설계돼 있다.

심지어 나기오스 또한 일반적으로 수동 검사passive checks로 알려진 NSCANagios Service Check Acceptor를 통해 푸시 방식을 지원한다.

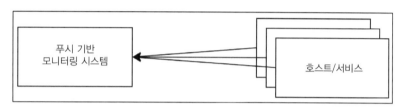

그림 1.2 푸시 기반 모니터링 시스템

반면 풀 기반 모니터링 시스템은 애플리케이션에서 메트릭을 직접 수집하거나, 프록시 처리를 통해 메트릭을 수집한다. 풀 방식을 사용하는 주요 모니터링 소프트웨어는 나기오스 및 나기오스 스타일Nagios-style 시스템(Icinga, Zabbix, Zenoss, Sensu 등)이다. 프로메테우스 또한 풀 방식을 채택한 시스템 중 하나며, 풀 방식에 대한 확신을 갖고 있다.

푸시와 풀

모니터링 커뮤니티에서는 이러한 설계 결정에 따른 각각의 장점에 대해 많은 논쟁이 있다. 주요 논쟁 포인트는 주로 타깃 디스커버리target discovery며, 다음 절에서 다룬다.

푸시 기반 시스템에서 모니터링 호스트와 서비스는 모니터링 시스템과 정보를 전송함으로써 스스로의 상태를 인지한다. 여기서 장점은 새로운 시스템이 수집될 수 있게 사전 정보가 필요하지 않다는 점이다. 그러나 이는 모니터링 서비스의 정보를 모든 타깃에 전달해야 한다는 것이고 일반적으로 환경설정 관리 도구^{configuration management}가 필요하게 된다.

변화 없는 오래된 방식은 큰 단점이 될 수 있다. 시스템이 일부 시간 동안 정보를 전송하지 않았다면 문제가 있는 것인지? 아니면 의도적으로 제거된 것인지? 의미가 모호하다. 또한 데이터를 중앙으로 푸시하는 분산 호스트 및 서비스를 관리하는 경우 과부하(동시에 들어오는 연결이 많은 오버로드) 또는 잘못 설정된 경우 예상치 못한 데이터 흐름으로 인해 조치가 더욱 복잡하고 많은 시간이 소요된다.

풀 기반 모니터링 시스템은 모니터링할 호스트 및 서비스의 목록이 설정돼 있고 메트릭을 수집한다. 중앙 집중 형태로 정보를 갖는 것은 모든 것이 원래 있어야 할 곳에 있다는 어느 정도의 확신을 주지만, 모든 정보를 정확히 유지하고 변경 사항을 갱신해야 하는 단점이 있다. 오늘날 인프라가 빠르게 변화함에 따라 전체 상황을 따라잡으려면 어떤 형태로든 자동 디스커버리 기능이 필요하다. 중앙 집중의 환경설정은 이슈 또는 환경설정 에러 상황에서 더 빠른 대응이 가능하다.

결국 각 방식에서 대부분의 단점은 현명한 설계와 자동화로 줄이거나 효과적으로 해결할 수 있다. 모니터링 도구를 선택할 때 유연성, 자동화 편의성, 유지 보수, 사용 중인 기술에 대한 폭 넓은 지원 등의 중요한 요소가 많다.

프로메테우스는 풀 기반의 모니터링 시스템이지만, 푸시에서 풀 방식으로 변환하는 게이트웨이를 사용해 푸시 형태 메트릭을 수집하는 방법을 제공한다. 푸시 방식은 매우 제한된 종류의 프로세스를 모니터링하는 데 유용하며, 책의 뒷부분에서 살펴본다.

무엇을 측정할 것인가?

메트릭 수집을 계획할 때 어떤 메트릭을 관측해야 하는지 정의하는 질문이 있을 것이다. 질문에 답하려면 현재의 검증된 사례와 방법론에 의지해야 한다. 다음 절에서는 문제를 줄이고 성능 및 일반적인 신뢰성에 대한 가시성을 개선하기 위해 가장 영향력 있고 널리 알려진 방법을 살펴본다.

구글의 네 가지 골든 시그널

모니터링에 관한 구글^{Google}의 원리는 매우 간단하다. 추적할 수 있는 네 가지 가장 중요한 메트릭은 다음과 같다.

- **지연 시간**^{Latency}: 요청을 처리하는 데 필요한 시간
- **트래픽**^{Traffic}: 요청 횟수
- **에러**^{Errors}: 실패한 요청 비율
- **포화도**^{Saturation}: 일반적으로 대기하는 처리되지 않는 작업 수량

브렌던 그레그의 USE 방법

브렌던 그레그^{Brendan Gregg}의 방법은 시스템에 중점을 맞추고 있으며, 각각의 자원(CPU, 디스크, 네트워크 인터페이스 등), 다음과 같은 메트릭을 모니터링해야 한다고 명시하고 있다.

- **사용률**^{Utilization}: 사용 중인 리소스를 백분율로 측정
- **포화도**: 일반적으로 대기하는 처리할 수 없는 작업의 수량
- **에러**: 발생한 에러 수량

톰 윌키의 RED 방법

톰 윌키^{Tom Wilkie}의 RED 방법은 서비스 레벨 접근 방식에 더 중점을 두고 있으며, 시스템 자체에 초점을 맞추지 않는다. 분명 서비스를 모니터링하는 데 유용하기 때문에 이 전략은 외부 클라이언트의 경험을 예측하는 데 유용하다. 서비스의 에러율이 증가하면 이러한 에러가 고객의 경험에 직접 또는 간접적으로 영향을 미칠 것을 가정하는

것이 적합하다. 다음은 알아야 할 메트릭이다.

- **비율**Rate: 초당 요청 수량
- **에러**: 초당 실패한 요청의 양
- **소요 시간**Duration: 요청에 소요된 시간

▌요약

1장에서는 모니터링이 제공하는 가치와 자주 사용되는 특정 문맥에서의 용어를 파악하는 방법을 알아봤다. 앞으로 잘못된 생각을 피하고, 책의 주제를 명확하게 이해하는데 도움이 될 것이다. 또한 메트릭, 로깅, 추적, 알림 및 시각화와 같은 모니터링이 제공하는 다양한 관측 측면과 이점을 알아봤다. 메트릭 사용의 이점을 이해할 수 있는 기반인 화이트박스 모니터링과 블랙박스 모니터링도 살펴봤다. 메트릭을 이해하고, 푸시 및 풀 메커니즘과 각각에 대한 모든 논쟁을 살펴봤다. 2장에서는 프로메테우스 생태계의 개요를 살펴보고 구성 요소를 알아본다.

▌질문

1. 모니터링을 명확하게 정의하기 어려운 이유는 무엇인가?
2. 메트릭의 지연 시간이 실시간의 문제를 해결하는 데 집중하는 시스템 관리자의 작업에 영향을 미치는가?
3. 용량 계획을 올바르게 수행하기 위한 모니터링 요구 사항은 무엇인가?
4. 로깅은 모니터링으로 간주되는가?
5. 메트릭 수집을 위해 푸시 기반 접근 방식을 사용하는 단점은 무엇인가?

6. 일반적인 웹 서비스에 집중하기 위해 세 가지 기본 메트릭을 선택해야 한다면 어느 것이 될 것인가?

7. 호스트에서 실행 중인 프로세스를 나열하는 방법으로 호스트에서 지정된 프로세스가 실행되고 있는지 확인하는 검사는 화이트박스나 블랙박스 모니터링인가?

▌더 읽을거리

- 프로메테우스 블로그: https://prometheus.io/blog/2016/07/23/pull-does-not-scale-or-does-it/
- 신뢰성 책 사이트: https://landing.google.com/sre/sre-book/chapters/monitoring-distributed-systems
- USE 메소드: http://www.brendangregg.com/usemethod.html
- RED 메소드: https://www.weave.works/blog/the-red-method-key-metrics-for-microservices-architecture/

프로메테우스 생태계 개요

프로메테우스^{Prometheus} 스택에서 방대한 구성 요소를 사용할 수 있으므로 주어진 모니터링 차이를 해결하는 데 필요한 요소를 선택하는 것은 어려운 일이다. 2장에서는 각 구성 요소가 어떤 역할을 수행하고, 모든 것이 논리적으로 함께 동작하는 방법을 이해하는 프로메테우스 생태계를 살펴본다.

단순함을 위해 노력하고 프로메테우스 스택의 모든 동적인 부분을 명확하게 이해하는 것은 관리 용이성과 신뢰성을 유지하는 데 있어 매우 중요하다.

2장에서 다루는 내용은 다음과 같다.

- 프로메테우스를 사용한 메트릭 수집
- 익스포터^{Exporter}를 사용한 내부 상태 노출

- 알림 매니저^{Alertmanager}를 사용한 알림 라우팅 및 관리
- 데이터 시각화

▌프로메테우스를 사용한 메트릭 수집

프로메테우스는 시계열 기반^{Time Series-based}의 오픈소스 모니터링 시스템이다. 메트릭 엔드포인트 호스트와 서비스에 HTTP 요청을 전송해서 데이터를 수집한 후 강력한 쿼리 언어를 사용해 분석과 알림 용도로 사용할 수 있다.

프로메테우스는 안정성, 성숙도 및 견고한 거버넌스를 입증해 CNCF^{Cloud Native Computing Foundation}을 졸업했지만, 여전히 매우 빠른 속도로 진화하고 있다. 글을 쓰는 시점에 프로메테우스의 안정 버전은 2.9.2며, 앞으로 다루는 모든 구성 요소와 기능은 해당 버전을 기반으로 한다. 버전 2에서 주요 아키텍처 변경 사항이 없어야 하지만, 이 책에서 배운 특정 환경설정을 이전 버전이나 이후 버전에 적용할 때는 주의해야 한다.

프로메테우스 아키텍처 개요

프로메테우스 생태계는 각각의 책임과 분명하게 정의된 범위를 갖는 몇 가지 구성 요소로 이뤄진다. 프로메테우스 자체는 대부분 상호작용의 중앙에 자리 잡고 있기 때문에 필수적이지만, 모니터링 요구 사항에 따른 많은 구성 요소는 옵션이다.

그림 2.1에서 볼 수 있듯이 프로메테우스 생태계의 주요 구성 요소는 다음과 같다.

- 프로메테우스 서버는 시계열을 수집하고 저장하며 쿼리에 사용할 수 있게 하고, 이를 기반으로 알림을 보낸다.
- 알림 매니저^{Alertmanager}는 프로메테우스에서 알림 트리거^{Trigger}를 수신하고 알림의 라우팅과 전파를 처리한다.

- 푸시 게이트웨이^{Pushgateway}는 크론^{cron}이나 배치 작업과 같은 수명이 짧은 작업에서 푸시된 메트릭의 노출을 처리한다.
- 프로메테우스 노출 형식을 지원하는 애플리케이션은 HTTP 엔드포인트를 통해 내부 상태를 사용할 수 있게 한다.
- 커뮤니티 기반^{Community-driven} 익스포터는 기본적으로 프로메테우스를 지원하지 않는 애플리케이션의 메트릭을 노출한다.
- 퍼스트파티^{first party} 및 서드파티^{third party} 대시보드 솔루션은 수집된 데이터의 시각화를 제공한다.

각 항목은 책의 뒷부분에서 상세히 다룬다.

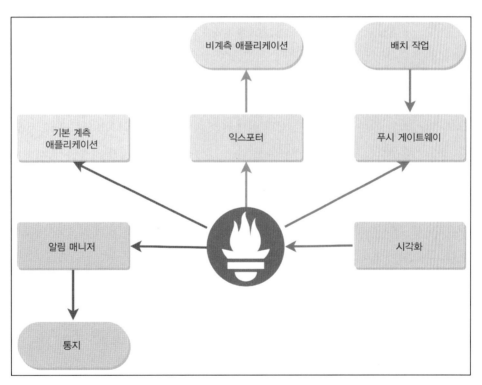

그림 2.1 프로메테우스 생태계 주요 구성 요소의 상위 레벨 개요

> **ℹ** 프로메테우스 서버에는 레코딩 규칙이나 서비스 디스커버리와 같은 자체 내부 프로세스가 있다. 이 프로세스는 9장과 12장에서 자세히 설명한다.

프로메테우스는 당시 사운드클라우드^{SoundCloud}에서 근무했던 매트 프라우드^{Matt T. Proud}와 줄리어스 볼츠^{Julius Volz}에 의해 만들어졌다. 메트릭 엔드포인트에서 일반 텍스트를 스크레이핑^{scraping}하고, 메트릭 수집을 위한 프록시로 내보내기, 다차원 벡터로 변환하고 필터링할 수 있는 시계열, 다른 기능 중에서도 레코딩과 알림을 위한 평가 규칙의 사용 등 구글의 Borgmon 프로젝트 이전 설계에서 영감을 얻었다.

> **ℹ** 프로메테우스를 푸시(push) 기반 메트릭 수집 모델에 맞게 만드는 것이 좋은 것 같지만 권장하지 않는다. 프로메테우스 핵심 디자인은 풀(pull) 기반이기 때문에 자연스럽게 푸시 기반에서 풀 기반으로 전환할 때 여러 가정이 무너진다. 푸시 게이트웨이(Pushgateway)를 다룰 때 더 자세히 설명한다.

프로메테우스의 기본적인 속성은 어떤 유형의 클러스터링을 시도하지 않는다는 것이다. 프로메테우스는 이 책의 끝부분에서 알 수 있듯이 원격 쓰기가 가능하지만, 신뢰성과 사용 편의성 측면에서는 네트워크에 의존하지 않는 것이 좋은 선택이 될 수 있다. 프로메테우스의 적절한 바이너리 배포판을 선택해 컴퓨터에서 로컬로 실행하는 것은 간단하다. 동일한 바이너리로 서버 하드웨어에서 실행해 수천 개의 수집 타깃과 초당 수백만 개의 샘플 수집을 처리할 수 있다.

▌ 익스포터를 사용한 내부 상태 노출

모든 애플리케이션이 프로메테우스 호환 계측 도구를 보유한 것은 아니다. 때로는 메트릭을 전혀 노출하고 있지 않으며, 이런 경우에 익스포터^{Exporter}에 의존해 메트릭을 노출할 수 있다. 다음 다이어그램은 익스포터의 작동 방식을 보여준다.

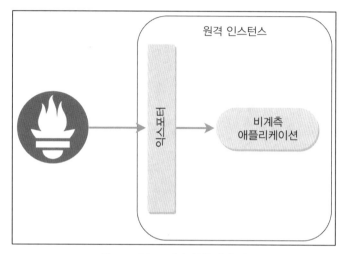

그림 2.2 익스포터의 상위 레벨 개요

익스포터는 서비스나 애플리케이션에서 데이터를 수집하고 프로메테우스 형식으로 HTTP를 통해 노출하는 소프트웨어 조각일 뿐이다. 각 익스포터는 일반적으로 특정 서비스나 애플리케이션을 타깃으로 하므로, 익스포터의 배포는 일대일 시너지를 반영한다.

최근에는 필요한 거의 모든 서비스에 대한 익스포터를 찾을 수 있다. 특정 서드파티 서비스에 대한 익스포터가 없을 때 아주 간단히 직접 만들 수 있다.

익스포터 기본

익스포터 서비스가 시작되면 이미 구성된 포트에 바인딩하고 선택한 HTTP 엔드포인트(기본값은 /metrics)에서 수집되는 모든 내부 상태를 노출한다. 계측된 데이터는 구성된 엔드포인트에 HTTP GET 요청이 수행될 때 수집된다. 예를 들어 가장 일반적으로 사용되는 익스포터 중 하나인 노드 익스포터^{Node Exporter}는 디스크 I/O, CPU, 메모리, 네트워크, 파일 시스템 사용량 등과 같은 데이터를 표시하기 위해 여러 커널 통계를 사용한다. 해당 엔드포인트로 스크레이핑될 때마다 정보가 신속하게 수집돼 동기 작업에 의해 노출된다.

 메트릭 수집을 위해 관제하고 있는 시스템으로 프로메테우스 서버에서의 HTTP GET 요청을 스크레이핑(scraping)이라고 한다.

서비스를 개발하는 경우 가장 좋은 방법은 프로메테우스 클라이언트 라이브러리를 사용해 코드를 직접 계측하는 것이다. 공식 클라이언트 라이브러리는 다음과 같은 프로그래밍 언어에 사용할 수 있다.

- Go
- 자바^{Java}/JVM
- 파이썬^{Python}
- 루비^{Ruby}

커뮤니티 기반 클라이언트 라이브러리는 다음과 같은 프로그래밍 언어에 사용할 수 있다.

- 배시^{Bash}
- C++
- Common Lisp

- Elixir
- 얼랭^{Erlang}
- 하스켈^{Haskell}
- NGINX용 루아^{Lua}
- Tarantool용 루아
- .NET
- C#
- Node.js
- 펄^{Perl}
- PHP
- Rust

프로메테우스의 주변에서 지속적으로 성장하는 커뮤니티로 인해 해당 목록은 지속적으로 확대되고 있다.

일반적으로 익스포터는 매우 가볍고 성능 풋프린트는 대부분 무시할 수 있지만 항상 그렇듯이 예외가 있는데, 책의 뒷부분에서 상당히 자세히 다룬다.

▌알림 매니저를 사용한 알림 라우팅 및 관리

알림 매니저는 프로메테우스 서버에서 생성된 알림에 의해 트리거^{Trigger}되는 통지^{Notification}를 담당하는 프로메테우스 생태계의 구성 요소다. 가용성은 기본이고 디자인 선택은 이러한 필요성을 반영한다. 고가용성 클러스터 설정에서 동작하도록 고안된 유일한 구성 요소며, 가십^{gossip} 프로토콜을 통신 프로토콜로 사용한다.

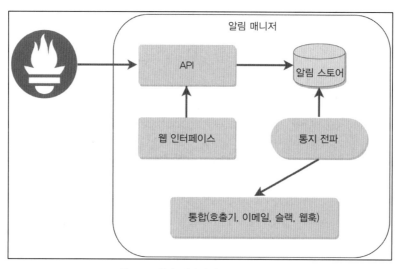

그림 2.3 알림 매니저의 상위 레벨 개요

아주 상위 레벨에서 알림 매니저는 API를 통해 프로메테우스 서버에서 HTTP POST 요청을 수신하는 서비스다. 그다음 미리 정의된 라우트[Route] 정책에 따라 중복을 제거하고 동작한다.

알림 매니저는 웹 인터페이스를 제공하고, 알림이 발생하면 시각화와 무음이나 차단 규칙 등을 적용할 수 있다.

핵심 설계 중 하나는 알림의 중복 제거보다는 전송에 가치를 두는 것이다. 즉, 알림 매니저 인스턴스와 프로메테우스 클러스터 간에 네트워크 파티션이 발생하면 파티션의 양쪽에 통지를 전송한다.

알림 라우트

라우트는 본질적으로 트리 구조로 볼 수 있다. 수신되는 알림이 특정 라우트(브랜치)를 트리거하는 페이로드[Payload]를 갖고 있다면 미리 정의된 통합[integration] 도구가 호출될 것이다.

다음은 가장 일반적인 사용 사례에 사용할 수 있는 여러 가지 기본 통합 도구다.

- Email
- Hipchat
- PagerDuty
- Slack
- Opsgenie
- VictorOps
- WeChat

또한 사용자가 선택한 엔드포인트로 발생되는 알림의 JSON 페이로드와 함께 HTTP POST 요청을 발행해 통합의 가능성을 열어주는 웹훅^{webhook} 통합 도구도 있다.

▌데이터 시각화

데이터 시각화는 정보를 생산하고 소비하기 위한 가장 단순한 방법이다. 프로메테우스는 잘 정의된 API를 제공하며, PromQL 쿼리는 시각화를 위한 원시 데이터를 생성할 수 있다.

현재 시각화를 위한 최고의 서드파티 소프트웨어는 그라파나^{Grafana}로, 10장에서 설명한다. 그라파나 개발 팀은 프로메테우스와 심리스^{Seamless}한 통합을 통해 뛰어난 사용자 경험을 제공한다.

프로메테우스 서버에는 다음과 같은 두 가지 내부 시각화 구성 요소가 포함돼 있다.

- **표현식 브라우저**: 브라우저에서 PromQL을 직접 실행해 데이터를 빠르게 쿼리하고 즉시 시각화할 수 있다.

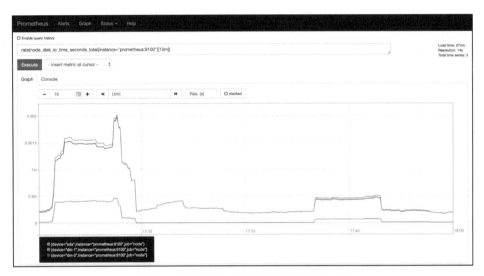

그림 2.4 프로메테우스 표현식 브라우저 인터페이스

- **콘솔**^{Console}: Golang 템플릿 언어를 사용해 구성된 웹 페이지며, 프로메테우스 서버 자체에 의해 제공된다. 콘솔을 사용하면 PromQL을 지속적으로 입력하지 않고도 미리 정의된 데이터 시각화 인터페이스를 확인할 수 있다.

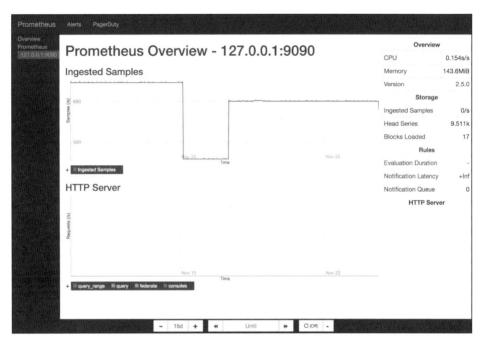

그림 2.5 프로메테우스 콘솔 인터페이스

요약

프로메테우스의 기본 철학을 더 잘 이해하려면 생태계 주요 구성 요소인 익스포터를 통한 데이터 수집부터 알림 매니저를 사용한 신뢰할 수 있는 알림 데이터 수집 방법과 사용 가능한 시각화 옵션을 잘 알아야 한다.

3장에서는 지금까지 다룬 모든 개념을 구체화할 수 있도록 테스트 환경을 구축하기 시작한다.

▎질문

1. 프로메테우스 생태계의 주요 구성 요소는 무엇인가?

2. 프로메테우스 배포에 필수적인 구성 요소는 무엇인가? 그리고 어떤 구성 요소가 선택 사항인가?

3. 아웃오브프로세스out-of-process 익스포터가 필요한 이유는 무엇인가?

4. HTTP GET 요청이 익스포터의 메트릭 엔드포인트에 도달하면 어떤 일이 발생하는가?

5. 네트워크 파티션이 발생하면 알림 매니저 클러스터에서 트리거되는 알림은 어떻게 되는가?

6. 알림 매니저Alertmanager를 사용자 정의 API와 통합해야 한다는 것을 인지했을 것이다. 가장 빠른 옵션은 무엇인가?

7. 표준 프로메테우스 서버를 설치할 때 포함되는 시각화 옵션은 무엇인가?

▎더 읽을거리

- **프로메테우스 개요**: https://prometheus.io/docs/introduction/overview/

테스트 환경 구축

가장 좋은 학습 방법은 해보는 것이다.

– 알렉스 스파노스(Alex Spanos)

3장에서는 안정적인 테스트 환경을 쉽고 빠르게 구축할 수 있는 예제와 실행 방법을 제공하며, 3장에서 구축된 유형의 환경은 이 책 전반에 걸쳐 여러 시나리오에서 사용된다.

3장에서 다루는 내용은 다음과 같다.

- 코드 구조
- 시스템 요구 사항
- 신규 환경설정

▍코드 구조

이 책의 예제와 코드는 다른 자료 없이도 직접 사용할 수 있지만, 설치 과정과 테스트 환경 자동화를 도와주는 깃^{Git} 저장소^{Repository}도 제공되므로 쉽게 따라할 수 있다.

이 절에서는 저장소가 어떻게 구성되는지 살펴본다. 또한 테스트 환경 자동화의 관점에서 몇 가지 옵션을 설명하고, 이를 사용자 정의하는 방법에서 참고할 수 있는 몇 가지 지침을 제공한다.

```
.
├── Makefile
├── README.md
├── cache/
├── chapter03/
├── ...
├── chapter14/
└── utils/
```

저장소의 루트 구조는 이해하기 쉽게 돼 있다.

- 테스트 환경이 필요한 장당 하나의 디렉터리(chapter01, chapter02, ...)
- 가능한 한 빠르게 테스트 환경이 재구성될 수 있도록 다운로드한 패키지를 저장하는 cache 디렉터리
- 일부 도움을 주는 기능과 함께 테스트 환경의 기본 버전과 매개변수를 찾을 수 있는 utils 디렉터리(원하는 경우 변경 가능)

이제 다음과 같은 각각의 디렉터리를 자세히 살펴보자.

```
.
└── utils
    ├── chapter_k8s.sh
    ├── defaults.sh
    ├── helpers.sh
    └── vagrant_defaults.rb
```

utils 디렉터리에서 다음 파일을 찾을 수 있다.

- **defaults.sh**: 테스트 환경에서 사용할 프로메테우스 스택의 각 구성 요소(예, 프로메테우스^{Prometheus}, 익스포터^{Exporters}, 알림 매니저^{Alertmanager} 등)의 버전을 알 수 있다.
- **vagrant_defaults.rb**: 테스트 환경을 실행하는 데 사용되는 가상머신에서 설정할 수 있는 몇 가지 매개변수를 설정할 수 있다. 예를 들어 각 가상 시스템의 RAM, 사용할 기본 OS 이미지, 환경의 내부 네트워크 구성 등이 표시된다.
- **helpers.sh**: 프로비저닝 스크립트에서 아카이브의 다운로드 및 캐싱을 관리하려고 일부 헬퍼 함수와 함께 사용되는 셸 라이브러리다.

테스트 환경은 각 장마다 다를 수 있지만 기본 구조는 동일하게 유지된다.

- Vagrantfile은 테스트 환경에 필요한 가상머신의 수와 구성, 프로비저닝 방법을 설명하는 파일이다.
- configs는 프로비전 단계에서 사용될 구성 파일을 저장하는 디렉터리다.
- provision은 현재 테스트 환경에 필요한 각 프로메테우스 구성 요소를 다운로드, 설치, 구성하는 스크립트가 있는 디렉터리다.

3장의 디렉터리 구조를 보면 하나의 예제를 볼 수 있다.

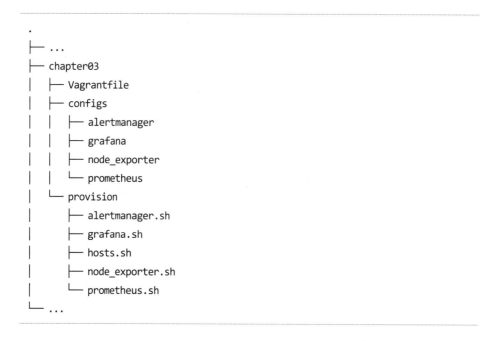

```
.
├── ...
├── chapter03
│   ├── Vagrantfile
│   ├── configs
│   │   ├── alertmanager
│   │   ├── grafana
│   │   ├── node_exporter
│   │   └── prometheus
│   └── provision
│       ├── alertmanager.sh
│       ├── grafana.sh
│       ├── hosts.sh
│       ├── node_exporter.sh
│       └── prometheus.sh
└── ...
```

configs 디렉터리에는 3장에서 사용되는 각 구성 요소에 대한 하위 디렉터리가 있다. provision 디렉터리에는 게스트 가상머신에서 /etc/hosts 파일의 관리를 자동화하기 위해 추가된 hosts.sh 셸 스크립트나 구성 요소와 이름이 동일한 셸 스크립트가 있다.

환경설정 관리 도구를 사용하지 않고 셸을 통해 수행한 이유는 다음과 같다.

- 모든 세부 설정을 표현하기 위해 의도적으로 추상화하지 않도록 노력했다.
- 셸 스크립트는 유닉스 계열 시스템에서 자동화의 공통적인 요소다.
- 이 책의 목적은 프로메테우스의 내부 동작 방식에 초점을 맞추고, 환경설정 관리 도구에서 제공하는 특정 구현체를 다루지 않는 것이다.

▌ 시스템 요구 사항

실습을 위한 시스템 요구 사항은 CPU 가상화(VT-x) 기능이 활성화돼 있고, 운영체제가 소프트웨어 요구 사항과 호환되는 노트북에서 대부분 실행할 수 있다. 이 책에서 다루는 모든 소프트웨어 요구 사항을 고려했고, 테스트 환경을 구성할 때 무료 소프트웨어나 오픈소스 소프트웨어를 사용하기 때문에 별도의 추가 비용은 발생하지 않는다.

하드웨어 요구 사항

제공되는 예제를 배포하는 호스트의 최소 요구 사항은 아래와 같다.

- 2개 이상의 CPU 코어
- 4GB 이상의 메모리
- 20GB 이상의 여유 공간이 있는 디스크 저장 공간

위 사양을 사용하면 문제없이 테스트 환경을 구성할 수 있다.

프로메테우스 엔드포인트 연결을 위해 호스트 컴퓨터는 인터넷 연결이 가능해야 하고, 외부 DNS 레코드를 확인할 수 있어야 한다. 프로비저닝 스크립트는 실행 중에 종속되는 패키지들을 다운로드해야 하지만, 모든 배포 과정에서 다운로드되지 않도록

대부분의 종속 패키지를 로컬에 캐시 형태로 저장한다.

예제 환경의 기본 네트워크는 **192.168.42.0/24**며, 그림 3.1에서는 3장의 예제를 실행할 때 얻을 수 있는 환경설정을 볼 수 있다.

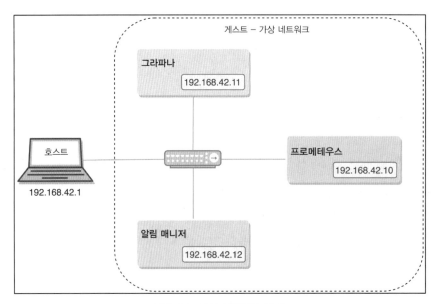

그림 3.1 가상 네트워크 구성

 테스트 환경을 시작할 때 서브넷 192.168.42.0/24가 사용된다. 각각 구성되는 환경은 특정 장에 속하며, 새로운 장으로 전환하기 전에 삭제해야 한다. 로컬 네트워크 주소와 충돌이 발생하는 경우 제공된 /utils/vagrant_defaults.rb 파일의 네트워크 옵션을 편집해 테스트 환경 서브넷을 변경할 수 있다.

권장 소프트웨어

테스트 구성 환경은 다음 표와 같은 소프트웨어의 사용을 전제로 한다. 표시된 권장 버전과 다른 버전을 사용해도 동작할 수 있지만, 권장 버전과 다른 버전을 사용할 때는 주의해야 한다.

소프트웨어	버전
VirtualBox	6.0.4
Vagrant	2.2.4
Minikube	1.0.1
kubectl	1.14.1

운영체제 측면에서 모든 테스트는 다음 버전의 리눅스와 맥OS를 사용해 수행했다.

- 우분투 18.04 LTS(Bionic Beaver)
- 맥OS 10.14.3(Mojave)

다른 운영체제/배포판에서 테스트 환경을 실행할 수는 있지만, 보장하지 않는다.

버추얼박스

오라클 버추얼박스^{VirtualBox}는 모든 주요 운영체제(맥OS, 리눅스, 윈도우)에서 실행되는 무료 오픈소스 하이퍼바이저^{Hypervisor}다. 가상 시스템을 원하는 이미지로 시작할 수 있을 뿐 아니라 가상 네트워크를 만들고 호스트의 파일 시스템 경로를 게스트에 마운트할 수 있다. 이 소프트웨어를 사용하려면 하드웨어 가상화(VT-x)를 활성화해야 한다.

 https://www.virtualbox.org/wiki/Downloads에서 버추얼박스의 모든 설치 파일을 찾을 수 있다.

베이그런트

해시코프^{HashiCorp} 베이그런트^{Vagrant}로 포터블 환경을 만들 수 있다. 이 책에서는 가상머신의 시작과 구성을 담당하는 버추얼박스와 인터페이스된다. 예제에서는 해시코프에서 권장하는 것처럼 Chef Bento를 가상머신 이미지로 사용한다.

 https://www.vagrantup.com/downloads.html에서 베이그런트의 모든 설치 파일을 찾을 수 있다.

미니쿠베

미니쿠베^{Minikube}는 로컬 환경에서 쿠버네티스^{Kubernetes} 환경을 구성하고 테스트할 수 있는 가장 쉬운 방법이다. 버추얼박스 환경에서 미니쿠베를 사용해 예제들이 운영체제에서 동일한 방식으로 동작하게 한다.

 https://kubernetes.io/docs/tasks/tools/install-minikube/#install-minikube에서 미니쿠베의 모든 설치 파일을 찾을 수 있다.

kubectl

쿠버네티스 API와 상호작용하기 위한 클라이언트 CLI 도구를 kubectl이라 하며, 이 책에서 일부 예제의 기본이 된다.

 https://kubernetes.io/docs/tasks/tools/install-minikube/#install-kubectl에서 kubectl의 모든 설치 파일을 찾을 수 있다.

▌ 신규 환경설정

호스트 환경설정에 필요한 모든 소프트웨어를 설치한 후 다음 실습을 진행할 수 있다.

베이그런트로 자동 배포 환경설정 연습

다음의 과정은 베이그런트로 모든 배포와 구성 세부 사항을 추상화된 형태로 제공한다. 몇 가지 명령어만으로 책에 있는 내용을 실행할 수 있는 테스트 환경을 구성할 수 있다. 각 게스트 인스턴스에 연결하고 환경설정을 변경할 수 있다.

환경을 구성하는 단계는 다음과 같다.

1. 이 책의 저장소를 복제한다.

```
git clone
https://github.com/PacktPublishing/Hands-On-Infrastructure-Monitoring-
with-Prometheus.git
```

2. 새로 생성된 저장소 내의 3장 디렉터리로 이동한다.

```
cd Hands-On-Infrastructure-Monitoring-with-Prometheus/chapter03
```

3. 3장의 테스트 환경을 구동한다.

```
vagrant up
```

베이그런트 이미지와 일부 종속성이 있는 소프트웨어를 다운로드해야 하기 때문에 첫 번째 실행에는 몇 분이 걸린다. 설정이 끝나면 관련된 내용들이 모두 캐시에 저장되므로 추후 실행이 훨씬 빨라진다.[1]

4. 이제 vagrant status 명령어를 실행할 수 있다. 다음과 같은 출력이 표시된다.

```
Current machine states:

prometheus running (virtualbox)
grafana running (virtualbox)
alertmanager running (virtualbox)

This environment represents multiple VMs. The VMs are all listed above with
their current state. For more information about a specific
VM, run `vagrant status NAME`.
```

프로메테우스

http://192.168.42.10:9090/targets에서 프로메테우스 HTTP 엔드포인트를 확인할 수 있다.

---

1. 메모리 부족으로 인해 환경설정이 실패할 때 동일 디렉터리의 Vagrantfile 15행에서 vbox.memory = RAM을 512 이상으로 변경하면 정상적으로 환경이 구동된다. – 옮긴이

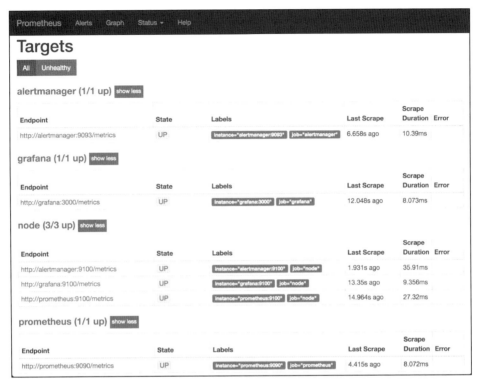

그림 3.2 프로메테우스 HTTP 엔드포인트 – 모든 구성 타깃 표시

그라파나

http://192.168.42.11:3000에서 그라파나 HTTP 엔드포인트를 확인할 수 있다.

그라파나의 기본 자격증명은 다음과 같다.

사용자 계정	비밀번호
admin	admin

자동으로 프로비저닝된 두 개의 대시보드를 확인할 수 있다. 그라파나와 대시보드에 대한 상세한 내용은 10장에서 다룬다.

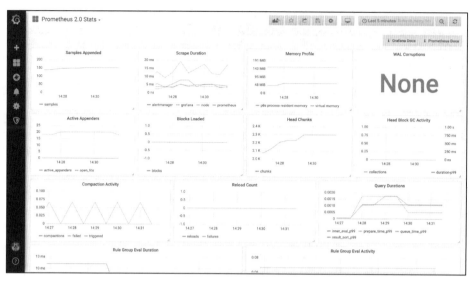

그림 3.3 자동으로 프로비저닝된 그라파나 대시보드

알림 매니저

http://192.168.42.12:9093에서 알림 매니저 HTTP 엔드포인트를 확인할 수 있다.

프로메테우스에서 상시 발생하는 알림과 웹훅webhook을 통한 사용자 정의 알림 매니저 통합을 구성해 둘 사이의 관계를 파악할 수 있다. 알림 매니저에 대한 자세한 내용은 다른 장에서 살펴볼 예정이다. 하지만 예제의 코드 저장소 경로 ./cache/alerting.log 에서 알림을 생성하는 로그를 살펴볼 수 있다.

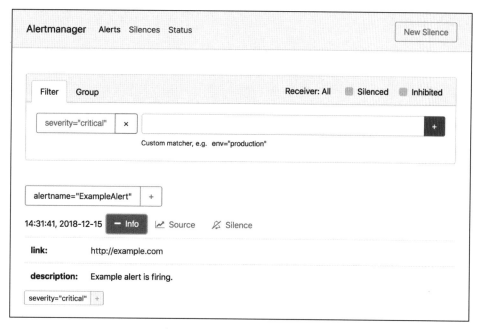

그림 3.4 알림 매니저 – 예시 알림 발생

정리

테스트가 종료되면 chapter03 디렉터리에서 다음 명령어를 수행한다.

```
vagrant destroy -f
```

원할 때 다시 쉽게 환경설정이 가능하므로 너무 걱정하지 않아도 된다.

고급 배포 실습

여기서 다루는 방법을 사용하면 게스트 가상머신이 시작되지만 프로메테우스 프로비저
닝이 발생하지 않으므로 직접 환경을 설정해야 한다. 사용 가능한 구성 파일과 커맨드라
인 인수에 대한 자세한 설명은 다루지 않는다. 이러한 인수들은 다음 장들에서 자세히

살펴본다. 따라서 각 소프트웨어 구성 요소의 개요에 따라 다음과 같이 수행한다.

- 실습 환경에서 가상머신 간의 기본 네트워크 구성
- 개인 시스템 사용자 생성
- 소프트웨어 다운로드와 설치
- 파일과 디렉터리 생성
- 데몬^{daemon} 시작

시작하려면 책의 저장소를 복제한다.

```
git clone
https://github.com/PacktPublishing/Hands-On-Infrastructure-Monitoring-with-
Prometheus.git
```

새로 생성된 디렉터리로 이동해 게스트 인스턴스 프로비저닝 없이 베이그런트를 실행한다. 이렇게 하면 상용 가상머신을 사용할 수 있다.

```
cd Hands-On-Infrastructure-Monitoring-with-Prometheus/chapter03
vagrant up --no-provision
```

모든 인스턴스가 시작되고 난 후 하나씩 구성을 진행할 수 있다.

프로메테우스

다음 단계를 수행한다.

1. 프로메테우스 게스트 인스턴스에 로그인한다.

```
vagrant ssh prometheus
```

2. 게스트 인스턴스에서 루트 계정으로 전환한다.

```
sudo -i
```

3. 모든 게스트 인스턴스의 주소를 게스트 인스턴스 hosts 파일에 추가한다.

```
cat <<EOF >/etc/hosts
127.0.0.1          localhost
192.168.42.10      prometheus.prom.inet     prometheus
192.168.42.11      grafana.prom.inet        grafana
192.168.42.12      alertmanager.prom.inet   alertmanager

# The following lines are desirable for IPv6 capable hosts
::1          localhost  ip6-localhost  ip6-loopback
ff02::1      ip6-allnodes
ff02::2      ip6-allrouters
EOF
```

4. 신규 시스템 사용자를 생성한다.

```
useradd --system prometheus
```

5. /tmp로 이동해 프로메테우스 아카이브를 다운로드한다.

```
cd /tmp
$ curl -sLO
"https://github.com/prometheus/prometheus/releases/download/v2.9.2/
prometheus-2.9.2.linux-amd64.tar.gz"
```

6. 아카이브 압축을 해제한다.

```
tar zxvf prometheus-2.9.2.linux-amd64.tar.gz
```

7. 정확한 위치에 모든 파일을 위치시킨다.

```
install -m 0644 -D -t /usr/share/prometheus/consoles
prometheus-2.9.2.linux-amd64/consoles/*

install -m 0644 -D -t /usr/share/prometheus/console_libraries
prometheus-2.9.2.linux-amd64/console_libraries/*

install -m 0755 prometheus-2.9.2.linux-amd64/prometheus
prometheus-2.9.2.linux-amd64/promtool /usr/bin/

install -d -o prometheus -g prometheus /var/lib/prometheus

install -m 0644 -D /vagrant/chapter03/configs/prometheus/prometheus.yml
/etc/prometheus/prometheus.yml

install -m 0644 -D /vagrant/chapter03/configs/prometheus/first_rules.yml
/etc/prometheus/first_rules.yml
```

8. 프로메테우스 서비스를 위해 systemd 단위 파일을 추가한다.

```
install -m 0644
/vagrant/chapter03/configs/prometheus/prometheus.service
/etc/systemd/system/

systemctl daemon-reload
```

9. 프로메테우스 서비스를 등록하고 시작한다.

```
systemctl enable prometheus
systemctl start prometheus
```

10. 루트 계정 세션을 종료한 후 베이그런트 사용자 계정을 종료한다.

```
exit

exit
```

그라파나

다음 단계를 수행한다.

1. 그라파나 게스트 인스턴스에 로그인한다.

```
vagrant ssh prometheus
```

2. 게스트 인스턴스에서 루트 계정으로 전환한다.

```
sudo -i
```

3. 모든 게스트 인스턴스의 주소를 게스트 인스턴스 hosts 파일에 추가한다.

```
cat <<EOF >/etc/hosts
127.0.0.1          localhost
192.168.42.10      prometheus.prom.inet      prometheus
192.168.42.11      grafana.prom.inet         grafana
192.168.42.12      alertmanager.prom.inet    alertmanager
```

```
# The following lines are desirable for IPv6 capable hosts
::1         localhost  ip6-localhost  ip6-loopback
ff02::1     ip6-allnodes
ff02::2     ip6-allrouters
EOF
```

4. /tmp로 이동해 프로메테우스 아카이브를 다운로드한다.

```
cd /tmp
curl -sLO "https://dl.grafana.com/oss/release/grafana_6.1.6_amd64.deb"
```

5. 그라파나 패키지와 종속 소프트웨어를 설치한다.

```
DEBIAN_FRONTEND=noninteractive apt-get install -y libfontconfig

dpkg -i "grafana_6.1.6_amd64.deb"
```

6. 정확한 위치에 제공된 모든 환경설정을 위치시킨다.

```
rsync -ru /vagrant/chapter03/configs/grafana/{dashboards,provisioning}
/etc/grafana/
```

7. 그라파나 서비스를 등록하고 시작한다.

```
systemctl daemon-reload
systemctl enable grafana-server
systemctl start grafana-server
```

이제 접속 가능한 그라파나 엔드포인트를 확인할 수 있다.

8. 루트 계정 세션을 종료한 후 베이그런트 사용자 계정을 종료한다.

```
exit

exit
```

알림 매니저

다음 단계를 수행한다.

1. 알림 매니저 게스트 인스턴스에 로그인한다.

```
vagrant ssh alertmanager
```

2. 게스트 인스턴스에서 루트 계정으로 전환한다.

```
sudo -i
```

3. 모든 게스트 인스턴스의 주소를 게스트 인스턴스 hosts 파일에 추가한다.

```
cat <<EOF >/etc/hosts
127.0.0.1         localhost
192.168.42.10     prometheus.prom.inet      prometheus
192.168.42.11     grafana.prom.inet         grafana
192.168.42.12     alertmanager.prom.inet  alertmanager
# The following lines are desirable for IPv6 capable hosts

::1        localhost  ip6-localhost ip6-loopback
ff02::1    ip6-allnodes
ff02::2    ip6-allrouters
EOF
```

4. 신규 시스템 사용자를 생성한다.

```
useradd --system alertmanager
```

5. /tmp로 이동해 알림 매니저 아카이브를 다운로드한다.

```
cd /tmp
curl -sLO
"https://github.com/prometheus/alertmanager/releases/download/v0.17.0/
alertmanager-0.17.0.linux-amd64.tar.gz"
```

6. 아카이브 압축을 해제한다.

```
tar zxvf alertmanager-0.17.0.linux-amd64.tar.gz
```

7. 정확한 위치에 모든 파일을 위치시킨다.

```
install -m 0755 alertmanager-0.17.0.linux-
amd64/{alertmanager,amtool}/vagrant/chapter03/configs/alertmanager/
alertdump /usr/bin/

install -d -o alertmanager -g alertmanager /var/lib/alertmanager

install -m 0644 -D /vagrant/chapter03/configs/alertmanager/alertmanager.yml
/etc/alertmanager/alertmanager.yml
```

8. 알림 매니저 서비스를 위해 systemd 단위 파일을 추가한다.

```
install -m 0644
/vagrant/chapter03/configs/alertmanager/alertmanager.service
/etc/systemd/system/
```

```
systemctl daemon-reload
```

9. 프로메테우스 서비스를 등록하고 시작한다.

```
systemctl enable alertmanager
systemctl start alertmanager
```

10. 루트 계정 세션을 종료한 후 베이그런트 사용자 계정을 종료한다.

```
exit

exit
```

노드 익스포터

시스템 레벨 메트릭을 수집하게 하려면 세 개의 가상머신에 노드 익스포터를 설치해야 한다. 각 가상머신에 로그인하려면 이전에 살펴본 명령어를 사용한다.

1. 게스트 인스턴스 내에서 루트 계정으로 전환한다.

```
sudo -i
```

2. 신규 시스템 사용자를 생성한다.

```
useradd --system node_exporter
```

3. /tmp로 이동해 노드 익스포터 아카이브를 다운로드한다.

```
cd /tmp
curl -sLO
"https://github.com/prometheus/node_exporter/releases/download/v0.17.0/
node_exporter-0.17.0.linux-amd64.tar.gz"
```

4. 정확한 위치에 모든 파일을 위치시킨다.

```
tar zxvf "node_exporter-0.17.0.linux-amd64.tar.gz" -C /usr/bin --
strip-components=1 --wildcards */node_exporter
```

5. 노드 익스포터 서비스를 위해 systemd 단위 파일을 추가한다.

```
install -m 0644 /vagrant/chapter03/configs/node_exporter/node-
exporter.service /etc/systemd/system/

systemctl daemon-reload
```

6. 노드 익스포터 서비스를 등록하고 시작한다.

```
systemctl enable node-exporter
systemctl start node-exporter
```

7. 루트 계정 세션을 종료한 후 베이그런트 사용자 계정을 종료한다.

```
exit

exit
```

테스트 환경 검증

앞의 과정을 수행하고 나면 호스트에서 다음 엔드포인트에 접속해 테스트 환경을 검증할 수 있다.

서비스	엔드포인트
프로메테우스	http://192.168.42.10:9090
그라파나	http://192.168.42.11:3000
알림 매니저	http://192.168.42.12:9093

▌요약

이제 테스트 환경을 사용할 수 있으므로 문제가 발생할 걱정 없이 환경설정을 검사, 변경, 검증할 수 있다. 새로운 기술을 배울 때 실습을 능가하는 것이 없기 때문에 책 전반에 걸쳐 이 방법은 광범위하게 사용될 것이다.

4장에서는 프로메테우스 메트릭의 기본 사항을 살펴본다. 방금 구축한 테스트 환경은 메트릭에 관련된 실습을 하는 데 도움이 될 것이다.

▌질문

1. 재현 가능한 테스트 환경을 설정하기 위해 권장되는 도구는 무엇인가?
2. 테스트 환경에서 프로메테우스 구성 요소의 기본 버전은 어디에서 변경할 수 있는가?
3. 모든 예제에서 사용되는 기본 서브넷은 무엇인가?

4. 상위 레벨에서 프로메테우스 인스턴스를 시작하고 실행하는 단계는 무엇인가?

5. 노드 익스포터는 모든 게스트 인스턴스에 설치된다. 모든 메트릭이 올바르게 노출되는지 어떻게 신속하게 검증할 수 있는가?

6. 테스트 환경의 알림 로그를 어디에서 찾을 수 있는가?

7. 처음부터 깨끗한 테스트 환경을 어떻게 만들 수 있는가?

▌더 읽을거리

- 배시(Bash) 레퍼런스 매뉴얼: https://www.gnu.org/software/bash/manual/html_node/index.html

- 추천 베이그런트 박스: https://www.vagrantup.com/docs/boxes.html

프로메테우스 시작

테스트 환경이 가동되고 실행되는 지금 프로메테우스 스택으로 들어갈 시간이다. 2부에서는 메트릭, 환경설정, 모범 사례를 살펴본다.

2부에는 다음 장들이 있다.

- 4장, 프로메테우스 메트릭 개념
- 5장, 프로메테우스 서버 실행
- 6장, 익스포터와 통합
- 7장, 프로메테우스 쿼리: PromQL
- 8장, 트러블슈팅과 검증

프로메테우스 메트릭 개념

메트릭^Metric은 유용한 정보를 제공하기 위해 프로메테우스 스택이 수집하는 핵심 리소스다. 프로메테우스 스택이 제공하는 기능을 전체적으로 활용, 관리, 심지어 확장하기 위해 메트릭을 올바르게 이해하는 것이 필수적이다. 데이터에서 정보, 지식에 이르기까지 메트릭은 도움이 된다.

4장에서 다루는 내용은 다음과 같다.

- 프로메테우스 데이터 모델 이해
- 네 가지 핵심 메트릭 타입 소개
- 종단면^Longitudinal과 횡단면^Cross-sectional 데이터 집계

▌프로메테우스 데이터 모델 이해

프로메테우스 데이터 모델을 이해하려면 시계열을 만드는 방법과 이러한 데이터의 저장을 살펴봐야 한다. 이는 책 전반에 걸쳐 매우 중요한 개념이다.

시계열 데이터

일반적으로 시계열은 동일한 소스에서 시간순으로 인덱싱되는 숫자 데이터 포인트의 시퀀스^{sequence}로 정의될 수 있다. 프로메테우스 범위에서 이러한 데이터 포인트$^{data\ point}$는 일정한 시간 간격으로 수집된다. 따라서 이러한 종류의 데이터는 그래픽 형식으로 표현될 때 x축은 시간이고 y축은 데이터 값이며, 일반적으로 시간에 따른 데이터의 변화를 표시^{plot}한다.

시계열 데이터베이스

시계열 데이터베이스는 시간이 지남에 따라 모든 측정값을 수집, 저장, 쿼리해야 할 필요성에서 시작됐다. 컬렉터와 센서(예, 사물 인터넷을 구성하는 데이터 등)에서 대량의 데이터를 처리할 때 데이터베이스가 해당 사용 사례를 염두에 두고 설계되지 않은 경우에는 결과 데이터셋에 대한 쿼리가 매우 느리다. 표준 관계형 데이터베이스나 NoSQL 데이터베이스를 사용해 시계열을 저장하는 것을 막을 방법은 없지만, 성능 저하와 확장성 문제로 인해 이러한 결정은 심사숙고해야 한다. 프로메테우스에서는 위와 같은 고유의 문제에 적합한 시계열 데이터베이스를 구현하기로 결정했다.

엄청난 양의 측정값을 저장하는 이러한 유형의 데이터베이스는 쓰기에 집중돼 있다. 게다가 간단한 쿼리가 몇 시간, 며칠 또는 몇 달에 걸쳐 엄청난 양의 데이터를 반환하면서도 데이터를 상당히 빠르게 반환한다는 것을 이해하는 것이 중요하다.

이와 같이 모던한 시계열 데이터베이스는 다음과 같은 구성 요소를 저장한다.

- 타임스탬프timestamp
- 값value
- 메트릭 이름이나 키key/값value 쌍으로 인코딩된 값에 대한 일부 컨텍스트context

위 시계열 데이터베이스 사양에 맞는 데이터의 추상적인 예는 다음과 같다.

```
timestamp=1544978108, company=ACME, location=headquarters, beverage=coffee,
value=40172
```

보다시피 이러한 종류의 데이터는 데이터베이스의 단일 테이블로 쉽게 저장할 수 있다.

timestamp	company	location	beverage	value
1544978108	ACME	headquarters	coffee	40172

위의 간단한 예에서는 ACME 회사의 본사에 위치한 자동판매기에서 제공되는 커피 잔의 수를 확인할 수 있다. 해당 예에서는 시간별로 지속적으로 측정되는 시계열의 모든 필수 구성 요소를 갖고 있다.

 위의 예는 프로메테우스 데이터 모델로 메트릭 이름이 필요해 매핑되지 않지만, 책에서 다루고자 하는 논리를 보여준다.

프로메테우스 로컬 스토리지

로컬 스토리지는 프로메테우스에 데이터를 저장하는 표준 방법이므로 기본 사항을 이해해야 한다. 최상위 레벨에서 프로메테우스 스토리지 디자인은 현재 저장된 모든 레이블에 대한 게시 목록과 자체 시계열 형식을 사용하는 색인을 구현하는 방법의 조합으로 구성된다.

데이터 흐름

프로메테우스가 수집된 데이터를 로컬에 저장하는 방법은 3단계로 구성돼 있다. 다음 항목에서는 데이터가 성공적으로 유지(저장)될 때까지 진행되는 단계를 보여준다.

메모리

최신 데이터 배치^{batch}는 최대 2시간 동안 메모리에 보관된다. 여기에는 2시간 동안 수집되는 하나 이상의 데이터 청크$^{data\ chunk}$가 포함된다. 이 방법은 디스크 I/O를 절반 이상 크게 줄인다. 가장 최근의 데이터는 메모리에 상주해 쿼리 속도가 엄청나게 빨라지고 데이터 청크가 메모리에 생성되므로 지속적인 디스크 쓰기를 방지한다.

로그 선행 기입

메모리에 있는 동안 데이터는 지속되지 않으며, 프로세스가 비정상적으로 종료되면 손실될 수 있다. 그러한 시나리오를 방지하기 위해 디스크의 로그 선행 기입$^{WAL,\ Write-Ahead\ Log}$은 메모리 내 데이터의 상태를 유지해 프로메테우스가 어떤 이유로든 충돌하거나 다시 시작되면 재생시킬 수 있다.

디스크

두 시간이 지나면 데이터 청크가 디스크에 기록된다. 이러한 청크는 불변의 형태며, 데이터를 삭제할 수 있지만 근본적인 연산이 아니다. 대신 더 이상 필요하지 않은 데이터의 정보로 삭제 표시^{tombstone} 파일이 만들어진다.

데이터 레이아웃

다음 예제에서 볼 수 있듯이 데이터가 프로메테우스에 저장되는 방식은 데이터 청크를 포함하는 일련의 디렉터리(블록), 해당 데이터에 대한 LevelDB[1] 인덱스, 사람이 읽을 수 있는 정보가 있는 meta.json 파일과 더 이상 필요하지 않은 데이터에 대한 삭제 표시로 구성된다. 이러한 블록 각각은 데이터베이스를 나타낸다.

최상위 레벨에서 아직 자체 청크로 플러시^{flush}되지 않은 데이터에 대한 WAL을 볼 수도 있다.

```
...
├── 01CZMVW4CB6DCKK8Q33XY5ESQH
│   ├── chunks
│   │   └── 000001
│   ├── index
│   ├── meta.json
│   └── tombstones
├── 01CZNGF9G10R2P56R9G39NTSJE
│   ├── chunks
│   │   └── 000001
│   ├── index
│   ├── meta.json
│   └── tombstones
├── 01CZNGF9ST4ZNKNSZ4VTDVW8DH
│   ├── chunks
│   │   └── 000001
│   ├── index
│   ├── meta.json
```

---

1. LevelDB는 구글이 공개한 오픈소스 프로젝트로, 빠르고 가벼운 키/값 기반 데이터베이스다. — 옮긴이

```
|    └── tombstones
├── lock
└── wal
    ├── 00000114
    ├── 00000115
    ├── 00000116
    ├── 00000117
    └── checkpoint.000113
        └── 00000000
```

프로메테우스 데이터 모델

지금까지 살펴봤듯이 프로메테우스는 레이블^{labels}, 타임스탬프^{timestamp}, 마지막으로 키/값 쌍의 값을 포함하는 시계열을 저장한다. 다음은 이러한 구성 요소들을 자세히 설명하며, 각 구성 요소에 대한 기초 내용을 제공한다. 이들은 7장에서 좀 더 상세히 다룬다.

표기법

프로메테우스에서 시계열은 다음과 같이 표기된다.

```
<metric_name>[{<label_1="value_1">,<label_N="value_N">}]
<datapoint_numerical_value>
```

위와 같이 메트릭 이름이 표시되고 선택적으로 중괄호 안에 레이블 이름/값 집합이 하나 이상 표시되고 메트릭의 값이 표시된다. 또한 하나의 샘플 데이터에는 밀리초^{millisecond}의 정밀도를 갖는 타임스탬프를 가진다.

메트릭 이름

세부 사항으로 메트릭 이름은 "__name__"이라는 특수 레이블의 값에 불과하다. 따라서 "beverages_total"이라는 메트릭이 있는 경우 내부적으로 "__name__=beverages_total"로 표시된다. "__"로 둘러싸인 레이블은 프로메테우스의 내부 한정자이며, 접두사가 "__"인 레이블은 메트릭 수집 주기의 일부 단계에서만 사용할 수 있다.

레이블(키/값)과 메트릭 이름의 조합은 시계열의 ID로 정의한다.

프로메테우스 내의 모든 메트릭 이름은 다음과 같은 정규 표현식으로 맞춰야 한다.

```
"[a-zA-Z_:][a-zA-Z0-9_:]*"
```

쉽게 이해할 수 있도록 메트릭 이름은 숫자가 허용되지 않는 첫 번째 문자를 제외하고 영문자(a-z), 밑줄(_), 콜론(:), 아라비아 숫자(0-9)의 소문자와 대문자만 허용한다.

 콜론(:)은 특별한 종류의 메트릭 지정 레코딩 규칙을 위해 예약돼 있다. 이에 대해서는 다른 장에서 자세히 다룬다.

메트릭 레이블

레이블이나 특정 메트릭과 연결된 키/값 쌍은 메트릭에 차원을 추가한다. 이는 프로메테우스가 시계열을 슬라이싱^{slicing}하고 다이싱^{dicing}할 때 필수적인 부분으로, 7장에서 다룬다.

레이블 값은 전체가 UTF-8일 수 있지만 레이블 이름은 유효하다고 간주되는 정규 표현식과 일치해야 한다(예, "[a-zA-Z0-9_] *!").

메트릭 이름과의 주요 차이점은 레이블이 콜론(:)을 허용하지 않는다는 것이다.

샘플

샘플sample은 수집된 데이터 포인트로 시계열의 수치를 나타낸다. 샘플을 정의하는 데 필요한 구성 요소는 float64 값과 밀리초 정밀도의 타임스탬프다. 명심해야 할 것은 프로메테우스가 잘못 수집한 샘플은 폐기된다는 점이다. 동일한 메트릭 ID와 다른 샘플 값을 가진 샘플도 마찬가지다.

카디널리티

프로메테우스 인스턴스에 할당되는 컴퓨팅 리소스(CPU, 메모리, 디스크 공간, IOPS)에 따라 여러 개의 시계열을 점진적으로 처리한다. 카디널리티Cardinality는 해당 인스턴스의 용량을 나타내는 기본 메트릭으로 생각할 수 있으며, 스크레이핑scraping 결정을 알려준다. 상대적으로 메트릭 수가 적고 수천 개의 타깃이 있거나 타깃은 적지만 수천 개의 메트릭이 있는 두 경우의 차이점이 있을까? 결국 프로메테우스는 성능 저하 없이 해당 양의 시계열을 처리할 수 있다.

카디널리티라는 개념이 나타난 것도 이런 맥락에서다. 이 용어는 주로 메트릭 이름과 연관된 레이블의 이름/값의 조합에 의해 생성되는 고유 시계열 수를 의미한다. 예를 들어 100개의 인스턴스가 있는 애플리케이션 레이블과 같은 추가 차원이 없는 단일 메트릭은 프로메테우스가 각 인스턴스에 대해 하나씩 100개의 시계열을 저장한다는 것을 의미한다. 여기서 인스턴스는 애플리케이션 외부에 추가된 차원이다. 10개의 가능한 값을 가진 레이블이 있는 애플리케이션의 다른 메트릭이 1,000개의 시계열로 변환될 것이다. 인스턴스당 10개의 시계열, 100개의 인스턴스가 변환된 것으로 카디널리티가 곱셈임을 보여준다. 각각의 추가 차원은 새로운 각 값에 대한 기존 차원을 반복함으로써 생성된 시계열의 수를 증가시킬 것이다. 메트릭에 가능한 많은 수의 값을 가진 여러 차원이 있으면 프로메테우스에서 소위 카디널리티 폭발explosion을 야기하는데, 이는 매우 많은 시계열을 만드는 것이다.

한계치가 명확하지 않은 레이블 값이 무한히 증가하거나 수백 개 이상의 가능한 값을 초과할 경우 카디널리티 문제도 발생할 수 있다. 이러한 메트릭은 로그 기반 시스템에서 처리하는 것이 더 적합할 수 있다.

다음은 레이블 값(또는 해당 항목에 대한 메트릭 이름)으로 사용해서는 안 되는 높거나 바인딩되지 않은 카디널리티 데이터의 몇 가지 예다.

- 이메일 주소
- 사용자 이름
- 요청/프로세스/순서/트랜잭션 ID

▌네 가지 핵심 메트릭 타입 소개

프로메테우스 메트릭은 카운터Counter, 게이지Gauge, 히스토그램Histogram, 서머리summary의 네 가지 주요 유형으로 나뉜다. 프로메테우스가 제공하는 대부분의 기능은 주어진 데이터 유형에서만 올바르게 작동하기 때문에 제대로 이해하는 것이 중요하다. 각각의 개요를 살펴보자.

카운터

카운터 메트릭은 유일하게 값이 증가할 수 있는 엄격한 누적 메트릭이다. 이 규칙의 유일한 예외 사항은 측정 단위가 재설정돼 다시 0으로 설정하는 경우다.

카운터는 스크레이핑이 실패하더라도 데이터의 누적 증가치가 손실되지 않고 다음 스크레이핑을 통해 확인할 수 있기 때문에 가장 유용한 메트릭 유형 중 하나다. 스크레이핑이 실패한 경우 더 적은 포인트가 저장되기 때문에 세분성이 줄어들 것이다.

이러한 유형의 메트릭을 시각화하는 데 도움이 되도록 다음과 같이 3장에서 구성한 테스트 환경에 기반을 둔 카운터와 그래픽 예를 참조한다.

- 프로메테우스 인스턴스에서 받은 총 패킷 수

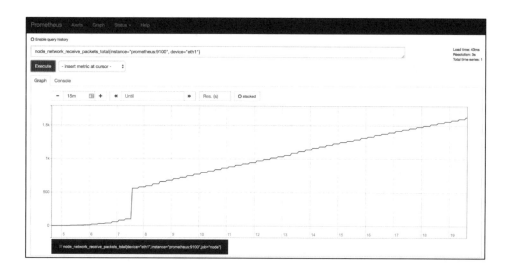

- 그라파나 인스턴스가 디스크에 쓴 총 바이트 수(인스턴스 재시작과 카운터의 리셋으로 인한 중간 데이터 누락을 확인하자)

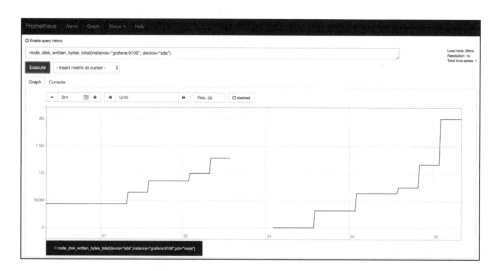

게이지

게이지는 수집 시 지정된 측정값을 스냅샷^{snapshot}하는 메트릭으로, 시스템 온도, 디스크 공간, 메모리 사용량과 같이 증가하거나 감소할 수 있다.

스크레이핑에 실패하면 다음 스크레이핑에는 다른 값(상위/하위)의 메트릭이 발생할 수 있고, 해당 샘플이 손실될 것이다.

이러한 유형의 메트릭을 시각화하는 데 도움이 되도록 3장에서 구성한 테스트 환경 기반으로 게이지와 그래픽을 표현한 몇 가지 예를 볼 수 있다.

- 알림 매니저 인스턴스에서 설정된 TCP 연결 수

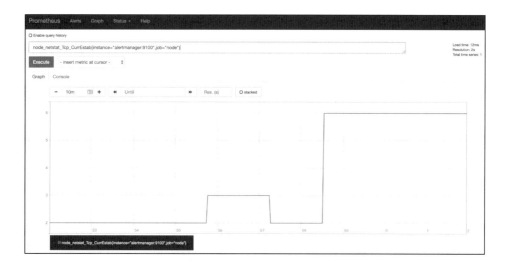

- 그라파나 인스턴스의 사용 가능한 메모리 양(인스턴스 재시작으로 인한 중간 간격에 주목하고 해당 기간 동안 가능한 값에 대한 추측은 하지 않는다)

히스토그램

시스템에서 각 이벤트의 각 숫자 데이터를 모두 기록하는 것은 비용이 많이 들어 이벤트에 대한 최소한의 정보를 보관하려면 일반적으로 사전 집계가 필요하다. 그러나 각 인스턴스에 대한 집계를 미리 계산하면(예, 프로세스 시작 이후 평균, 롤링 윈도우, 지수 가중치 등) 많은 세분성이 줄어들고, 일부 계산은 리소스가 많이 필요하다. 게다가 대부분의 사전 집계는 일반적으로 의미를 잃지 않고 다시 집계할 수 없다. 즉, 사전 계산된 1,000개의 95 백분위수의 평균은 통계적 의미를 갖고 있지 않다. 마찬가지로 주어진 클러스터의 각 인스턴스에서 수집된 요청 지연 99번째 백분위수를 사용하면 전체 클러스터의 99번째 백분위수를 알 수 없으며, 정확하게 계산할 방법이 없다.

히스토그램을 사용하면 클라이언트 측에서 구성 가능한 버킷[bucket2]으로 이벤트를 계

---

2. 히스토그램에서 동일한 값의 범위 - 옮긴이

산하고 관찰된 모든 값의 합계를 제공해 일부 세분성을 유지할 수 있다. 프로메테우스 히스토그램은 구성된 버킷당 하나의 시계열을 생성하고, 측정된 이벤트의 합계와 수를 추적하는 두 개의 시계열을 추가 생성한다. 또한 프로메테우스의 히스토그램은 각 버킷마다 이전 버킷의 값과 자체 이벤트 수가 추가되는 형태로 누적된다. 이렇게 하면 히스토그램을 사용하는 전반적인 기능을 잃지 않고 성능이나 저장을 위해 버킷을 버릴 수 있다.

히스토그램 사용의 단점은 선택한 버킷이 수집될 것으로 예상되는 값의 범위와 분포에 적합해야 한다는 것이다. 분위수[3] 계산의 허용 오차는 다음과 직접적인 관련이 있다. 버킷이 너무 적거나 잘못 선택되면 분위수 계산의 허용 오차가 증가한다.

이 유형의 메트릭은 다양한 차원에서 자유롭게 집계될 수 있으므로 버킷에 저장되는 대기 시간과 크기(예, 요청 기간 또는 응답 크기)를 추적하는 데 특히 유용하다. 또 다른 좋은 용도는 시간 경과에 따른 히스토그램의 변화를 나타내는 히트맵heatmap을 생성하는 것이다.

다음은 이러한 유형의 메트릭을 시각화하는 데 도움이 되도록 3장에서 구성한 테스트 환경 기반으로 만든 히스토그램 및 그래픽 표현의 예다.

- 버킷으로 분류된 프로메테우스로의 HTTP 요청 지속 시간(초)이다. 이것은 버킷의 개념을 더 잘 보여주기 위해 그라파나 히트맵에 표시된다.

---

3. 변수를 오름차순으로 정리했을 때 특정 % 위치에 해당되는 값을 의미 – 옮긴이

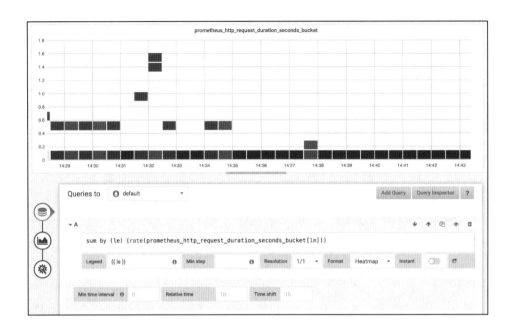

서머리

서머리는 어떤 부분에서는 히스토그램과 유사하지만 서로 다른 절충점을 보여주며, 일반적으로 히스토그램보다 적게 활용된다. 서머리는 크기와 대기 시간을 추적하는 데에도 사용되며, 측정된 이벤트의 합계와 카운트를 모두 제공한다. 또한 클라이언트 라이브러리가 지원하는 경우 서머리는 미리 정의된 슬라이딩 윈도우^{sliding window} 시간을 통해 미리 계산된 분위수를 제공할 수도 있다. 서머리 분위수를 사용하는 주된 이유는 관측된 이벤트의 분포나 범위와 상관없이 정확한 분위수 추정이 필요한 경우다.

 프로메테우스에서 분위수는 φ-분위수로 불리며 $0 \leq \varphi \leq 1$ 사이의 값을 가진다.

분위수와 슬라이딩 윈도우 크기는 모두 계측 코드에 정의돼 있으므로 임시 기준으로 다른 분위수나 윈도우 크기를 계산할 수 없다. 클라이언트 측에서 이러한 계산을 수행하면 측정과 계산 비용이 훨씬 많이 든다. 마지막 단점은 결과 분위수 집계가 가능하지 않기 때문에 사용하는 데 제약이 있다는 점이다.

서머리가 가진 한 가지 이점은 분위수 없이 생성, 수집, 저장하는 비용이 매우 저렴하다는 것이다.

다음은 이러한 유형의 메트릭을 시각화하는 데 도움이 되도록 3장에서 구성한 테스트 환경 기반으로 만든 히스토그램과그래픽 표현의 예다.

- 프로메테우스 규칙 그룹의 최대 지속 시간(초 단위)

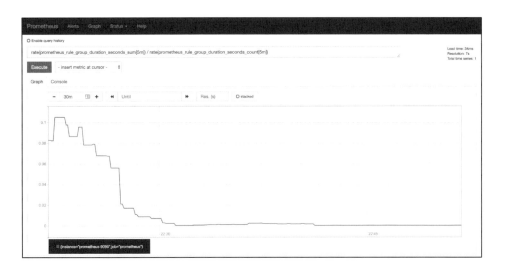

▌종단면과 횡단면 데이터 집계

시계열에 대해 파악해야 할 마지막 개념은 집계가 추상적인 수준에서 동작하는 방식이다. 프로메테우스의 핵심 강점 중 하나는 시계열을 쉽게 조작할 수 있다는 것이다.

데이터의 이러한 슬라이싱slicing과 다이싱dicing은 일반적으로 종단면 및 횡단면 집계 방법과 함께 사용된다.

시계열에서 집계는 원시 데이터를 감소시키거나 요약하는 과정으로, 입력으로 데이터 포인트의 집합을 수신하고 출력으로 더 작은 셋(주로 단일 요소)을 생성하는 것이다. 시계열 데이터베이스에서 가장 일반적인 집계 함수는 최소, 최대, 평균, 카운트, 합계다.

이러한 집계가 동작하는 방법을 이해하려면 4장 앞부분에서 제시한 시계열의 예를 살펴보자. 명확히 하기 위해 다음 몇 개의 절에서는 이러한 집계가 추상적인 수준에서 동작하는 방법을 설명하고 PromQL과 일대일로 매칭되지 않는 프로메테우스의 기능이 무엇인지 설명한다. PromQL은 7장에서 자세히 다룬다.

{company=ACME, beverage=coffee}를 선택했다고 가정하면 현재부터 시간이 지남에 따라 원본 카운터를 볼 수 있다. 데이터는 다음과 같이 보일 것이다.

Location/Time	t=0	t=1	t=2	t=3	t=4	t=5	t=6
Factory	1,045	1	2	3	4	5	6
Warehouse	223	223	223	223	224	224	224
Headquarters	40,160	40,162	40,164	40,166	40,168	40,170	40,172

 각 시계열이 약간 다른 시간에 수집되므로 실제 데이터는 정확히 같지는 않다. 데이터 포인트마다 고유한 타임스탬프가 연관돼 있으므로 정렬되지 않는다. 데이터 포인트를 정렬하기 위해 몇 가지 보간법이 적용될 것이기 때문에 이는 차례대로 집계 결과에 영향을 미친다.

설명을 위해 샘플이 매분마다 수집됐다고 가정해보자. location=factory, t=1에서 재설정된 카운터를 제외하고는 단조롭게 증가하므로 메트릭 유형은 카운터일 수 있다.

102

횡단면 집계

횡단면 집계는 이해하기 쉽다. 다음과 같은 데이터 표현에서 볼 수 있듯이 데이터의 열에 집계 함수를 적용한다.

Location/Time	t=0	t=1	t=2	t=3	t=4	t=5	t=6
Factory	1,045	1	2	3	4	5	6
Warehouse	223	223	223	223	224	224	224
Headquarters	40,160	40,162	40,164	40,166	40,168	40,170	40,172

집계 함수 max()를 적용하면 더 많은 어떤 위치에 더 많은 커피가 분배돼 있는지 알 수 있다. 이 경우 결과는 40,172이다. count()를 적용하면 선택한 차원({company=ACME, beverage=coffee})에 대한 데이터를 리포팅하는 사무실 수(3)를 확인할 수 있다.

> **TIP**
> 7장에서도 언급할 부분이지만 카운터에 집계 함수 max()를 적용하는 것은 일반적이지 않다. 이는 시계열의 기본 사항을 이해하는 데 도움이 되는 간단하고 추상적인 예다.

횡단면 유형의 집계는 일반적으로 요청된 셋의 마지막 데이터 포인트에서 실행된다. 시간에 따른 집계를 그래프로 표시할 때는 각 포인트에 대해 계산해야 하기 때문에 횡단면 유형의 집계는 적합하지 않다.

선택한 데이터가 선형 대수의 전통적인 열벡터$^{column\ vector}$와 유사하다는 것을 알 수 있다. 7장에서도 볼 수 있듯이 PromQL 전용인 이들을 인스턴트 벡터$^{instant\ vector}$라고 한다.

종단면 집계

종단면 집계는 집계를 적용할 시간 윈도우를 선택해야 하기 때문에 사용이 더 까다롭다. 다음 표현에서 볼 수 있듯이 행을 통해 작동한다.

Location/Time	t=0	t=1	t=2	t=3	t=4	t=5	t=6
Factory	1,045	1	2	3	4	5	6
Warehouse	223	223	223	223	224	224	224
Headquarters	40,160	40,162	40,164	40,166	40,168	40,170	40,172

사용 중인 현재 셀렉터는 데이터의 세 행을 반환하기 때문에 종단면 집계를 적용할 때 세 가지 결과를 얻을 수 있다. 예를 들면 집계를 위해 마지막 3분(앞에도 언급했듯이 1분 샘플링 간격)의 데이터를 선택했다고 하자. 시간이 지남에 따라 집계 함수 max()를 적용하면 카운터이고 선택한 윈도우에 리셋이 없기 때문에 선택한 셋의 최신 값(location=factory는 6, location=warehouse는 224, 그리고 location=headquarters. count()는 40,172)을 얻는다. count()는 지정된 시간 범위에서 선택될 것이다. 이 경우에는 수집이 매분마다 발생하고 3분 동안 요청했기 때문에 각 위치(사무실)에서 3이 반환될 것이다.

이런 종류의 더 흥미로운 집계 함수는 이전에 언급되지 않은 rate()다. 이 함수는 단위 시간당 변화율을 계산할 수 있으므로 카운터와 함께 사용하면 더욱 유용하다. 이 함수는 책의 뒷부분에서 자세히 살펴본다. 위 예에서 rate()는 각 위치에 대해 각각 1, 0, 2를 반환한다.

다시 한 번 선택한 데이터와 수학에서의 전통적인 행렬의 유사점을 짚고 넘어가고자 한다. 이러한 유형의 선택은 PromQL에서 범위[range] 벡터로 지칭된다.

▎요약

4장에서는 시계열 데이터가 무엇인지 이해했고, 프로메테우스와 같은 최신 기술인 시계열 데이터베이스가 논리적일 뿐만 아니라 물리적으로 작동하는 방법을 살펴봤다. 프로메테우스 메트릭 표기법과 메트릭 이름과 레이블이 서로 어떻게 관련되는지 살펴봤고, 샘플을 정의하는 내용도 다뤘다. 프로메테우스 메트릭은 네 가지 유형이 있으며, 그 유형을 하나하나 살펴보고 몇 가지 유용한 예를 활용하는 방법도 다뤘다. 마지막으로 프로메테우스의 쿼리 언어를 완전히 활용하는 데 필수적인 종단면 집계와 횡단면 집계가 어떻게 작동하는지 살펴봤다.

5장에서는 좀 더 실제적인 접근 방식으로 돌아가서 프로메테우스 서버 구성, 가상머신과 쿠버네티스에서 프로메테우스 서버를 관리하는 방법을 살펴본다.

▎질문

1. 그래픽 시계열 표현의 필수 요구 사항은 무엇인가?
2. 시계열로 간주되는 데이터 포인트의 구성 요소는 무엇인가?
3. 프로메테우스 서버에 장애가 발생해도 데이터가 손실되지 않는 것은 무엇인가?
4. 데이터를 저장하기 위한 프로메테우스 인메모리 데이터베이스 시간 윈도우는 무엇인가?
5. 프로메테우스 샘플의 구성 요소는 무엇인가?
6. 히스토그램과 서머리의 일반적인 사용 사례는 무엇인가?
7. 횡단면과 종단면 집계의 차이점은 무엇인가?

▮ 더 읽을거리

- 프로메테우스 저장소 구조: https://prometheus.io/docs/prometheus/latest/storage/
- 프로메테우스 저장소 형식: https://github.com/prometheus/tsdb/blob/master/docs/format/README.md
- 파비안 레이나르츠^{Fabian Reinartz} – 처음부터 시계열 데이터베이스 쓰기: https://fabxc.org/tsdb/
- 프로메테우스 데이터 모델: https://prometheus.io/docs/concepts/data_model/
- 히스토그램과 서머리: https://prometheus.io/docs/practices/histograms/

05

프로메테우스 서버 실행

프로메테우스 환경설정을 알아보자. 5장에서는 프로메테우스 스택의 핵심 구성 요소를 살펴보고, 가상머신과 컨테이너 환경에서의 일반적인 사용 방법과 전체 설치 프로세스 시나리오를 소개한다. 이를 통해 지금까지 이해한 지식을 검증할 수 있으며, 실제 예제를 활용해 테스트할 수 있다.

5장에서 다루는 내용은 다음과 같다.

- 프로메테우스 환경설정의 집중 분석
- 독립 실행형 서버에서 프로메테우스 관리
- 쿠버네티스 환경에서 프로메테우스 관리

프로메테우스 환경설정의 집중 분석

프로메테우스의 주요 기능 중 하나는 매우 간단한 기본 환경설정으로 로컬 컴퓨터에서 실행되는 빠른 테스트를 프로덕션 수준의 인스턴스로 확장할 수 있으며 수많은 추가 구성없이도 초당 수백만 개의 샘플을 처리할 수 있다. 프로메테우스의 가치를 극대화하기 위한 환경설정 옵션에 무엇이 있는지 알고 있으면 매우 유용할 것이다.

프로메테우스 서버에는 두 가지 환경설정 유형이 있는데, 커맨드라인 플래그와 환경설정 파일을 통해 제공되는 관리 로직이다. 커맨드라인 플래그는 저장소 경로, 바인딩 TCP 포트와 같은 런타임^{runtime} 시점에 변경할 수 없는 변수를 제어하고, 커맨드라인 플래그에서 변경 사항을 적용하려면 서버를 다시 시작해야 한다. 환경설정 파일은 스크레이핑 작업^{Job}의 정의, 규칙 파일의 위치, 원격 저장소 설정과 같은 런타임 환경설정을 제어한다. 다음 절에서 모두 심도 있게 살펴본다.

프로메테우스 초기 환경설정

초기 환경설정이 없는 프로메테우스 서버를 실행하는 것은 로컬 인스턴스에는 적합할 수 있지만 중요한 배포 환경에서는 몇 가지 기본적인 커맨드라인 플래그$^{command-line}$ ^{flags}를 환경설정하는 것이 바람직하다.

프로메테우스에는 네임스페이스^{namespace}로 그룹화된 운영 환경설정을 제어할 수 있는 대략 30개의 커맨드라인 플래그(config, web, storage, rules, alertmanager, query, log 등)가 있다. --help 플래그는 대부분의 옵션을 설명하는 데 도움이 되지만, 몇 군데에서는 다소 간결할 수 있으므로 배포에 중요하거나 기능이 쉽게 드러나지 않는 항목은 강조 표시하겠다.

config 섹션

첫 번째로 환경설정에 중요한 것은 `--config.file` 플래그를 통해 프로메테우스 환경설정 파일 경로를 지정하는 것이다. 기본적으로 프로메테우스는 현재의 작업 디렉터리에서 prometheus.yml이라는 파일을 찾는다. 이 기능은 로컬 테스트에 적합하지만 일반적으로 프로덕션 배포에서는 서버 바이너리와 환경설정 파일을 별도의 경로에 배치하므로 플래그가 필요할 것이다.

참고로 프로메테우스 서버의 구동을 위해서는 `--config.file` 플래그와 저장소 디렉터리가 반드시 필요하며, 환경설정 파일 없이는 프로메테우스는 구동을 거부할 것이다.

storage 섹션

앞 절과 동일한 로직에 따라 `--storage.tsdb.path` 플래그를 설정해 데이터 저장소 위치의 기본 경로를 구성해야 한다. 작업 디렉터리의 기본값은 data/로 설정돼 있으므로, 데이터를 안전하게 보관하고 I/O 경합을 감소시킬 수 있는 별도의 드라이브/볼륨에 경로를 지정하는 것이 바람직하다. AWS EFS를 포함해 NFS가 지원되지 않는다는 점에 유의하고, 안전한 데이터베이스 파일 관리에 필요한 POSIX 잠금 프리미티브primitive를 지원하지 않는다. 프로메테우스의 데이터 저장소를 네트워크 공유 디렉터리에 배치하면 일시적인 네트워크 단절에 모니터링 시스템의 기능을 유지하는 데 영향을 미칠 수 있기 때문에 적절하지 않다.

프로메테우스의 로컬 스토리지는 단일 프로메테우스에 동시에 인스턴스에서만 쓰기가 가능하다. 이를 보장하려고 프로메테우스는 데이터 디렉터리에 잠금 파일을 사용한다. 구동하는 시점에 OS 특정 시스템 호출을 사용해 파일 잠금을 시도하고, 파일이 이미 다른 프로세스에 의해 잠겨 있으면 시작을 거부한다.

이러한 동작에는 다음과 같은 예외가 있을 수 있다. 프로메테우스가 영구 볼륨을 사용해 데이터 디렉터리를 저장하는 상황에서 동일한 볼륨을 사용하는 다른 컨테이너 인스턴스로 다시 구동할 때 이전 인스턴스가 데이터베이스의 잠금을 해제하지 않았을 수 있다. 이러한 설정의 문제점은 열악한 환경에서 취약한 부분이 있지만, 다행히 이러한 상황에서 적절히 사용할 수 있는 `--storage.tsdb.no-lockfile` 플래그를 제공한다. 그러나 일반적인 프로메테우스 배포판에서는 데이터가 손상되는 것을 방지하기 위해 잠금 파일을 비활성화하는 것을 권고하지 않는다.

web 섹션

다음 단계는 프로메테우스 서버에 접속하기 위해 사용자가 사용할 주소를 설정하는 것이다. `--web.external-url` 플래그는 기본 URL을 설정해 웹 사용자 인터페이스와 알림 전송 시 생성된 웹 링크가 프로메테우스 서버로 올바르게 링크되게 한다. 로드밸런서[load balancer]/리버스 프록시[reverse proxy], 쿠버네티스 서비스[Service]의 DNS 이름이거나, 간단한 배포에서는 프로메테우스 서버를 실행하는 호스트의 외부에서 액세스 가능한 전체 주소 도메인 이름[FQDN, Fully Qualified Domain Name]일 수 있다. 완성도 측면에서 공식 문서에 명시된 바와 같이 프로메테우스가 위치 기반 스위칭[switching]이나 URL 접두사 라우팅[routing]인 콘텐츠 스위칭과 함께 7 레이어 역방향 프록시 뒤에 위치할 때 URL 경로를 제공할 수 있다.

프로메테우스 서버는 SIGHUP을 수신할 때 환경설정 파일(규칙 파일)과 함께 리로드하고 기존 *nix(유닉스/리눅스) 데몬으로 동작한다. 그러나 SIGHUP 신호를 보내는 것이 쉽지 않을 수 있으며, 예를 들어 쿠버네티스와 같은 컨테이너 오케스트레이션[orchestration] 시스템에서 실행하거나 사용자 정의[custom-built] 자동화를 사용하는 경우, 또는 심지어 윈도우에서 프로메테우스를 실행하는 경우에도 불가능하게 된다. 이러한 상황에서 `--web.enable-lifecycle` 플래그를 사용해 리로드, 종료를 제어할 수 있는 `/-/reload`와 `/-/quit` HTTP 엔드포인트를 활성화할 수 있다. 엔드포인트의 의도하지 않은 트리거링[triggering]을 방지하고, GET 의미와 맞지 않기 때문에 POST 요청이 필요할 것이다. `--web.enable-lifecycle` 플래그는 엔드포인트에 대한 자유로운 액세스로 인한 보안 문제를 일으키므로 기본 설정으로 해제돼 있다.

비슷하게 --web.enable-admin-api 플래그도 동일한 이유로 기본 설정으로 해제돼 있다. 해당 플래그는 데이터의 스냅샷 생성, 시계열 삭제, 삭제 표시[tombstones] 정리와 같은 고급 관리를 제공하는 HTTP 엔드포인트를 활성화한다.

3장에서 확인할 수 있듯이 공식 프로메테우스 타르볼[tarball]은 consoles와 console_ libraries라는 두 개의 추가 디렉터리를 갖고 있다. 이는 종종 간과되는 프로메테우스의 기본 대시보드 기능을 활성화하는 데 필요하다. 이 디렉터리에는 콘솔에 참조되는 사전 구성된 대시보드를 포함하고 있으며, Go 템플릿 언어로 작성된 템플릿 라이브러리를 지원한다. --web.console.template과 --web.console.libraries 플래그를 사용해 프로메테우스가 디렉터리를 로드할 수 있도록 설정할 수 있다. 이후 해당 대시보드는 /console 엔드포인트에서 사용할 수 있다. index.html 파일이 있는 경우 기본 웹 UI에서 링크에 접근할 수 있다.

query 섹션

이번 절에서는 쿼리 엔진의 내부 동작 방식을 설명한다. 일부는 쿼리가 중단되기 전까지 실행될 수 있는 시간(--query.timeout) 또는 동시에 실행될 수 있는 쿼리 수 (--query.max-concurrency)와 같이 이해하기 매우 쉽다.

그러나 설정 중 2가지는 명백하지 않은 결과를 생성할 수 있는 제한을 설정한다. 첫 번째는 프로메테우스 2.5.0에서 소개된 --query.max-samples로, 메모리에 로드할 수 있는 최대 샘플 수를 설정한다. 이는 --query.maxconcurrency와 함께 사용해 쿼리 서브시스템이 사용할 수 있는 최대 메모리를 제한하는 방법으로, 많은 양의 데이터를 메모리에 로드하는 쿼리로 인해 프로메테우스가 메모리 한도에 도달하고 프로세스를 죽이는 query-of-death를 방지한다. 프로메테우스의 2.5.0 버전은 기본값으로 플래그가 설정돼 있어 50,000,000개 샘플 쿼리가 제한에 도달하면 실패하게 된다.

두 번째는 --query.lookback-delta다. PromQL의 내부적인 동작의 세부 내용을 다루지 않겠지만, 해당 플래그는 프로메테우스가 유효 기간이 지난 시계열로 간주하기 전에 프로메테우스가 시계열 포인트를 얼마나 찾을지 한도를 설정한다. 5분이 기본값으로 설정돼 있으며, 기본값보다 더 큰 간격 데이터를 수집하는 경우 알림과 그래프에서 일관되지 않은 결과를 얻을 수 있고, 최대 2분이 실패를 허용하는 값이다.

프로메테우스 환경설정 파일 실습

앞 절에서 언급한 환경설정 파일을 통해 프로메테우스 인스턴스의 런타임 구성을 선언한다. 앞으로 확인하겠지만, 스크레이핑 작업, 규칙 평가 및 원격 읽기/쓰기 설정과 관련된 모든 것이 정의된다. 앞서 언급했듯이 프로메테우스를 구동할 때 --web.enable-lifecycle 플래그를 적용해서 프로세스에 SIGHUP을 보내 서버를 종료하지 않고 /-/reload 엔드포인트에 HTTP POST 요청을 보내 프로메테우스 환경설정을 리로드할 수 있다.

상위 레벨에서 환경설정 파일을 아래와 같은 섹션으로 나눌 수 있다.

- global
- scrape_configs
- alerting
- rule_files
- remote_read
- remote_write

공식 프로메테우스 문서에는 YAML 형식으로 작성된 파일의 스키마가 포함돼 있다. 5장에서는 분석할 환경설정 예제를 소개하지만 global 섹션과 scrape_configs 섹션만 자세히 설명한다. alerting과 rule_files 섹션은 9장에서 설명하고, remote_read와 remote_write 섹션은 14장에서 설명한다.

전체 옵션 목록을 포함하고 있는 환경설정 파일은 https://github.com/prometheus/prometheus/blob/v2.9.2/config/testdata/conf.good.yml에서 확인할 수 있다.

예제 환경설정은 다음과 같다.

```
global:
    scrape_interval: 1m
...
scrape_configs:
  - job_name: 'prometheus'
    scrape_interval: 15s
    scrape_timeout: 5s
    sample_limit: 1000
    static_configs:
      - targets: ['localhost:9090']
    metric_relabel_configs:
      - source_labels: [ __name__ ]
        regex: expensive_metric_.+
        action: drop
```

언뜻 보기에는 다소 조밀해 보일 수 있지만, 명확한 이해를 위해 명시적으로 언급할 필요 없는 기본값을 설정했다.

각 절을 자세히 살펴보자.

global 환경설정

global 환경설정은 다른 모든 환경설정 섹션에 대한 기본 매개변수를 정의할 뿐만 아니라, 다음 코드 블록과 같이 외부 시스템으로 나가는 메트릭에 어떤 레이블을 추가할 것인지 레이블을 정의한다.

```
global:
    scrape_interval: 1m
    scrape_timeout: 10s
    evaluation_interval: 1m
    external_labels:
        dc: dc1
        prom: prom1
```

 기간은 정수 값일 수 있으며, 하나의 단위만 가질 수 있다. 즉, 30초(30s) 대신 0.5분(0.5m), 또는 90초(90s) 대신 1분 30초(1.5m)를 사용할 경우 설정 에러로 간주된다.

scrape_interval은 스크레이핑돼야 하는 타깃 수집 주기의 기본값을 설정한다. 일반적으로 10초에서 1분 사이이며, 기본값 **1m**은 시작하기에 적당한 값이다. 긴 수집 간격은 권고하지 않는다. 특히 게이지 타입에서는 데이터의 세분성 감소로 이벤트에 대한 알림 기능의 정확성에 영향을 미치게 되고, 수집 주기보다 더 짧은 간격의 데이터를 반환하지 않을 수 있기 때문에 쿼리가 까다로워질 수 있음을 알고 있어야 한다. 또한 커맨드라인 플래그에 언급된 5분의 루프백 델타$^{lookback-delta}$의 기본값을 고려하면 150초 (2분 30초)보다 긴 모든 scrape_interval은 한 번의 스크레이핑이 실패할 때 주어진 타깃에 대한 모든 시계열이 유효 기간이 지난 것으로 간주될 것이다.

scrape_timeout은 연결을 종료하기 전에 프로메테우스가 타깃에서의 응답을 기다리는 시간을 정의하는 것으로, 정의되지 않은 경우 10초 이상의 스크레이핑을 실패로 표시한다. 타깃이 스크레이핑에 매우 빨리 응답할 것으로 예상되더라도 메트릭 노출에 대한 안내에서는 정확한 스크레이핑 시간에 수집이 수행되고 캐시하지 않는 것을 기억해야 하며, 이는 응답이 오래 걸리는 익스포터^{exporter}가 일부 존재할 수 있다는 의미다.

scrape_interval과 마찬가지로 evaluation_interval은 레코딩 규칙과 알림 규칙을

평가하는 기본 주기 값이다. 일반적인 설정을 위해 두 값을 같은 값으로 맞춘다. 이에 대해서는 9장에서 더 자세히 살펴본다.

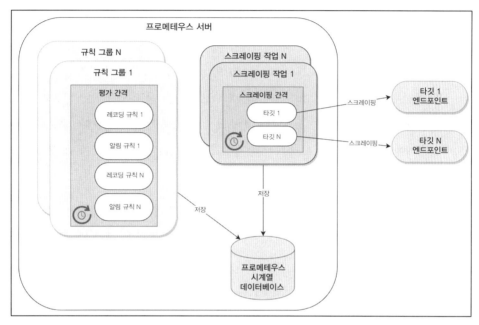

그림 5.1 프로메테우스 내부의 스크레이핑과 평가(evaluation) 간격 표시

마지막으로 **external_labels**는 시계열이나 알림에 이름/값 쌍의 레이블을 추가 설정할 수 있어 알림 매니저, 원격 읽기 및 쓰기가 지원되는 인프라, 페더레이션^{federation}을 통한 프로메테우스 등과 같이 외부 시스템과 연계할 때 활용할 수 있는 기능이다.

이 기능은 알림이나 시계열의 출처를 식별하기 위해 활용되며, 주로 리전^{region}, 데이터센터^{datacenter}, 샤드^{shard} 번호 등 프로메테우스 서버의 정보들을 바탕으로 설정하는 것이 일반적이다.

 공식 문서(https://prometheus.io/docs/introduction/faq/#what-isthe-plural-of-prometheus)에 따라 프로메테우스의 복수형은 Prometheis다.

scrape_config 환경설정

프로메테우스가 빈 환경설정 파일을 정상적인 것으로 허용하더라도 최소의 기능을 위한 **scrape_configs** 환경설정이 반드시 필요하다. 이 환경설정은 메트릭 수집을 위한 타깃 정의와 필요시 스크레이핑 이후의 처리 작업을 정의한다.

앞에서 소개한 환경설정 예에서는 **prometheus**와 **blackbox** 스크레이핑 작업을 정의했다. 프로메테우스의 용어에서 스크레이핑은 HTTP 요청을 통해 타깃 인스턴스의 메트릭을 수집하고, 응답을 파싱하고, 수집된 샘플을 저장하는 것을 의미한다. 프로메테우스의 생태계에서는 기본적으로 메트릭 수집을 위해 HTTP 엔드포인트를 **/metrics**로 사용한다.

이러한 수집 인스턴스의 모음을 작업job이라고 칭한다. 작업의 인스턴스는 일반적으로 동일한 서비스의 복사본으로, 모니터링 타깃 소프트웨어 종류에 따라 각각의 작업을 정의한다. 서비스 디스커버리를 사용할 때는 약간 다르게 정의되지만 12장에서 살펴본다. 다음 코드 블록과 같이 수집된 샘플의 소스를 식별하기 위해 데이터에 타깃의 인스턴스명과 작업명의 조합을 레이블로 자동 추가한다.

```
scrape_configs:
  - job_name: 'prometheus'
    static_configs:
      - targets: ['localhost:9090']
...
  - job_name: 'blackbox'
    static_configs:
      - targets:
        - http://example.com
        - https://example.com:443
...
```

스크레이핑 작업 정의에는 최소한 job_name과 타깃의 모음이 필요하다. 이번 예에서는 두 개의 스크레이핑 작업을 위한 타깃 목록의 선언에 static_configs를 사용했다. 프로메테우스에서는 동적으로 타깃의 목록을 정의하는 다양한 방법을 지원하지만, static_configs는 가장 간단하게 설정할 수 있는 방법이다.

```
scrape_configs:
    - job_name: 'prometheus'
      scrape_interval: 15s
      scrape_timeout: 5s
      sample_limit: 1000
      static_configs:
        - targets: ['localhost:9090']
    metric_relabel_configs:
        - source_labels: [ __name__ ]
          regex: expensive_metric_.+
          action: drop
```

프로메테우스의 스크레이핑 작업을 자세히 살펴보면 작업 단위에서 전역 값으로 설정된 값을 무시하고 scrape_interval과 scrape_timeout을 재정의할 수 있다. 앞서 언급했듯이 수집 간격을 다양하게 설정하는 것은 바람직하지 않으며, 반드시 필요한 경우에만 사용하는 것을 권고한다.

sample_limit을 설정하면 프로메테우스는 어떤 값이 설정돼 있는지 확인하고, 스크레이핑별 샘플을 수집하고 값의 제한을 초과했을 때 샘플을 저장하지 않고 스크레이핑를 실패로 표시한다. 이 설정은 제어권이 없는 외부의 수집 타깃이 모니터링 시스템에 영향을 줄 수 있는 카디널리티 폭발을 방지하기 위한 훌륭한 안전장치다.

여기서 마지막 설정은 metric_relabel_configs로, 수집된 메트릭을 저장하기 전에 변환하거나 삭제할 수 있는 매우 유용한 엔진이다. 가장 흔히 활용되는 사례는 오작동하는 메트릭 모음을 거부하거나 메트릭의 사양을 손상시키지 않고 레이블을 삭제하거나 프로메테우스와의 의미와 더 잘 일치하게 레이블을 변경하는 것이다. 이상적으로 타깃

소스에서 문제가 해결되지 않은 상태에서 임시방편으로 metric_relabel_configs를 사용하게 되는데, 사용할 때 종종 위험 신호가 될 수 있다. 앞의 예제는 metric_relabel_configs를 사용해 expensive_metric_로 시작하는 모든 메트릭을 삭제한 것이다.

```
- job_name: 'blackbox'
  metrics_path: /probe
  scheme: http
  params:
    module: [http_2xx]
  static_configs:
    - targets:
      - http://example.com
  relabel_configs:
    - source_labels: [__address__]
      target_label: __param_target
    - source_labels: [__param_target]
      target_label: instance
    - target_label: __address__
      replacement: 127.0.0.1:9115
```

6장에서 블랙박스blackbox 익스포터를 자세히 살펴보겠지만, 여기서 블랙박스 익스포터 환경설정을 통해 다음과 같은 중요한 환경설정을 알아본다.

- metrics_path를 통해 프로메테우스가 스크레이핑할 메트릭 엔드포인트를 변경한다.
- scheme은 타깃에 연결할 때 HTTP나 HTTPS를 사용할 것인지 정의한다.
- params는 선택 가능한 HTTP 매개변수를 정의할 수 있다.

그러나 relabel_configs 설정이 가장 중요하며 유용한 설정이다. metric_relabel_configs와 동일한 강력한 의미를 제공하지만 매우 다른 기능을 갖고 있다. relabel_ configs는 스크레이핑 작업의 타깃 목록을 제어하는 데 사용한다. 레이블 재지정은 순서대로 수행되므로 레이블을 만들거나 수정한 다음 단계에서 사용할 수 있다. 타깃은 기본적으로 자동 생성되며 재지정할 수 있는 두 개의 레이블을 갖고 있다. job 레이블은 job_name으로 설정되며, 타깃의 호스트명과 포트 정보로 __address__ 레이블이 생성된다. __scheme__과 __metrics_path__ 레이블은 scheme과 metrics_path로 설정되며, params 설정에 정의된 각 매개변수에 대해 __param_<name> 레이블이 생성된다. 또한 서비스 디스커버리 메커니즘을 사용할 때 __meta_ 레이블을 사용할 수 있으며, 12장에서 살펴본다. 레이블 재지정 단계 후에도 instance 레이블이 설정되지 않았을 경우 __address__ 레이블이 설정된다. 밑줄 두 개(__)로 시작하는 레이블은 레이블 재지정 단계가 끝나면 제거된다. 마지막으로 레이블을 재지정하는 과정에서 임시 레이블이 필요할 경우 프로메테우스의 내부 레이블과 중첩되지 않도록 항상 __tmp 접두사를 사용해야 된다.

블랙박스 익스포터에서는 스크레이핑 설정으로 프로브 요청을 전송하는 데 유용하게 활용할 수 있으며, 익스포터는 target GET 매개변수를 사용해 작업을 수행한다. 예제에서 static_configs에 지정된 각 타깃은 다음과 같은 환경설정을 수행한다.

- 타깃의 주소를 스크레이핑할 때 GET 매개변수를 설정하는 __param_target 레이블에 복사한다.
- __address__를 레이블 정보로 자동 설정된 instance 레이블에 새로 생성된 __param_target 레이블의 내용을 복사한다.
- __address__ 레이블을 블랙박스 익스포터의 주소로 변경해 스크레이핑이 수행되고, static_configs에서 지정한 타깃에 직접으로 스크레이핑되지 않는다.

relabel_configs는 스크레이핑이 수행되기 전에 타깃 목록을 재작성하는 데 사용되지만, metric_relabel_configs는 스크레이핑이 수행된 후 실행돼 레이블을 재작성하거나 샘플을 삭제하는 데 사용된다.

이번 절에서 사용된 환경설정 예는 데모용이며, 예를 들어 프로메테우스 자체에서 sample_limit를 설정하거나 구체적인 이유 없이 메트릭을 삭제할 필요가 없다.

소개가 필요한 매우 유용한 메트릭은 up 메트릭이다. up 메트릭은 스크레이핑 작업의 상태를 표시한다. 최소 작업 이름과 타깃 인스턴스의 레이블을 포함하고 있으며, 스크레이핑이 성공할 때 1, 실패할 때 0을 가진다.

다음으로 다른 배포 환경에서의 프로메테우스를 관리를 살펴본다.

독립 실행형 서버에서 프로메테우스 관리

앞의 몇 가지 환경설정 정의를 살펴봤듯이 이제 독립 실행형 프로메테우스 인스턴스를 관리해 실습에 옮길 준비가 돼 있다. 아래 예에서는 몇 가지 환경설정을 적용하는 동시에 검증할 수 있는 환경을 제공한다.

서버 배포

새로운 프로메테우스 인스턴스를 만들려면 다음과 같이 올바른 저장소 경로로 이동한다.

```
cd chapter05/
```

다른 테스트 환경이 실행되고 있는지 확인하고, 다음과 같이 5장의 환경을 시작한다.

```
vagrant global-status
vagrant up
```

잠시 후 새로운 프로메테우스 인스턴스를 관찰할 수 있으며, 프로메테우스 웹 인터페이스는 http://192.168.42.10:9090으로 접근할 수 있다.

환경설정 확인

새로 생성된 인스턴스가 실행 중일 때 다음 명령어를 통해 로그인한다.

```
vagrant ssh prometheus
```

다음 명령어를 사용해 systemd 단위 파일을 참고해 사용 중인 구동 환경설정을 검증할 수 있다.

```
cat /etc/systemd/system/prometheus.service
```

다음은 구동 환경설정에서 발췌한 샘플로 현재 위치 플래그를 나타낸다.

```
ExecStart=/usr/bin/prometheus \
    --config.file=/etc/prometheus/prometheus.yml \
    --storage.tsdb.path=/var/lib/prometheus/data \
    --web.console.templates=/usr/share/prometheus/consoles \
    --web.console.libraries=/usr/share/prometheus/console_libraries
```

프로메테우스 환경설정 파일은 --config.file 플래그로 정의되고 다음 명령어로 살펴볼 수 있다.

```
cat /etc/prometheus/prometheus.yml
```

보다시피 사용 중인 환경설정은 이전의 프로메테우스 실습에서 제시된 환경설정 파일과 유사하며, 앞서 언급한 두 가지 개념을 확인할 수 있다.

아래의 스크레이핑별 수집되는 2가지 메트릭을 통해 프로메테우스 작업의 `metric_relabel_configs` 설정으로 삭제되는 샘플 수를 확인할 수 있다.

- **scrape_samples_scraped:** 수집된 총 샘플의 메트릭 제공
- **scrape_samples_post_metric_relabeling:** 메트릭 레이블을 재지정한 후 사용 가능한 총 샘플의 메트릭 제공

두 메트릭을 빼면 `go_`로 시작하는 메트릭 전체의 삭제된 샘플 수를 얻을 수 있다.

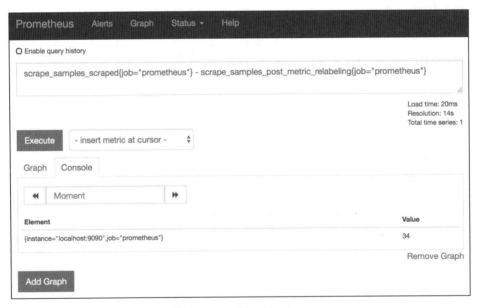

그림 5.2 삭제되는 메트릭 수

또한 예제에서의 **blackbox** 작업에서 생성된 레이블 재지정 환경설정의 결과로 인스턴스 레이블을 확인할 수 있다.

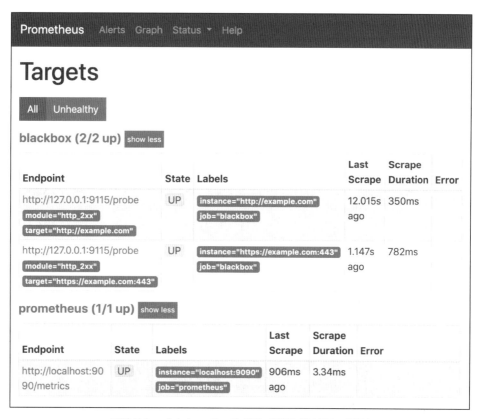

그림 5.3 `relabel_configs`에 의해 생성된 인스턴스 레이블

`promtool` 유틸리티를 사용해 프로메테우스 환경설정의 유효성을 검사할 수 있으며, 8장에서 자세히 설명한다. 새로운 설정으로 프로메테우스를 다시 로드할 때 `prometheus_config_last_reload_successful` 메트릭을 통해 환경설정이 정상적으로 적용돼 있는지 확인할 수 있다.

정리

테스트를 마쳤으면 ./chapter05/ 안에 있는지 경로를 확인하고 다음을 실행한다.

```
vagrant destroy -f
```

너무 걱정하지 말라. 필요한 경우 쉽게 환경을 재구성할 수 있다.

▌쿠버네티스 환경에서 프로메테우스 관리

쿠버네티스는 클라우드 네이티브 컴퓨팅 재단^{CNCF, Cloude Native Computing Foundation}을 졸업한 최초의 프로젝트며, 현재 컨테이너 오케스트레이션의 사실상 표준이다. 초기 힙스터^{Heapster}는 쿠버네티스와 함께 모니터링 솔루션으로 널리 사용됐다. 초기 힙스터는 모니터링 데이터를 외부 시스템으로 전송하는 도구로 시작됐지만, 이후 자체적인 모니터링 시스템으로 성장하게 됐다. 그러나 쿠버네티스 클러스터의 모니터링 시스템으로 프로메테우스가 표준이 되기까지는 많은 시간이 걸리지 않았다. 현재 쿠버네티스 클러스터를 구성하는 대부분의 구성 요소는 프로메테우스에서 네이티브^{Native} 형태로 측정하도록 지원한다.

다음 절에서는 프로메테우스 오퍼레이터^{Operator} 프로젝트의 예제를 기반으로 쿠버네티스 환경에서 프로메테우스를 연계하는 방법을 살펴본다.

 쿠버네티스 프로젝트와 프로메테우스 오퍼레이터의 소스코드와 설치 파일은 https://github.com/kubernetes/kubernete와 https://github.com/coreos/prometheus-operator 에서 확인할 수 있다.

3장에서 정의했던 소프트웨어 요구 사항이 특정 버전, 특히 다음과 같은 특정 버전에서 사용할 수 있는지 확인한다.

- Minikube
- kubectl

정적 환경설정

이 접근 방식은 권장되지 않지만, 쿠버네티스에서 실행되는 프로메테우스 서버를 잘 이해하고 문제를 해결할 수 있는 기반을 제공한다. 예제에서는 서버 설정을 정의하는 컨피그맵^{ConfigMap}을 사용해 프로메테우스를 배포한다.

쿠버네티스 환경

쿠버네티스 테스트 환경을 시작하려면 먼저 미니쿠베^{minikube} 인스턴스가 실행 중이 아닌 것을 확인해야 한다.

```
minikube status
minikube delete
```

 minikube delete는 실습에 치명적인 명령어가므로, 진행하기 전에 작업 내용을 저장한다.

다음 사양으로 새로운 미니쿠베 인스턴스를 시작한다.

```
minikube start \
    --cpus=2 \
    --memory=2048 \
    --kubernetes-version="v1.14.0" \
    --vm-driver=virtualbox
```

해당 명령어가 완료되면 새로운 쿠버네티스 환경이 준비될 것이다. 다음 명령어를 사용하면 쿠버네티스 대시보드가 열릴 것이고, 브라우저를 통해 확인한다.

```
minikube dashboard
```

계속 진행하기 위해 다음과 같이 경로를 이동한다.

```
cd chapter05/provision/kubernetes/static
```

kubectl과 다음 매니페스트manifest를 사용해 새로운 monitoring 네임스페이스Namespace
를 생성한다.

```
apiVersion: v1
kind: Namespace
metadata:
    name: monitoring
```

위 매니페스트는 다음 명령어를 사용해 적용할 수 있다.

```
kubectl apply -f monitoring-namespace.yaml
```

쿠버네티스 대시보드에서 네임스페이스 생성을 확인할 수 있다.

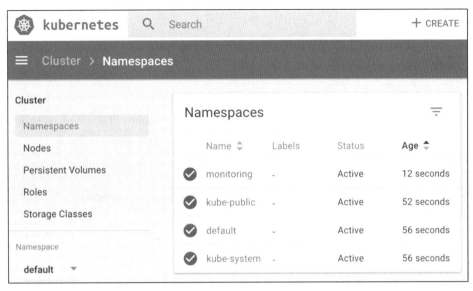

그림 5.4 쿠버네티스 대시보드 – monitoring 네임스페이스

프로메테우스 서버 배포

새로운 네임스페이스를 사용할 수 있게 되면 다음 매니페스트를 사용해 매우 간단한 프로메테우스 환경설정을 만들고 컨피그맵에 저장한다.

```
apiVersion: v1
kind: ConfigMap
metadata:
    name: prometheus-config
    namespace: monitoring
data:
    prometheus.yml: |
        scrape_configs:
        - job_name: prometheus
          static_configs:
          - targets:
            - localhost:9090
```

이 매니페스트는 다음 명령어를 사용해 적용할 수 있다.

```
kubectl apply -f prometheus-configmap.yaml
```

다음은 프로메테우스의 배포 단계며, 이전에 구성한 컨피그맵을 파드[Pod]에 마운트해야 한다. `Deployment` 객체는 다음과 같은 메타데이터로 구성된다.

```
apiVersion: apps/v1
kind: Deployment
metadata:
    name: prometheus-deployment
    namespace: monitoring
labels:
    app: prometheus
```

프로메테우스 컨테이너는 다음과 같이 환경설정 파일과 데이터 디렉터리가 볼륨에 마운트돼 함께 구동될 것이다.

```
args:
    - --config.file=/etc/config/prometheus.yml
    - --storage.tsdb.path=/data
volumeMounts:
    - name: config-volume
      mountPath: /etc/config/prometheus.yml
      subPath: prometheus.yml
    - name: prometheus-data
      mountPath: /data
      subPath: ""
```

config-volume 볼륨은 컨피그맵을 통해 생성되고, prometheus-data 볼륨은 디렉터리로 생성되며, 다음 코드 조각에서 볼 수 있다.

```
volumes:
  - name: config-volume
    configMap:
      name: prometheus-config
  - name: prometheus-data
    emptyDir: {}
```

위 매니페스트는 다음 명령어를 사용해 적용할 수 있다.

```
kubectl apply -f prometheus-deployment.yaml
```

다음 명령어를 사용해 배포 상태를 확인할 수 있다.

```
kubectl rollout status deployment/prometheus-deployment -n monitoring
```

다음 명령어를 사용해 프로메테우스 인스턴스의 로그를 확인한다.

```
kubectl logs --tail=20 -n monitoring -l app=prometheus
```

배포가 성공적으로 완료되면 NodePort 타입으로 서비스를 생성해서 별도의 포트 포워딩 없이 접근할 수 있게 한다.

```
kind: Service
apiVersion: v1
metadata:
  name: prometheus-service
  namespace: monitoring
spec:
  selector:
    app: prometheus
```

```
  type: NodePort
  ports:
  - name: prometheus-port
    protocol: TCP
    port: 9090
    targetPort: 9090
```

위 매니페스트는 다음 명령어를 사용해 적용할 수 있다.

```
kubectl apply -f prometheus-service.yaml
```

이제 다음 명령어를 사용해 프로메테우스 웹 인터페이스에 연결할 수 있다.

```
minikube service prometheus-service -n monitoring
```

프로메테우스 서비스 엔드포인트 정보로 브라우저가 열리고, 웹 인터페이스를 통해 구동 중인 프로메테우스의 환경설정과 타깃을 확인할 수 있다.

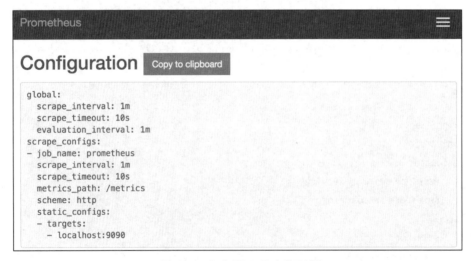

그림 5.5 프로메테우스 초기 환경설정

이제 쿠버네티스에서 프로메테우스를 구동시켰으며, 스크레이핑 타깃을 추가할 수 있다. 다음 절에서 방법을 살펴본다.

프로메테우스 타깃 추가

이번 예제에서는 별도의 서비스를 배포하고 프로메테우스 서버에 서비스를 타깃으로 추가하는 방법을 단계별로 살펴본다. Hello World 유형의 소규모 애플리케이션인 Hey를 사용하겠다.

 Hey 애플리케이션의 소스코드와 설치 파일은 https://github.com/kintoandar/hey에서 확인할 수 있다.

이번 단계는 프로메테우스 서버의 배포와 매우 유사하며, 다음 매니페스트를 사용해 Hey 애플리케이션을 배포한다.

```
apiVersion: apps/v1
kind: Deployment
metadata:
    name: hey-deployment
    namespace: monitoring
labels:
    app: hey
...
      - name: hey
        image: kintoandar/hey:v1.0.1
...
      - name: http
        containerPort: 8000
...
```

이 매니페스트는 다음 명령어를 사용해 적용할 수 있다.

```
kubectl apply -f hey-deployment.yaml
```

다음 명령어를 사용해 배포 상태를 확인할 수 있다.

```
kubectl rollout status deployment/hey-deployment -n monitoring
```

다음 명령어를 사용해 Hey 인스턴스의 로그를 확인한다.

```
kubectl logs --tail=20 -n monitoring -l app=hey
```

배포가 성공적으로 완료되면 NodePort 타입으로 서비스를 생성해서 별도의 포트 포워딩 없이 접근할 수 있게 한다.

```
kind: Service
apiVersion: v1
metadata:
    name: hey-service
    namespace: monitoring
spec:
    selector:
      app: hey
    type: NodePort
    ports:
    - name: hey-port
      protocol: TCP
      port: 8000
      targetPort: 8000
```

이 매니페스트는 다음 명령어를 사용해 적용할 수 있다.

```
kubectl apply -f hey-service.yaml
```

이제 다음 명령어를 사용해 Hey 웹 인터페이스에 연결할 수 있다.

```
minikube service hey-service -n monitoring
```

예제에서는 프로메테우스가 정적으로 설정돼 있기 때문에 Hey의 메트릭 수집을 위해 정적 타깃으로 추가해야 한다. 프로메테우스에 새로 추가된 서비스를 타깃으로 반영할 수 있도록 컨피그맵을 변경한다.

```
kind: ConfigMap
metadata:
    name: prometheus-config
    namespace: monitoring
data:
    prometheus.yml: |
        scrape_configs:
        - job_name: prometheus
          static_configs:
          - targets:
            - localhost:9090
        - job_name: hey
          static_configs:
          - targets:
            - hey-service.monitoring.svc:8000
```

위 매니페스트는 다음 명령어를 사용해 적용할 수 있다.

```
kubectl create -f prometheus-configmap-update.yaml -o yaml --dry-run |
kubectl apply -f -
```

새로운 배포가 트리거되지 않았기 때문에 실행 중인 프로메테우스 환경설정을 확인하
면 아무것도 변경되지 않았을 것이다. 변경된 환경설정을 적용하려면 배포 정의에서
일부 항목을 변경해서 배포할 필요가 있으므로, 배포 버전 어노테이션을 변경하고
새 매니페스트를 적용한다.

```
kubectl apply -f prometheus-deployment-update.yaml
```

다음 명령어로 배포 상태를 확인할 수 있다.

```
kubectl rollout status deployment/prometheus-deployment -n monitoring
```

잠시 후 새로운 배포가 이뤄지고 프로메테우스 환경설정이 변경되고 프로메테우스
웹 사용자 인터페이스에서 새로운 타깃의 표시를 확인할 수 있다.

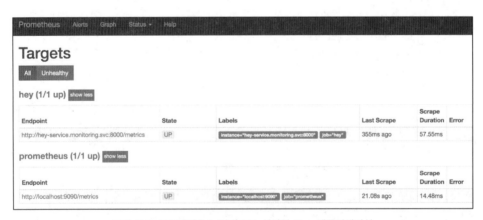

그림 5.6 프로메테우스 타깃으로 설정된 Hey 애플리케이션

동적 환경설정: 프로메테우스 오퍼레이터

CoreOS는 오퍼레이터 패턴을 구축하는 선구자로, 쿠버네티스 애플리케이션의 패키징, 배포, 관리의 복잡성을 추상화했다. 오퍼레이터는 애플리케이션의 작동에 필요한 식(예, 설정과 배포 로직)을 쿠버네티스 사용자 정의 리소스$^{custom\ resources}$와 사용자 정의 컨트롤러$^{custom\ controllers}$로 통합한다.

쿠버네티스 사용자 정의 리소스와 사용자 정의 컨트롤러 조합의 패턴은 오퍼레이터 정의를 활성화했다.

이러한 유형의 패턴을 구현할 때, 예를 들어 애플리케이션의 영구 저장소$^{Persistem\ storage}$와 환경에 대한 특정 설정을 정의하는 대신 사용자가 애플리케이션의 인스턴스를 요청하면 오퍼레이터는 필요한 모든 설정을 추상화하고 최종 결과를 자동화해 제공한다.

프로메테우스 오퍼레이터는 프로메테우스 서버의 파드 수량과 영구 볼륨$^{Persistem\ Volume}$을 포함해 배포를 관리하는 것 외에도 실행 중인 컨테이너의 레이블과 일치하는 규칙이 있는 서비스를 타깃으로 하는 서비스 모니터^{ServiceMonitor} 개념을 사용해 환경설정을 동적으로 업데이트한다.

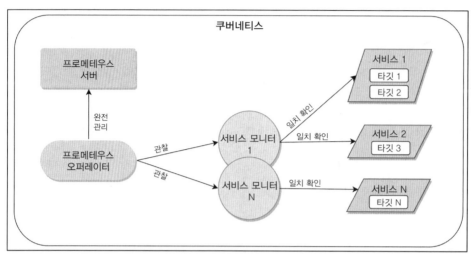

그림 5.7 프로메테우스 오퍼레이터 로직 다이어그램

이번 예제에서는 프로메테우스 오퍼레이터를 사용해 프로메테우스를 배포하고 구성하는 방법과 다른 네임스페이스에서 실행되는 애플리케이션에서 메트릭을 수집하는 방법을 살펴본다.

쿠버네티스 환경

먼저 minikube 인스턴스가 실행 중이지 않는지 확인해야 한다.

```
minikube status
minikube delete
```

다음 사양으로 새로운 minkube 인스턴스를 시작한다.

```
minikube start \
    --cpus=2 \
```

```
    --memory=2048 \
    --kubernetes-version="v1.14.0" \
    --vm-driver=virtualbox
```

해당 명령어가 완료되면 새로운 쿠버네티스 환경을 사용할 수 있다. 다음 명령어를 사용하면 쿠버네티스 대시보드가 열릴 것이고, 브라우저를 통해 확인한다.

```
minikube dashboard
```

계속 진행하기 위해 다음과 같이 경로를 이동한다.

```
cd chapter05/provision/kubernetes/operator
```

이전 예제와 동일하게 kubectl을 사용해 새로운 monitoring 네임스페이스를 생성한다.

```
kubectl apply -f monitoring-namespace.yaml
```

프로메테우스 오퍼레이터 배포

새로운 네임스페이스를 사용할 수 있게 되면 다음 몇 가지 코드 조각에서 볼 수 있듯이 프로메테우스 오퍼레이터는 모든 액세스 권한을 갖고 있어야 한다. 첫 번째는 ClusterRole을 정의한다.

```
apiVersion: rbac.authorization.k8s.io/v1
kind: ClusterRole
metadata:
  name: prometheus-operator
```

```
  rules:
- apiGroups: [apiextensions.k8s.io]
  verbs: ['*']
  resources: [customresourcedefinitions]
- apiGroups: [monitoring.coreos.com]
  verbs: ['*']
  resources:
  - alertmanagers
  - prometheuses
  - servicemonitors
...
```

그 후 ClusterRole을 ClusterRoleBinding에 적용한다.

```
apiVersion: rbac.authorization.k8s.io/v1
kind: ClusterRoleBinding
metadata:
  name: prometheus-operator
roleRef:
  apiGroup: rbac.authorization.k8s.io
  kind: ClusterRole
  name: prometheus-operator
subjects:
- kind: ServiceAccount
  name: prometheus-operator
  namespace: monitoring
```

마지막으로 ClusterRoleBinding에 대한 ServiceAccount를 만든다.

```
apiVersion: v1
kind: ServiceAccount
metadata:
  name: prometheus-operator
```

```
    namespace: monitoring
```

위 매니페스트는 다음 명령어를 사용해 적용할 수 있다.

```
kubectl apply -f prometheus-operator-rbac.yaml
```

새로운 서비스 계정이 설정됐으면 오퍼레이터를 배포할 준비가 된 것이다.

```
apiVersion: apps/v1beta2
kind: Deployment
metadata:
  labels:
      k8s-app: prometheus-operator
  name: prometheus-operator
  namespace: monitoring
spec:
  replicas: 1
  selector:
    matchLabels:
        k8s-app: prometheus-operator
...
        serviceAccountName: prometheus-operator
```

위 매니페스트는 다음 명령어를 사용해 적용할 수 있다.

```
kubectl apply -f prometheus-operator-deployment.yaml
```

다음 명령어를 사용해 배포 상태를 확인할 수 있다.

```
kubectl rollout status deployment/prometheus-operator -n monitoring
```

오퍼레이터 배포가 완료됐다면 이제 프로메테우스 인스턴스를 배포하고 관리할 수 있다.

프로메테우스 서버 배포

프로메테우스 환경설정을 진행하기 전에 올바른 액세스 제어 권한을 가진 인스턴스를 부여해야 한다. 다음의 프로메테우스 RBAC 매니페스트를 참고해 먼저 GET 요청을 통해 프로메테우스가 /metrics 엔드포인트에 액세스할 수 있도록 ClusterRole을 만든다.

```
apiVersion: rbac.authorization.k8s.io/v1
kind: ClusterRole
metadata:
  name: prometheus-k8s
rules:
...
- nonResourceURLs:
  - /metrics
  verbs:
  - get
```

다음으로 앞에서 언급한 ClusterRole의 권한을 부여하려면 ClusterRoleBinding을 만들고 ServiceAccount를 설정한다.

```
apiVersion: rbac.authorization.k8s.io/v1
kind: ClusterRoleBinding
metadata:
  name: prometheus-k8s
roleRef:
  apiGroup: rbac.authorization.k8s.io
  kind: ClusterRole
```

```
  name: prometheus-k8s
subjects:
- kind: ServiceAccount
  name: prometheus-k8s
  namespace: monitoring
```

마지막으로 프로메테우스에 대한 ServiceAccount를 생성한다.

```
apiVersion: v1
kind: ServiceAccount
metadata:
  name: prometheus-k8s
  namespace: monitoring
```

위 매니페스트는 다음 명령어를 사용해 적용할 수 있다.

```
kubectl apply -f prometheus-rbac.yaml
```

서비스 계정이 준비되면 이제 프로메테우스 오퍼레이터와 다음 매니페스트를 사용해
프로메테우스 서버를 배포할 수 있다.

```
apiVersion: monitoring.coreos.com/v1
kind: Prometheus
metadata:
  labels:
      prometheus: k8s
  name: k8s
  namespace: monitoring
spec:
  baseImage: quay.io/prometheus/prometheus
  version: v2.9.2
```

```
    replicas: 2
...
  serviceAccountName: prometheus-k8s
  serviceMonitorNamespaceSelector: {}
  serviceMonitorSelector: {}
```

위 매니페스트는 다음 명령어를 사용해 적용할 수 있다.

```
kubectl apply -f prometheus-server.yaml
```

다음 명령어를 사용해 배포 상태를 확인할 수 있다.

```
kubectl rollout status statefulset/prometheus-k8s -n monitoring
```

배포가 완료되면 프로메테우스 서버를 위한 새로운 서비스를 생성하고 웹 인터페이스를 시작해 현재 설정을 확인한다.

```
kubectl apply -f prometheus-service.yaml

minikube service prometheus-service -n monitoring
```

다음은 프로메테우스 오퍼레이터가 생성한 프로메테우스 서버의 기본 설정이다.

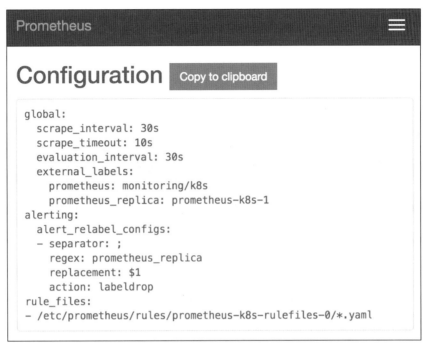

```
global:
  scrape_interval: 30s
  scrape_timeout: 10s
  evaluation_interval: 30s
  external_labels:
    prometheus: monitoring/k8s
    prometheus_replica: prometheus-k8s-1
alerting:
  alert_relabel_configs:
  - separator: ;
    regex: prometheus_replica
    replacement: $1
    action: labeldrop
rule_files:
- /etc/prometheus/rules/prometheus-k8s-rulefiles-0/*.yaml
```

그림 5.8 프로메테우스 오퍼레이터가 생성한 프로메테우스 기본 설정

프로메테우스 타깃 추가

지금까지 오퍼레이터를 배포했으며, 이를 사용해 프로메테우스 서버를 배포했다. 이제 타깃을 추가할 준비가 됐으며, 생성하는 방법을 살펴보겠다.

계속 진행하기 전에 사용 가능한 타깃의 수를 늘리기 위해 애플리케이션을 배포한다. 마찬가지로 Hey 애플리케이션을 활용하고, 이번에는 default 네임스페이스를 사용한다.

```
apiVersion: apps/v1
kind: Deployment
metadata:
  name: hey-deployment
```

```
    namespace: default
spec:
  replicas: 3
  selector:
    matchLabels:
        app: hey
```

다음 코드 블록에 표시된 대로 서비스 모니터에서 참조되는 레이블과 포트 이름에 주의한다.

```
template:
  metadata:
    labels:
        app: hey
  spec:
    containers:
    - name: hey
      image: kintoandar/hey:v1.0.1
      ports:
      - name: hey-port
        containerPort: 8000
...
```

위 매니페스트는 다음 명령어를 사용해 적용할 수 있다.

```
kubectl apply -f hey-deployment.yaml
```

다음 명령어를 사용해 배포 상태를 확인할 수 있다.

```
kubectl rollout status deployment/hey-deployment -n default
```

배포가 완료되면 다음 코드 블록과 같이 새로운 서비스를 생성할 것이다. 서비스를 타깃으로 설정하기 위해 서비스 모니터에서 참조하는 레이블에 주의한다.

```
kind: Service
metadata:
  labels:
    squad: frontend
  name: hey-service
  namespace: default
spec:
  selector:
    app: hey
  type: NodePort
  ports:
  - name: hey-port
    protocol: TCP
    port: 8000
    targetPort: hey-port
```

위 매니페스트는 다음 명령어를 사용해 적용할 수 있다.

```
kubectl apply -f hey-service.yaml

minikube service hey-service -n default
```

마지막으로 프로메테우스 인스턴스와 Hey 애플리케이션에 대한 서비스 모니터를 생성해 오퍼레이터가 프로메테우스를 설정하도록 지시하고 필요한 타겟을 추가할 것이다. 앞서 만든 서비스와 일치하도록 셀렉터 설정에 주의한다.

다음 코드 조각은 프로메테우스에 대한 서비스 모니터다.

```
apiVersion: monitoring.coreos.com/v1
kind: ServiceMonitor
metadata:
  labels:
    k8s-app: prometheus
  name: prometheus
  namespace: monitoring
spec:
  endpoints:
  - interval: 30s
    port: web
  selector:
    matchLabels:
      prometheus: k8s
```

Hey 애플리케이션의 서비스 모니터 파드는 다음과 같다.

```
apiVersion: monitoring.coreos.com/v1
kind: ServiceMonitor
metadata:
  labels:
    app: hey
  name: hey-metrics
  namespace: default
spec:
  endpoints:
  - interval: 30s
    port: hey-port
  selector:
    matchLabels:
      squad: frontend
```

위 매니페스트는 다음 명령어를 사용해 적용할 수 있다.

```
kubectl apply -f prometheus-servicemonitor.yaml

kubectl apply -f hey-servicemonitor.yaml
```

다음 명령어를 사용해 서비스 모니터 파드 배포 상태를 확인할 수 있다.

```
kubectl get servicemonitors --all-namespaces
```

오퍼레이터가 몇 초 정도 소요되는 프로메테우스를 재설정한 후 프로메테우스 웹 인터페이스에서 추가된 타깃을 확인할 수 있다.

그림 5.9 서비스 모니터의 환경설정 후 프로메테우스 타깃 상태

서비스 모니터는 프로메테우스 오퍼레이터를 사용할 때의 주요 구성 요소다. 스크레이핑 주기, 타임아웃, 메트릭 엔드포인트에서 스크레이핑, HTTP 쿼리 매개변수 등의

스크레이핑 작업의 모든 것을 설정할 수 있다. 설정에 대한 문서는 https://github.com/coreos/prometheus-operator/blob/master/Documentation/api.md#endpoint 에서 찾을 수 있다.

▌ 요약

5장에서는 프로메테우스 서버 구성을 위한 중요한 개념과 환경설정을 소개했다. 5장의 내용 이해는 특정 시나리오에서 프로메테우스를 관리하는 데 필수적이다. 프로메테우스 인스턴스를 통해 구동 플래그에서 환경설정 파일까지 얻은 지식을 실습하고 검증했다.

갈수록 더 많은 워크로드가 컨테이너 중에서도 특히 쿠버네티스로 전환되는 환경에서 프로메테우스를 설정하고 관리하는 방법을 살펴봤다. 이해를 돕고자 정적 환경설정을 실습하면서 좀 더 견고한 방식인 프로메테우스 오퍼레이터를 학습했다.

6장에서는 가장 일반적인 익스포터를 통해 다양한 소스에서 프로메테우스로 데이터를 성공적으로 수집할 수 있는 방법을 알아본다.

▌ 질문

1. `scrape_timeout`이 명시적으로 선언되지 않았을 때에는 어떻게 되는가?
2. 프로메테우스가 환경설정 파일을 다시 로드하도록 어떻게 하는가?
3. 유효 기간이 지난[stale] 시계열로 간주하기 전에 프로메테우스는 데이터를 얼마나 오래 찾는가?
4. `relabel_configs`와 `metric_relabel_configs`의 차이점은 무엇인가?
5. 정적 배포 예제에서 Hey 애플리케이션에 대한 쿠버네티스 서비스를 프로메테

우스의 타깃으로 추가했다. Hey 파드의 수를 늘리면 어떤 문제가 발생하는가?

6. 쿠버네티스 환경에서 프로메테우스를 정적으로 환경설정하는 의미가 있는가? 이유는 무엇인가?

7. 프로메테우스 오퍼레이터는 어떤 쿠버네티스 환경에서 목표 달성에 의존하는가?

▌ 더 읽을거리

- **프로메테우스 환경설정**: https://prometheus.io/docs/prometheus/latest/configuration/configuration/

- **프로메테우스 TSDB API**: https://prometheus.io/docs/prometheus/latest/querying/api/#tsdb-admin-apis

- **프로메테우스 보안**: https://prometheus.io/docs/operating/security/

- **쿠버네티스 사용자 지정 컨트롤러**: https://kubernetes.io/docs/concepts/extend-kubernetes/api-extension/custom-resources/#custom-controllers

- **쿠버네티스 사용자 지정 리소스**: https://kubernetes.io/docs/concepts/extendkubernetes/api-extension/custom-resources/#customresourcedefinitions

- **프로메테우스 오퍼레이터**: https://github.com/coreos/prometheus-operator/blob/master/Documentation/design.md

익스포터와 통합

기본 제공 익스포터가 기본적인 부분을 잘 다루지만 프로메테우스 생태계에서는 대부분을 커버할 수 있는 다양한 서드파티 익스포터를 제공한다. 6장에서는 운영체제^{OS, Operation System} 메트릭과 인터넷 제어 메시지 프로토콜^{ICMP, Internet Control Message Protocol} 탐지부터 로그에서 메트릭을 생성하거나 배치 작업과 같은 수명이 짧은 프로세스에서 정보를 수집하는 방법에 이르기까지 사용할 수 있는 가장 유용한 익스포터들을 소개한다.

6장에서 다루는 내용은 다음과 같다.

- 테스트 환경
- 운영체제 익스포터
- 컨테이너 익스포터
- 로그에서 메트릭까지

- 블랙박스 모니터링
- 푸시 메트릭
- 추가 익스포터

테스트 환경

6장에서는 가상머신^{VM} 기반의 정적 인프라를 모방한 환경과 최신 워크플로우를 위한 쿠버네티스 기반의 두 가지 테스트 환경을 사용한다. 두 테스트 환경설정에 대한 자동 구성 방법을 설명하고, 동시에 각 익스포터의 세부 정보를 자세히 설명한다. 자세한 내용은 각 절에서 자세히 설명한다.

정적 인프라 테스트 환경

모든 배포 및 구성 세부 정보를 추상화해 몇 개의 명령어로 완전히 프로비저닝된 테스트 환경을 가질 수 있다. 각 예제 환경설정을 수정하고 게스트 인스턴스에 연결할 수 있다.

새로운 테스트 환경을 구성하려면 저장소 루트 경로를 기준으로 6장으로 이동한다.

```
cd ./chapter06/
```

실행 중인 다른 테스트 환경이 없는지 확인하고 6장의 환경을 구동한다.

```
vagrant global-status
vagrant up
```

다음 명령어를 사용해 테스트 환경의 성공적인 배포를 확인할 수 있다.

```
vagrant status
```

다음과 같은 출력이 표시된다.

```
Current machine states:

prometheus                running (virtualbox)
target01                  running (virtualbox)

This environment represents multiple VMs. The VMs are all listed above with their
current state. For more information about a specific VM, run `vagrant status NAME`.
```

최종 결과는 다음 다이어그램에서 보여주는 것과 같은 환경이 될 것이다.

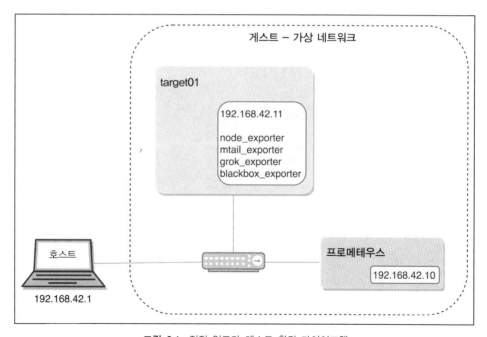

그림 6.1 정적 인프라 테스트 환경 다이어그램

target01 인스턴스에 접속하려면 다음 명령어를 수행한다.

```
vagrant ssh target01
```

프로메테우스 인스턴스에 연결하려면 다음 코드 조각을 사용한다.

```
vagrant ssh prometheus
```

환경설정이 완료되면 저장소 루트 경로를 기준으로 6장으로 이동한다.

```
cd ./chapter06/
```

그리고 다음 명령어를 수행한다.

```
vagrant destroy -f
```

쿠버네티스 테스트 환경

쿠버네티스 테스트 환경을 시작하려면 먼저 minikube 인스턴스가 실행 중이 아니라는 것을 확인한다.

```
minikube status
minikube delete
```

다음 사양으로 새로운 minikube 인스턴스를 시작한다.

```
minikube start \
  --cpus=2 \
  --memory=3072 \
  --kubernetes-version="v1.14.0" \
  --vm-driver=virtualbox
```

해당 명령어가 완료되면 새로운 쿠버네티스 환경이 준비될 것이다.

쿠버네티스 테스트 환경은 5장에서 다뤘던 워크플로우에서 프로메테우스 오퍼레이터 사용에 대해 배운 교훈을 바탕으로 구성할 것이다. 프로메테우스 오퍼레이터 설정을 이미 다뤘기 때문에 각 구성 단계를 거치지 않고 필요한 모든 구성 요소를 배포하겠다.

다음 명령어를 실행해 6장으로 이동한다.

```
cd ./chapter06/
```

다음과 같이 프로메테우스 오퍼레이터를 배포하고 성공적으로 배포됐는지 검증한다.

```
kubectl apply -f ./provision/kubernetes/operator/bootstrap/

kubectl rollout status deployment/prometheus-operator -n monitoring
```

프로메테우스 오퍼레이터를 사용해 프로메테우스를 배포하고 다음과 같이 배포가 성공적으로 수행됐는지 확인한다.

```
kubectl apply -f ./provision/kubernetes/operator/deploy/

kubectl rollout status statefulset/prometheus-k8s -n monitoring
```

프로메테우스 작업을 구성하는 서비스 모니터를 추가한다.

```
kubectl apply -f ./provision/kubernetes/operator/monitor/

kubectl get servicemonitors --all-namespaces
```

잠시 후 프로메테우스가 사용 가능한 상태인지 확인한다. 다음 명령어는 프로메테우스 웹 인터페이스를 제공한다.

```
minikube service prometheus-service -n monitoring
```

다음 명령어를 사용하면 쿠버네티스 대시보드가 열리고 프로메테우스에 대한 쿠버네티스 스테이트풀셋StatefulSets을 검증할 수 있다.

```
minikube dashboard
```

 스테이트풀셋 컨트롤러를 비롯해 쿠버네티스 객체들에 대한 자세한 내용은 https://kubernetes.io/docs/concepts/에서 확인할 수 있다.

다음 그림은 프로메테우스 스테이트풀셋의 정상적인 배포 상태를 보여준다.

그림 6.2 프로메테우스 스테이트풀셋을 보여주는 쿠버네티스 대시보드

운영체제 익스포터

인프라를 모니터링할 때 가장 일반적인 방법은 OS 레벨에서 시작하는 것이다. CPU, 메모리, 저장 장치와 같은 리소스에 대한 메트릭은 물론 커널 운영상의 카운터와 통계를 통해 시스템의 성능 특성을 평가할 수 있는 귀중한 통찰력을 제공한다. 프로메테우스 서버가 이러한 유형의 메트릭을 수집하려면 타깃 호스트에 OS 레벨 익스포터가 있어야 HTTP 엔드포인트에서 메트릭을 노출시킬 수 있다. 프로메테우스 프로젝트는 유닉스 계열 시스템을 지원하는 노드 익스포터를 제공하고, 또한 커뮤니티에서 마이크로소프트 윈도우^{Microsoft Windows} 시스템을 위해 WMI 익스포터를 유지하고 있다.

노드 익스포터

노드 익스포터^{Node Exporter}는 가장 잘 알려진 프로메테우스 익스포터다. OS의 여러 영역에 대해 40개가 넘는 컬렉터를 제공하며, 크론^{cron} 작업에 대한 로컬 메트릭과 호스트에 대한 정적 정보를 노출하는 방법 등을 제공한다. 프로메테우스 생태계의 다른 프로젝트와 마찬가지로 노드 익스포터는 수집 항목을 식별하는 몇 가지 기능을 제공하므로, 특별한 변경 없이 기본 환경설정으로 실행하는 것이 좋다.

 노드는 컴퓨터 노드 또는 호스트를 말하며, Node.js와 관련이 없다.

노드 익스포터는 권한이 없는 사용자로 실행되도록 설계됐지만 컨테이너 내에서 실행할 때는 일반적으로 사용할 수 없는 커널과 프로세스 통계를 액세스해야 한다. 이는 노드 익스포터가 컨테이너에서 작동하지 않는다는 것을 말하는 것은 아니다. 모든 프로메테우스 구성 요소는 컨테이너에서 실행될 수 있지만 동작하려면 추가 설정이 필요하다. 따라서 가능한 경우 노드 익스포터를 호스트에서 직접 시스템 데몬으로 실행하는 것이 좋다.

OS 커널은 내부 상태를 노출하는 방식과 사용 가능한 세부 정보에 따라 다르므로 노드 익스포터 컬렉터는 실행 중인 시스템에 따라 다른 메트릭을 수집할 수 있다. 예를 들어 맥OS에서 node_exporter에 의해 노출된 메트릭은 리눅스의 메트릭과 크게 다르다. 노드 익스포터가 리눅스, Darwin(맥OS), FreeBSD, OpenBSD, NetBSD, DragonFly BSD, Solaris를 지원하더라도 노드 익스포터 내의 각 컬렉터 자체 호환성 매트릭스를 갖게 되며, 리눅스가 가장 많은 지원을 제공하는 커널이다.

 노드 익스포터에 의해 노출된 메트릭 이름은 프로메테우스 프로젝트의 표준화 노력으로 버전 0.16.0에서 변경됐다. 이는 획기적인 변경으로, 노드 익스포터의 이전 버전으로 만들어진 대시보드와 자습서가 제대로 작동하지 않는다. 업그레이드 가이드(https://github.com/prometheus/node_exporter/blob/v0.17.0/docs/V0_16_UPGRADE_GUIDE.md)는 노드 익스포터의 저장소에서 찾을 수 있다.

노드 익스포터의 소스코드와 설치 파일은 https://github.com/prometheus/node_exporter
에서 확인할 수 있다.

설계상 노드 익스포터는 프로세스와 관련돼 실행 중인 프로세스 수 등의 집계 메트릭을 생성하고 프로세스별 개별 메트릭은 생성하지 않는다. 프로메테우스 모델에서는 관련성이 있는 각각의 프로세스가 자체 메트릭을 노출하거나 해당 작업을 수행하려면 프로세서의 익스포터가 있어야 한다. 대부분의 경우 프로세스 익스포터를 실행할 때 화이트리스트를 사용하는 것을 권장한다.

노드 익스포터 환경설정

프로메테우스 생태계 익스포터는 일반적으로 주어진 프로세스의 특정 메트릭 셋을 수집한다. 노드 익스포터는 시스템 레벨 메트릭이 광범위한 서브시스템에 걸쳐 있기 때문에 대부분의 다른 익스포터와 다르므로 측정 요구 사항에 따라 켜거나 끌 수 있는 개별 컬렉터를 제공하게 설계돼 있다. 기본적으로 해제된 컬렉터를 활성화하려면 --collect.<이름>을 사용해 수행할 수 있고 활성화된 컬렉터는 --no-collector.<이름>을 사용해 비활성화할 수 있다.

노드 익스포터의 모든 컬렉터는 기본적으로 활성화돼 있어서 유용성과 적절한 동작을 위한 환경설정이 필요하다. textfile 컬렉터는 프로메테우스 형식의 메트릭을 포함하는 .prom 확장명을 가진 파일이 있는 디렉터리를 관찰해 사용자 정의 메트릭의 확장을 가능하게 한다. 기본적으로 --collector.textfile.directory 플래그는 설정돼 있지 않으며, 컬렉터 작업을 수행하기 위해 디렉터리 경로를 설정한다. --collector.textfile.directory을 통해 인스턴스별 특정 메트릭을 내보낼 수 있으며, 예를 들면 다음과 같다.

- 로컬 크론 작업은 메트릭을 통해 종료 상태를 보고할 수 있다(메트릭 파일 수정 타임스탬프가 이미 메트릭으로 내보내졌으므로 완료 타임스탬프는 기록에 유용하지 않음).
- VM 타입, 크기 또는 할당된 역할과 같은 정보 메트릭(제공된 레이블에 대해서만 존재함)
- 재시작이 필요한 경우 보류 중인 패키지 업그레이드 수
- 내장된 컬렉터에서 다루지 않는 메트릭

노드 익스포터 배포

6장에서의 정적 인프라를 위한 테스트 환경에는 이미 node_exporter가 자동으로 프로비저닝돼 동작 중이다. 다음과 같이 target01 VM에 접속해 확인할 수 있다.

```
cd ./chapter06/
vagrant ssh target01
```

그런 다음 제공된 systemd 단위 파일의 설정을 다음과 같이 확인한다.

```
vagrant@target01:~$ systemctl cat node-exporter
```

이 코드 조각에서는 사용자 정의 메트릭이 노출될 수 있도록 textfile 컬렉터 디렉터리를 확인할 수 있다.

```
...
ExecStart=/usr/bin/node_exporter --collector.textfile.directory=
/var/lib/node_exporter
...
```

사용자 정의 메트릭을 만들어본다. 이를 위해 다음과 같이 확장자가 .prom인 textfile 컬렉터 디렉터리 내의 파일에 메트릭을 작성하면 된다.

```
vagrant@target01:~$ echo test_metric 1 | sudo tee /var/lib/node_exporter/test.prom
```

 실제 환경에서는 node_exporter가 손상된 파일을 볼 수 없도록 확인해야 한다. 임시 파일에 작성한 다음 마운트 포인트 경로를 확인하고 mv 명령어를 수행한다. 또는 일반적으로 moreutils 패키지에서 발견되는 sponge 유틸리티를 사용할 수 있다.

/metrics 엔드포인트를 요청해 테스트 메트릭을 찾을 수 있다.

```
vagrant@target01:~$ curl -qs 0:9100/metrics | grep test_metric
```

다음과 같은 출력을 확인할 수 있다.

```
# HELP test_metric Metric read from /var/lib/node_exporter/test.prom
# TYPE test_metric untyped
test_metric 1
```

노드 익스포터는 활성화된 컬렉터에 따라 많은 수의 메트릭을 생성한다. node_exporter에서 사용할 수 있는 주요 메트릭은 다음과 같다.

- node_cpu_seconds_total은 사용 가능한 모든 CPU 모드에 대해 코어당 누적 사용 시간을 제공하며, CPU 사용률을 이해하는 데 매우 유용하다.
- node_memory_MemTotal_bytes와 node_memory_MemAvailable_bytes는 가용 메모리 비율을 계산할 수 있다.
- node_filesystem_size_bytes와 node_filesystem_avail_bytes는 파일 시스템의 사용량을 계산할 수 있다.

- `node_textfile_scrape_error`는 텍스트 파일 컬렉터가 활성화된 경우 텍스트 파일 디렉터리 내의 메트릭 파일을 구문 분석할 수 없는지 알려준다.

▌ 컨테이너 익스포터

워크로드 격리와 리소스 최적화를 지속적으로 추구하면서 하이퍼바이저^{Hypervisor}를 사용해 물리적 시스템에서 가상화된 시스템으로 전환하는 것을 지켜봤다. 가상화를 사용하는 것은 스토리지, CPU 및 메모리를 사용 여부에 관계없이 실행 중인 각 VM에 할당해야 하므로 어느 정도의 리소스 사용량이 비효율적이라는 것을 의미한다. 이러한 비효율성을 완화하려고 해당 분야에서 많은 일이 수행됐지만 결국 시스템 리소스를 완전히 활용하는 것은 여전히 어려운 문제다.

리눅스에서 운영체제 레벨의 가상화(컨테이너 사용)가 증가함에 따라 사고방식이 바뀌었다. 더 이상 각 워크로드에 대해 OS의 전체 복사본이 아닌, 원하는 작업을 수행하기 위해 적절하게 격리된 프로세스만 원한다. 특별히 리눅스 컨테이너^{container}에 초점을 맞추려고 하드웨어 리소스(cgroup 또는 제어 그룹)와 커널 리소스(네임스페이스)를 분리하는 일련의 커널 기능을 사용할 수 있게 됐다. cgroup이 관리하는 리소스는 다음과 같다.

- CPU
- 메모리
- 디스크 I/O
- 네트워크

이러한 커널 기능으로 사용자는 주어진 워크로드가 사용할 수 있는 리소스를 세밀하게 제어할 수 있고 리소스 사용을 최적화할 수 있다. **cgroup** 메트릭은 모든 최신 모니터링 시스템에서 매우 중요하다.

cAdvisor

컨테이너 어드바이저(cAdvisor)는 실행 중인 컨테이너에서 데이터를 수집, 집계, 분석, 노출하는 구글에서 개발한 프로젝트다. 활용 가능한 데이터는 메모리 제한에서 **GPU** 메트릭에 이르기까지 필요한 모든 것을 컨테이너나 호스트별로 사용할 수 있고 분리돼 있다.

cAdvisor는 도커 컨테이너에 묶여있지 않지만 일반적으로 함께 배포된다. 컨테이너 데몬과 리눅스 cgroup에서 데이터를 수집해 컨테이너의 디스커버리를 완전하게 자동화한다. 또한 이러한 제한에 도달할 때마다 프로세스 제한과 제한 이벤트를 노출한다. 이는 워크로드에 부정적인 영향을 주지 않으면서 인프라 리소스 사용을 극대화하기 위해 주시해야 하는 중요한 정보다.

cAdvisor는 프로메테우스 형식으로 메트릭을 노출하는 것 외에도 유용한 웹 인터페이스와 함께 제공되므로 호스트와 해당 컨테이너의 상태를 즉시 시각화할 수 있다.

 cAdvisor 소스코드와 설치 파일은 https://github.com/google/cadvisor에서 확인할 수 있다.

cAdvisor 환경설정

cAdvisor를 컨테이너로 실행할 때 일부 호스트 경로는 읽기 전용 모드에서 사용할 수 있어야 한다. 이를 통해 커널, 프로세스, 컨테이너 데이터를 수집할 수 있다.

꽤 많은 런타임 플래그flag가 있으므로 다음 표에서 테스트 케이스에 가장 관련성이 높은 몇 가지 기능을 확인할 수 있다.

플래그	설명
--docker	도커 엔드포인트, 기본값은 unix:///var/run/docker.sock
--docker-only	루트 통계 외에 컨테이너 정보만 보고
--listen_ip	바인딩할 아이피, 기본값은 0.0.0.0
--port	리스닝할 포트, 기본값은 8080
--storage_duration	데이터가 저장되는 기간, 기본값은 2m0s

TIP 다음 주소에서 사용 가능한 런타임 환경설정을 점검할 수 있다.

https://github.com/google/cadvisor/blob/release-v0.33/docs/runtime_options.md

cAdvisor 배포

이전까지 cAdvisor 코드는 Kubelet 바이너리에 포함돼 있었지만 더 이상 포함되지 않을 예정이다. 따라서 cAdvisor 데몬셋^{DaemanSet}으로 구성해 향후 예제를 검증하고 환경설정 정보를 노출하고 쿠버네티스 서비스로서 웹 인터페이스를 사용할 수 있게 하겠다.

다음과 같이 올바른 저장소 경로로 이동해야 한다.

```
cd ./chapter06/provision/kubernetes/
```

모든 단일 노드에서 cAdvisor를 실행하기를 원하기 때문에 데몬셋을 생성해야 한다.

```
apiVersion: apps/v1
kind: DaemonSet
metadata:
```

```
    name: cadvisor
    namespace: monitoring
...
```

다음과 같이 도커 데몬과 다양한 리눅스 리소스의 데이터 수집을 허용하는 모든 볼륨 마운트를 확인한다.

```
...
    spec:
      containers:
        - name: cadvisor
          volumeMounts:
          - {name: rootfs, mountPath: /rootfs, readOnly: true}
          - {name: var-run, mountPath: /var/run, readOnly: true}
          - {name: sys, mountPath: /sys, readOnly: true}
          - {name: docker, mountPath: /var/lib/docker, readOnly: true}
          - {name: disk, mountPath: /dev/disk, readOnly: true}
...
```

위 매니페스트는 다음 명령어를 사용해 적용할 수 있다.

```
kubectl apply -f ./cadvisor/cadvisor-daemonset.yaml
```

다음 명령어를 사용해 배포 상태를 확인할 수 있다.

```
kubectl rollout status daemonset/cadvisor -n monitoring
```

배포가 완료되면 새로운 서비스를 추가해야 한다. ServiceMonitor에서 사용할 포트 이름을 확인한다. 다음은 우리가 사용할 매니페스트다.

```
apiVersion: v1
kind: Service
metadata:
  labels:
    p8s-app: cadvisor
  name: cadvisor-service
  namespace: monitoring
spec:
  selector:
    p8s-app: cadvisor
  type: NodePort
  ports:
    - {name: http, protocol: TCP, port: 8080, targetPort: http}
```

위 매니페스트는 다음 명령어를 사용해 적용할 수 있다.

```
kubectl apply -f ./cadvisor/cadvisor-service.yaml
```

이제 다음 명령어를 사용해 cAdvisor 웹 인터페이스에 연결할 수 있다.

```
minikube service cadvisor-service -n monitoring
```

다음 그림과 유사한 인터페이스로 브라우저 창이 열릴 것이다.

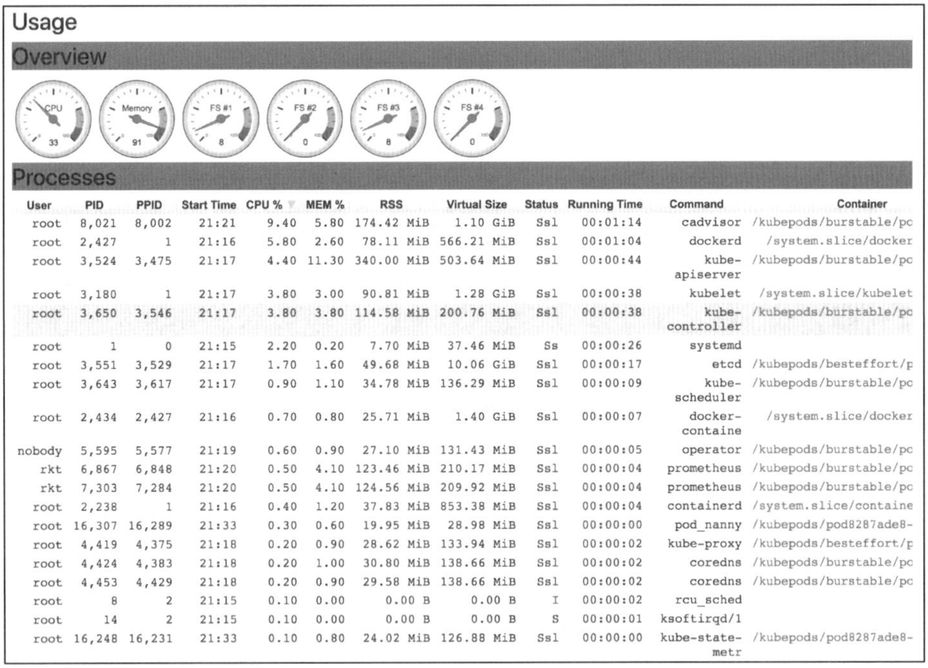

User	PID	PPID	Start Time	CPU %	MEM %	RSS	Virtual Size	Status	Running Time	Command	Container
root	8,021	8,002	21:21	9.40	5.80	174.42 MiB	1.10 GiB	Ssl	00:01:14	cadvisor	/kubepods/burstable/pc
root	2,427	1	21:16	5.80	2.60	78.11 MiB	566.21 MiB	Ssl	00:01:04	dockerd	/system.slice/docker
root	3,524	3,475	21:17	4.40	11.30	340.00 MiB	503.64 MiB	Ssl	00:00:44	kube-apiserver	/kubepods/burstable/pc
root	3,180	1	21:17	3.80	3.00	90.81 MiB	1.28 GiB	Ssl	00:00:38	kubelet	/system.slice/kubelet
root	3,650	3,546	21:17	3.80	3.80	114.58 MiB	200.76 MiB	Ssl	00:00:38	kube-controller	/kubepods/burstable/pc
root	1	0	21:15	2.20	0.20	7.70 MiB	37.46 MiB	Ss	00:00:26	systemd	
root	3,551	3,529	21:17	1.70	1.60	49.68 MiB	10.06 GiB	Ssl	00:00:17	etcd	/kubepods/besteffort/p
root	3,643	3,617	21:17	0.90	1.10	34.78 MiB	136.29 MiB	Ssl	00:00:09	kube-scheduler	/kubepods/burstable/pc
root	2,434	2,427	21:16	0.70	0.80	25.71 MiB	1.40 GiB	Ssl	00:00:07	docker-containe	/system.slice/docker
nobody	5,595	5,577	21:19	0.60	0.90	27.10 MiB	131.43 MiB	Ssl	00:00:05	operator	/kubepods/burstable/pc
rkt	6,867	6,848	21:20	0.50	4.10	123.46 MiB	210.17 MiB	Ssl	00:00:04	prometheus	/kubepods/burstable/pc
rkt	7,303	7,284	21:20	0.50	4.10	124.56 MiB	209.92 MiB	Ssl	00:00:04	prometheus	/kubepods/burstable/pc
root	2,238	1	21:16	0.40	1.20	37.83 MiB	853.38 MiB	Ssl	00:00:04	containerd	/system.slice/containe
root	16,307	16,289	21:33	0.30	0.60	19.95 MiB	28.98 MiB	Ssl	00:00:00	pod_nanny	/kubepods/pod8287ade8-
root	4,419	4,375	21:18	0.20	0.90	28.62 MiB	133.94 MiB	Ssl	00:00:02	kube-proxy	/kubepods/besteffort/p
root	4,424	4,383	21:18	0.20	1.00	30.80 MiB	138.66 MiB	Ssl	00:00:02	coredns	/kubepods/burstable/pc
root	4,453	4,429	21:18	0.20	0.90	29.58 MiB	138.66 MiB	Ssl	00:00:02	coredns	/kubepods/burstable/pc
root	8	2	21:15	0.10	0.00	0.00 B	0.00 B	I	00:00:02	rcu_sched	
root	14	2	21:15	0.10	0.00	0.00 B	0.00 B	S	00:00:01	ksoftirqd/1	
root	16,248	16,231	21:33	0.10	0.80	24.02 MiB	126.88 MiB	Ssl	00:00:00	kube-state-metr	/kubepods/pod8287ade8-

그림 6.3 cAdvisor 웹 인터페이스

이제 프로메테우스에 새로운 타깃으로 cAdvisor 익스포터를 추가할 차례다. 익스포터를 추가하려고 다음과 같이 `ServiceMonitor` 매니페스트를 사용한다.

```
apiVersion: monitoring.coreos.com/v1
kind: ServiceMonitor
metadata:
  labels:
    p8s-app: cadvisor
  name: cadvisor-metrics
  namespace: monitoring
spec:
  endpoints:
  - interval: 30s
    port: http
  selector:
```

```
    matchLabels:
        p8s-app: cadvisor
```

위 매니페스트는 다음 명령어를 사용해 적용할 수 있다.

```
kubectl apply -f ./cadvisor/cadvisor-servicemonitor.yaml
```

잠시 후 다음 명령어를 사용해 오픈된 프로메테우스 웹 인터페이스에서 새로 추가된 타깃을 검사할 수 있다.

```
minikube service prometheus-service -n monitoring
```

다음 그림은 cAdvisor 타깃을 확인할 수 있는 프로메테우스 /targets 엔드포인트를 보여준다.

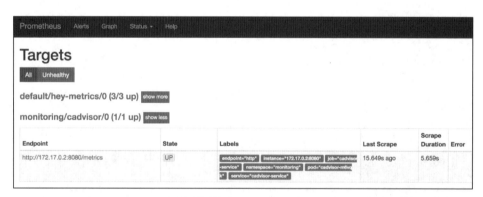

그림 6.4 cAdvisor 타깃을 확인할 수 있는 프로메테우스 /targets 엔드포인트

이를 통해 컨테이너 레벨의 메트릭을 수집하게 됐다. cAdvisor는 컨테이너당 대량의 샘플을 내보낸다. 내보낸 메트릭을 스크레이핑당 수천 개의 샘플로 쉽게 가득 차게 할 수 있기 때문에 스크레이핑을 수행하는 프로메테우스에서 카디널리티 관련 문제가 발생할 수 있다는 점을 유의해야 한다.

cAdvisor에 의해 노출된 모든 메트릭은 다음 프로메테우스 문서에서 찾을 수 있다.

https://github.com/google/cadvisor/blob/v0.33.0/docs/storage/prometheus.md

cAdvisor에서 내보낸 수천 개의 메트릭은 일반적으로 다음과 같이 문제를 감시하는 데 유용하다.

- `container_last_seen`은 컨테이너가 마지막으로 실행 중인 것으로 표시된 타임스탬프를 추적한다.
- `container_cpu_usage_seconds_total`은 각 컨테이너가 사용한 코어당 CPU 시간의 카운터를 제공한다.
- `container_memory_usage_byte`와 `container_memory_working_set_bytes`는 컨테이너 메모리 사용량(캐시 및 버퍼 포함)과 컨테이너 활성 메모리를 각각 추적한다.
- `container_network_receive_bytes_total`과 `container_network_transmit_bytes_total`을 사용해 컨테이너에서 수신되거나 전송되는 트래픽의 양을 각각 알 수 있다.

쿠버네티스에서 실행할 때 cAdvisor는 클러스터가 실행되는 방식에 대한 통찰력(쿠버네티스 자체의 애플리케이션 레벨 메트릭)을 제공하지 않는다. 이를 위해 **kube-state-metrics** 익스포터가 필요하다.

kube-state-metrics

`kube-state-metrics` 기능은 컨테이너 레벨의 데이터를 내보내지 않는다. 컨테이너 레벨 데이터는 `kube-state-metrics`의 기능이 아니기 때문이다. 상위 레벨에서 작동해 쿠버네티스 상태를 노출하고 파드, 서비스 또는 배포와 같은 API 내부 객체에 대한

메트릭을 제공한다. kube-state-metrics를 사용할 때 가용한 객체 메트릭 그룹은 다음과 같다.

- CronJob 메트릭
- DaemonSet 메트릭
- Deployment 메트릭
- Job 메트릭
- LimitRange 메트릭
- Node 메트릭
- PersistentVolume 메트릭
- PersistentVolumeClaim 메트릭
- Pod 메트릭
- Pod Disruption Budget 메트릭
- ReplicaSet 메트릭
- ReplicationController 메트릭
- Resource quota 메트릭
- Service 메트릭
- StatefulSet 메트릭
- Namespace 메트릭
- Horizontal Pod Autoscaler 메트릭
- Endpoint 메트릭
- Secret 메트릭
- ConfigMap 메트릭

kube-state-metrics에 의해 노출되는 두 개의 엔드포인트가 있다. 하나는 API 객체 메트릭을 제공하고 다른 하나는 익스포터 자체의 내부 메트릭을 나타낸다.

kube-state-metrics 소스코드와 설치 파일은 https://github.com/kubernetes/kubestate-metrics에서 확인할 수 있다.

kube-state-metrics 환경설정

필요한 모든 RBAC 권한 이외에 **kube-state-metrics**를 설정할 때 알아야 할 몇 가지 런타임 플래그가 있다. 다음 표에서 테스트 케이스에 가장 관련성이 높은 몇 가지 기능을 확인할 수 있다.

플래그	설명
`--host`	쿠버네티스 메트릭을 노출하고 바인딩할 IP 주소. 기본값은 0.0.0.0
`--port`	쿠버네티스 메트릭을 노출하는 포트. 기본값은 80
`--telemetry-host`	내부 메트릭을 노출하는 IP 주소. 기본값은 0.0.0.0
`--telemetry-port`	내부 메트릭을 노출하는 포트. 기본값은 80
`--collectors`	활성화할 메트릭 그룹의 쉼표로 구분된 리스트. 기본값은 ConfigMap, CronJobs, DaemonSets, Deployments, endpoints, horizontalpodautoscalers, Jobs, LimitRanges, namespaces, Nodes, PersistentVolumeClaims, Persistent Volumes, PodDisruptionBudgets, pods, ReplicaSets, ReplicationControllers, resource quotas, Secrets, services, StatefulSets
`--metric-blacklist`	비활성화할 메트릭의 쉼표로 구분된 목록(화이트리스트와 상호 배타적)
`--metric-whitelist`	활성화할 메트릭의 쉼표로 구분된 목록(블랙리스트와 상호 배타적)

kube-state-metrics 배포

이전에 구동한 쿠버네티스 테스트 환경 기반으로 구축할 것이다. 배포를 시작하려면 다음과 같이 저장소 루트를 기준으로 올바른 저장소 경로로 이동해야 한다.

```
cd ./chapter06/provision/kubernetes/
```

쿠버네티스 API에 액세스하려면 배포에 대한 역할 기반 액세스 제어RBAC, Role-Based Access Control 환경설정이 필요하다. 여기에는 Role, RoleBinding, ClusterRole, ClusterRoleBinding, ServiceAccount가 포함된다. 관련 매니페스트는 ./kube-state-metrics/kube-state-metrics-rbac.yaml에서 확인할 수 있다.

다음 명령어를 사용해 적용해야 한다.

```
kubectl apply -f ./kube-state-metrics/kube-state-metrics-rbac.yaml
```

단 하나의 인스턴스로 kube-state-metrics Deployment를 생성할 것이다. 이 경우 클러스터링이나 특별한 배포 요구 사항이 필요하지 않다.

```
apiVersion: apps/v1
kind: Deployment
metadata:
```

```
    name: kube-state-metrics
    namespace: monitoring
spec:
  selector:
    matchLabels:
      k8s-app: kube-state-metrics
  replicas: 1
  ...
```

해당 Deployment는 익스포터를 동적으로 확장하기 위해 애드온-리사이저와 함께 kube-state-metrics 익스포터의 인스턴스를 실행할 것이다.

```
...
  template:
    spec:
      serviceAccountName: kube-state-metrics
      containers:
      - name: kube-state-metrics
...
      - name: addon-resizer
...
```

다음 명령어를 사용해 적용할 수 있다.

```
kubectl apply -f ./kube-state-metrics/kube-state-metrics-deployment.yaml
```

다음 명령어를 사용해 배포 상태를 확인할 수 있다.

```
kubectl rollout status deployment/kube-state-metrics -n monitoring
```

배포가 완료되면 익스포터를 위한 서비스를 추가한다. 두 개의 포트를 사용하는데, 하나는 쿠버네티스 API 객체 메트릭을 위한 것이고 다른 하나는 익스포터 자신의 메트릭을 위한 것이다.

```
apiVersion: v1
kind: Service
metadata:
  name: kube-state-metrics
  namespace: monitoring
  labels:
    k8s-app: kube-state-metrics
  annotations:
    prometheus.io/scrape: 'true'
spec:
  type: NodePort
  ports:
  - {name: http-metrics, port: 8080, targetPort: http-metrics, protocol: TCP}
  - {name: telemetry, port: 8081, targetPort: telemetry, protocol: TCP}
  selector:
    k8s-app: kube-state-metrics
```

위 매니페스트는 다음 명령어를 사용해 적용할 수 있다.

```
kubectl apply -f ./kube-state-metrics/kube-state-metrics-service.yaml
```

다음 명령어를 사용해 두 메트릭의 엔드포인트 유효성을 검사할 수 있다.

```
minikube service kube-state-metrics -n monitoring
```

각 메트릭 엔드포인트마다 두 개의 다른 브라우저가 열릴 것이다.

그림 6.5 kube-state-metrics 웹 인터페이스

마지막으로 아래 ServiceMonitor 매니페스트를 사용해 양쪽 엔드포인트를 스크레이핑하도록 프로메테우스 환경설정을 해야 한다.

```
apiVersion: monitoring.coreos.com/v1
kind: ServiceMonitor
metadata:
  labels:
    k8s-app: kube-state-metrics
  name: kube-state-metrics
  namespace: monitoring
spec:
  endpoints:
  - interval: 30s
    port: http-metrics
  - interval: 30s
    port: telemetry
  selector:
    matchLabels:
      k8s-app: kube-state-metrics
```

다음 명령어를 사용해 적용할 수 있다.

```
kubectl apply -f ./kube-state-metrics/kube-state-metrics- servicemonitor.yaml
```

다음 지침에 따라 웹 인터페이스를 열어 프로메테우스에서 스크레이핑할 타깃의 올바른 환경설정 여부를 검증할 수 있다.

```
minikube service prometheus-service -n monitoring
```

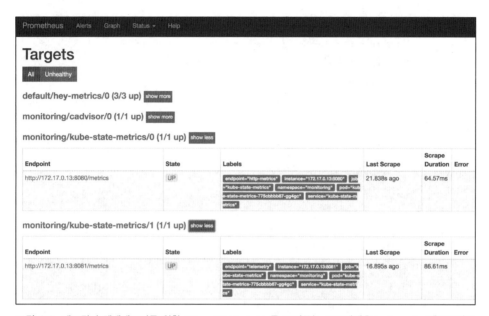

그림 6.6 메트릭과 텔레메트리를 위한 kube-state-metrics를 보여주는 프로메테우스 /targets 엔드포인트

쿠버네티스 클러스터를 모니터링하는 데 사용할 수 있는 kube-state-metrics의 주요 메트릭은 다음과 같다.

- kube_pod_container_status_restarts_total은 주어진 파드가 재시작되는 지 알 수 있다.
- kube_pod_status_phase는 오랫동안 준비 상태가 아닌 파드에 대한 알림이 발생할 때 사용할 수 있다.
- kube_<object>_status_observed_generation과 kube_<object>_metadata_ generation을 비교해서 객체가 실패했지만 롤백되지 않았을 때 알 수 있다.

▌ 로그에서 메트릭까지

완벽한 환경에서는 모든 애플리케이션과 서비스가 제대로 측정됐을 것이고 가시성을 확보하기 위해 메트릭을 수집하기만 하면 된다. 외부 익스포터는 작업을 단순화하는 스톱-갭stop-gap 접근 방식이지만 모든 서비스가 깔끔한 API를 통해 내부 상태를 노출하는 것은 아니다. Postfix나 ntpd 같은 오래된 데몬 소프트웨어는 내부 동작을 중계하려고 로깅을 사용한다. 이러한 경우 두 가지 옵션이 있다. 서비스를 직접 측정하거나 (클로즈드소스 소프트웨어에서는 가능하지 않음) 로그에 의존해 필요한 메트릭을 수집한다. 다음은 로그에서 메트릭을 추출하는 데 사용할 수 있는 옵션을 설명한다.

mtail

구글에서 개발한 mtail은 패턴 매칭 로직으로 프로그램을 실행할 수 있는 매우 가벼운 로그 프로세스며, 해당 로그에서 메트릭을 추출할 수 있다. 프로메테우스, StatsD, 그라파이트Graphite 등과 같은 여러 내보내기 형식을 지원한다.

/metrics 엔드포인트 외에도 mtail 서비스의 / 엔드포인트는 중요한 디버그 정보를 노출한다. 이 엔드포인트는 정적 인프라 테스트 환경인 http://192.168.42.11:9197에서 확인할 수 있다.

mtail on 0.0.0.0:9197

Build: mtail version v3.0.0-rc18 git revision 6880a50008c13c45f9484f9deaf9a19f138039ce go version go1.11.4 go arch amd64 go os linux

Metrics: json, prometheus, varz

Debug: debug/pprof, debug/vars

Program Loader

program name	errors	load errors	load successes	runtime errors
line_count.mtail	No compile errors		1	

Log Tailer

Patterns

- /var/log/syslog

Log files watched

pathname	errors	rotations	truncations	lines read
/var/log/syslog				246

그림 6.7 mtail 웹 인터페이스

 소스코드와 설치 파일은 https://github.com/google/mtail에서 확인할 수 있다.

mtail 환경설정

mtail을 설정하려면 패턴 매칭 로직이 있는 프로그램이 필요하다. 공식 저장소에서 사용할 수 있는 매우 간단한 예를 살펴보자.

```
# 간단한 라인 카운트
counter line_count
/$/ {
```

```
    line_count++
  }
```

예제 프로그램은 counter 유형의 line_count 메트릭을 정의한다. 라인^{line}의 끝과 일치하는 RE2-호환 정규 표현식 /$/는 {} 사이에서 line_count 카운터를 증가시킨다.

예제 프로그램을 실행하려면 모니터할 프로그램과 로그를 가리키도록 커맨드라인 플래그와 함께 mtail을 시작해야 한다. 다음은 테스트 케이스에서 가장 유용한 플래그다.

-address	바인딩할 호스트 또는 IP
-port	리스너 포트, 기본값은 3903
-progs	프로그램 경로
-logs	모니터할 파일의 쉼표로 구분된 목록(여러 번 설정할 수 있음)

TIP mtail 프로그래밍 가이드는 https://github.com/google/mtail/blob/master/docs/Programming-Guide.md에서 확인할 수 있고, RE2 구문은 https://github.com/google/re2/wiki/Syntax 에서 확인할 수 있다.

mtail 배포

구성된 정적 인프라 테스트 환경에서 **target01** 인스턴스에 접속해 mtail의 설정을 검증할 수 있다.

```
cd ./chapter06/

vagrant ssh target01
```

그런 다음 제공된 systemd 단위 파일의 설정을 다음과 같이 확인한다.

```
vagrant@target01:~$ systemctl cat mtail-exporter
```

위 예제에서와 같이 mtail은 syslog 파일의 라인 수를 계산하기 위해 시스템 로그에 액세스할 수 있는 적절한 권한이 필요하므로 Group=adm 권한으로 mtail 데몬을 실행해 작업을 수행한다. 라인 카운트 프로그램에 대한 경로를 포함해 단위 파일의 다음 코드 조각에서 mtail 서비스에 필요한 모든 인수를 확인할 수 있다.

```
...
Group=adm
ExecStart=/usr/bin/mtail -address 0.0.0.0 -port 9197 -progs
/etc/mtail_exporter/line_count.mtail -logs /var/log/syslog
...
```

프로메테우스 인스턴스에서 아래의 작업을 추가했다.

```
- job_name: 'mtail'
  scrape_interval: 15s
  scrape_timeout: 5s
  static_configs:
    - targets: ['target01:9197']
```

 실제 상황에서는 스크레이핑 작업의 이름을 ntpd나 Postfix처럼 mtail이 모니터링하는 데몬으로 지정한다.

http://192.168.42.10:9090에서 프로메테우스 표현식 브라우저를 사용해 스크레이핑한 것이 up 메트릭을 통해 성공하고 있을 뿐만 아니라 메트릭을 사용할 수 있는지 알 수 있다.

그림 6.8 mtail 라인 카운트 메트릭

mtail에서 사용할 수 있는 주요 메트릭은 다음과 같다.

- `mtail_log_watcher_error_count`는 `fsnotify`(파일 시스템 이벤트에 대한 커널 기반 통지 시스템)에서 받은 에러 수를 계산한다.

- `mtail_vm_line_processing_duration_milliseconds_bucket`은 mtail 프로 그램당 밀리초 단위로 라인 처리 기간 분포도를 제공하는 히스토그램이다.

Grok 익스포터

grok_exporter는 mtail과 마찬가지로 비정형 로그 데이터를 구문 분석하고 그로부터 메트릭을 생성한다. 그러나 이름에서 알 수 있듯이 주된 차이점은 Logstash 패턴 언어 (Grok)를 모델로 한 익스포터의 도메인 특화 언어로, 이미 작성한 패턴을 재사용할 수 있다는 것이다.

 grok_exporter 소스코드와 설치 파일은 https://github.com/fstab/grok_exporter에서 확인할 수 있다.

Grok 익스포터 환경설정

Grok 익스포터 설정을 위한 환경설정 파일이 필요하다. 환경설정 파일에는 다섯 가지 주요 섹션이 있다. 정적 인프라 테스트 환경에 배포된 익스포터의 환경설정 파일에서 다음 코드 조각을 분석할 수 있다. **global** 섹션에서는 환경설정 형식 버전을 설정한다. 버전 2는 현재 표준 환경설정 버전이므로 여기에서 설정한다.

```
global:
  config_version: 2
```

input 섹션에서는 구문 분석할 로그의 위치를 정의한다. **readall**이 **true**로 설정되면 파일은 새 라인을 기다리기 전에 완전히 구문 분석된다. 아래와 같이 예제에서는 **true**로 설정하지 않았다.

```
input:
  type: file
  path: /var/log/syslog
  readall: false
```

grok 섹션에서는 구문 분석할 패턴을 로드시킨다. 아래와 같이 별도의 위치에 구성된다.

```
grok:
  patterns_dir: /etc/grok_exporter/patterns
```

metrics 섹션은 로그를 메트릭으로 변환하는 규칙을 설정하는 섹션이다. 구문 분석된 로그에서 추출할 메트릭을 정의한다. 모든 프로메테우스 메트릭 유형은 기본적으로 Grok 익스포터가 지원된다. 각 type 설정은 약간 다를 수 있으므로 문서를 확인해야 한다. 그러나 이러한 환경설정에서 공통적으로 나타나는 환경설정은 다음과 같다.

- match 환경설정은 데이터 추출을 위한 정규 표현식을 정의한다. 아래 예에서 LOGLEVEL은 로그 레벨과 일치하는 미리 정의된 패턴이다.
- labels 환경설정은 Go의 템플릿 구문을 사용해 match 정의에서 추출된 내용을 출력할 수 있다. 매치 패턴에서 변수로 level을 사용하므로 템플릿에서 .level로 사용할 수 있다.

```
metrics:
  - type: counter
    name: grok_loglevel_example_total
    help: Total log level events triggered.
    match: '.*\(echo %{LOGLEVEL:level}\)$'
    labels:
      level: '{{.level}}'
```

 전체 환경설정 문서는 https://github.com/fstab/grok_exporter/blob/v0.2.7/CONFIG.md 에서 확인할 수 있다.

마지막으로 server 섹션은 익스포터에 대한 바인딩 IP 주소와 포트가 정의된 곳이다.

```
server:
  host: 0.0.0.0
  port: 9144
```

이제 환경설정 파일에 무엇이 들어 있는지 이해했으므로 테스트 환경에서 Grok 익스포터를 시도해보자.

Grok 익스포터 배포

구성된 정적 인프라 테스트 환경에서 target01 인스턴스에 접속해 grok_exporter 환경설정을 검증할 수 있다.

```
cd ./chapter06/

vagrant ssh target01
```

그런 다음 제공된 systemd 단위 파일의 설정을 다음과 같이 확인한다.

```
vagrant@target01:~$ systemctl cat grok-exporter
```

mtail 익스포터와 마찬가지로 권한 있는 사용자로 실행되지 않고 syslog에 액세스할 수 있도록 Group=adm 권한으로 grok_exporter를 실행해야 한다. 앞서 언급한 환경설정 파일의 경로를 포함해 단위 파일의 다음 코드 조각에서 grok_exporter 서비스에 필요한 모든 인수를 볼 수 있다.

```
...
Group=adm
```

```
ExecStart=/usr/bin/grok_exporter -config /etc/grok_exporter/config.yml
...
```

프로메테우스 인스턴스에서 아래의 작업[job]을 추가했다.

```
- job_name: 'grok'
  scrape_interval: 15s
  scrape_timeout: 5s
  static_configs:
    - targets: ['target01:9144']
```

http://192.168.42.10:9090에서 프로메테우스 표현식 브라우저를 사용해 스크레이핑한 것이 up 메트릭을 통해 성공하고 있을 뿐만 아니라 메트릭을 사용할 수 있는지 알 수 있다.

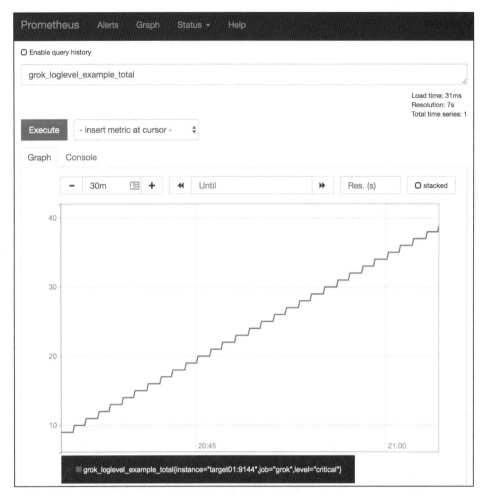

그림 6.9 grok_exporter 예제 메트릭

grok_exporter에서 사용할 수 있는 주요 메트릭은 다음과 같다.

- grok_exporter_line_buffer_peak_load는 로그 파일에서 읽고 처리 대기 중인 라인 수를 제공하는 요약 정보다.

- grok_exporter_line_processing_errors_total은 정의된 각 메트릭별 처리한 전체 에러 수를 표시한다.

블랙박스 모니터링

시스템에 대한 데이터를 수집하는 데는 자기성찰introspection이 매우 중요하지만 때때로 해당 시스템의 사용자 관점에서 측정해야 한다. 사용자 관점에서 측정해야 할 때 프로 빙probing은 사용자 상호작용을 시뮬레이션하는 좋은 옵션이다. 시스템 내부 동작에 관한 지식이 없는 외부에서의 프로빙이 이뤄지면서 (1장에서 다룬 것처럼) 블랙박스 모니터링으로 분류된다.

블랙박스 익스포터

blackbox_exporter는 프로메테우스 생태계에서 사용 가능한 모든 익스포터 중 가장 독특한 것 중 하나다. 이 익스포터의 사용 패턴은 독창적이며, 일반적으로 처음 접하 는 사람은 의아해 한다. 가능한 한 간단하게 사용할 수 있기를 희망하면서 블랙박스 익스포터에 대해 알아보겠다.

blackbox_exporter 서비스는 다음과 같은 두 개의 엔드포인트를 노출시킨다.

- **/metrics**: 자체 메트릭이 노출되는 위치
- **/probe**: 블랙박스 프로브를 활성화하고 결과를 프로메테우스 정의 형식으로 반환하는 쿼리 엔드포인트

두 엔드포인트 외에도 서비스의 /는 수행된 프로브probe에 대한 로그 등의 중요한 정보 를 제공한다. 이 엔드포인트는 http://192.168.42.11:9115의 정적 인프라 테스트 환경 에서 사용할 수 있다.

블랙박스 익스포터에서는 TCP, ICMP, DNS, HTTP(버전 1과 버전 2)뿐만 아니라 대부 분 프로브의 TLS와 같은 다양한 프로토콜을 통해 엔드포인트를 프로빙할 수 있도록 지원한다. 또한 TCP를 통해 연결하고 전송해야 할 메시지와 예상되는 응답을 설정하 는 것과 IRC, IMAP, SMTP와 같은 텍스트 기반 프로토콜 스크립팅을 지원한다. 일반

평문 HTTP도 스크립팅할 수 있지만, HTTP 프로빙은 일반적인 사용 사례이므로 이미 내장돼 있다.

앞에서 언급한 블랙박스 익스포터는 모든 블랙박스 스타일의 모니터링 요구 사항을 충족하지 못한다. 이러한 경우에는 자체 익스포터를 작성해야 할 수도 있다. 예를 들어 blackbox_exporter를 사용해 카프카kafka 토픽을 끝에서 끝까지 테스트할 수 없으므로 카프카에 메시지를 생성한 다음 다시 사용할 수 있는 익스포터를 찾아야 할 수도 있다.

그림 6.10 `blackbox_exporter` 웹 인터페이스

/probe 엔드포인트의 매개변수 모듈과 타깃을 사용하며 HTTP GET 요청을 받으면 정의된 타깃에 대해 지정된 prober 모듈을 실행하고, 결과는 프로메테우스 메트릭으로 노출된다.

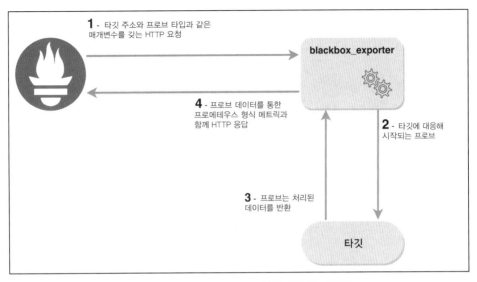

1 - 타깃 주소와 프로브 타입과 같은 매개변수를 갖는 HTTP 요청

blackbox_exporter

4 - 프로브 데이터를 통한 프로메테우스 형식 메트릭과 함께 HTTP 응답

2 - 타깃에 대응해 시작되는 프로브

3 - 프로브는 처리된 데이터를 반환

타깃

그림 6.11 `blackbox_exporter` 상위 레벨 워크플로우

예를 들어 http://192.168.42.11:9115/probe?module=http_2xx&target=example.com 은 다음 코드 조각과 같은 내용을 반환한다. 예를 위해 몇 가지 메트릭만 남기고 제외 했다.

```
# HELP probe_duration_seconds Returns how long the probe took to complete in seconds
# TYPE probe_duration_seconds gauge
probe_duration_seconds 0.454460181
# HELP probe_http_ssl Indicates if SSL was used for the final redirect
# TYPE probe_http_ssl gauge
probe_http_ssl 0
# HELP probe_http_status_code Response HTTP status code
# TYPE probe_http_status_code gauge
probe_http_status_code 200
# HELP probe_ip_protocol Specifies whether probe ip protocol is IP4 or IP6
# TYPE probe_ip_protocol gauge
probe_ip_protocol 4
# HELP probe_success Displays whether or not the probe was a success
```

```
# TYPE probe_success gauge
probe_success 1
```

 프로브를 디버깅할 때 HTTP GET URL에 &debug=true를 추가해 디버그 정보를 활성화할 수 있다.

 blackbox_exporter의 소스코드와 설치 파일은 https://github.com/prometheus/blackbox_exporter에서 확인할 수 있다.

blackbox_exporter를 사용할 때 **up** 메트릭이 프로브의 상태를 반영하지 않더라도 프로메테우스가 익스포터와 통신할 수 있음을 알아야 한다. 메트릭 출력 예에서 알 수 있듯이 프로브 자체의 상태를 나타내는 **probe_success** 메트릭을 확인할 수 있다. 흔히 **up** 메트릭은 **blackbox_exporter**가 정상인지를 의미하지만 프로브가 실패할 수도 있기 때문에 사용하는 데 혼란을 야기할 수 있다.

블랙박스 익스포터 환경설정

블랙박스 프로브에 대한 스크레이핑 작업 환경설정은 비정상적이다. 즉, **prober** 모듈과 정적이거나 동적인 타깃 목록을 **/probe** 엔드포인트의 HTTP **GET** 매개변수로 중계해야 한다. 작업을 수행하려면 5장에서 볼 수 있듯이 약간의 **relabel_configs** 설정이 필요하다.

다음 프로메테우스 환경설정 코드 조각 예제를 사용해 프로메테우스 인스턴스에 대해 ICMP 프로브를 설정한다. **blackbox_exporter**는 **target01**에서 실행된다.

```
- job_name: 'blackbox-icmp'
  metrics_path: /probe
  params:
    module: [icmp]
  static_configs:
    - targets:
      - prometheus.prom.inet
  relabel_configs:
    - source_labels: [__address__]
      target_label: __param_target
    - source_labels: [__param_target]
      target_label: instance
    - target_label: __address__
      replacement: target01:9115
```

ICMP 프로브의 특성으로 인해 실행되려면 상승된 권한이 필요하다. 위 환경에서는 이러한 권한을 보장하기 위해 원시 소켓(setcap cap_net_raw+ep /usr/bin/blackbox_exporter) 을 사용할 수 있는 기능을 설정하고 있다.

목표는 타깃의 주소를 blackbox_porter의 주소로 대체해 내부 __param_target이 타깃의 주소를 유지하는 것이다. relabel_configs가 처리되는 방법에 초점을 맞추면 다음과 같은 결과가 발생한다.

- 타깃의 주소를 포함하는 __address__ 값은 __param_target에 저장된다.
- __param_target은 인스턴스 레이블에 저장된다.
- blackbox_exporter 호스트는 __address__에 적용된다.

프로메테우스는 __address__를 사용해 blackbox_exporter를 쿼리하고 타깃의 정의와 함께 인스턴스 레이블을 유지하고, 매개변수 모듈과 내부적으로 __param_target을 사용하는 타깃을 /probe 엔드포인트로 전달해 메트릭 데이터를 반환한다.

블랙박스 익스포터 배포

정적 인프라 테스트 환경에서는 다음과 같이 target01 인스턴스에 연결해 blackbox_
exporter의 환경설정을 확인할 수 있다.

```
cd ./chapter06/

vagrant ssh target01
```

그런 다음 제공된 systemd 단위 파일의 설정을 다음과 같이 확인한다.

```
vagrant@target01:~$ systemctl cat blackbox-exporter
```

 HTTP POST를 /-/reload 엔드포인트로 보내거나 SIGHUP을 blackbox_exporter 프로세스로
전송해 런타임 환경설정을 다시 로드할 수 있다. 환경설정 에러가 있으면 적용되지 않는다.

설정 파일의 경로를 포함해 단위 파일의 코드 조각에서 blackbox_exporter 서비스에
필요한 모든 인수를 볼 수 있다.

```
...
ExecStart=/usr/bin/blackbox_exporter --
config.file=/etc/blackbox_exporter/blackbox.yml
...
```

위 예제에 맞게 조정된 설정은 다음 코드 조각에서 찾을 수 있다.

```
modules:
  http_2xx:
    prober: http
```

```
http:
   preferred_ip_protocol: ip4

icmp:
   prober: icmp
   icmp:
      preferred_ip_protocol: ip4
```

 preferred_ip_protocol: ip4가 적용된 것을 살펴보면 blackbox_exporter는 기본값으로 ipv6을 갖기 때문에 프로브에서 ipv4를 강제로 설정했다.

프로메테우스 인스턴스에 아래 작업을 추가했다.

```
- job_name: 'blackbox-http'
  metrics_path: /probe
  params:
    module: [http_2xx]
  static_configs:
    - targets: [ 'http://example.com', 'https://example.com:443' ]
...
  - job_name: 'blackbox-icmp'
    metrics_path: /probe
    params:
      module: [icmp]
    static_configs:
      - targets:
        - prometheus
...
```

http://192.168.42.10:9090/targets에서 프로메테우스 웹 인터페이스를 사용해 스크레이핑이 성공했는지 확인할 수 있다. 이는 프로브의 반환 상태와 독립적이다.

그림 6.12 `blackbox_exporter` 타깃을 보여주는 프로메테우스 `/targets` 엔드포인트

앞에서 언급했듯이 **/targets** 페이지는 프로브가 성공했는지 여부를 알려주지 않는다. 이는 **probe_success** 메트릭을 쿼리해 표현식 브라우저에서 유효성을 검사해야한다.

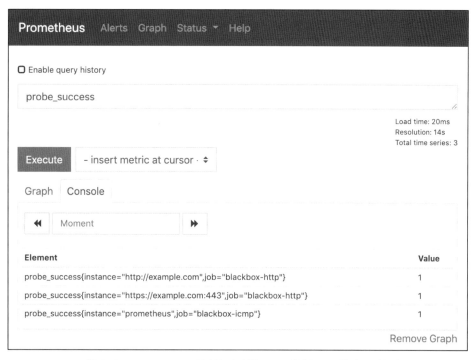

그림 6.13 probe_success 결과를 보여주는 프로메테우스 표현식 브라우저

blackbox_exporter에서 수집할 수 있는 익스포터 자체와 프로브 관련 몇 가지 주요 메트릭 항목은 다음과 같다.

- blackbox_exporter_config_last_reload_successful은 SIGHUP 이후에 익스포터의 환경설정 파일이 성공적으로 다시 로드된 경우 노출된다.
- probe_http_status_code는 HTTP prober 모듈을 사용할 때 어떤 HTTP 상태 코드가 반환되는지 이해할 수 있게 해준다.
- probe_ssl_earliest_cert_expiry는 체인 내의 인증서 중 하나가 만료돼 SSL 프로브의 인증서 체인이 유효하지 않은 경우에 타임스탬프를 반환한다.

푸시 메트릭

푸시와 풀push vs. pull의 논쟁과 프로메테우스 서버 디자인에서 풀 방식을 사용하는 의도적인 결정에도 불구하고 푸시 방식이 더 적절한 상황이 있을 것이다.

이러한 상황 중 하나는 배치batch 작업이지만, 이 설명이 실제로 이해되려면 배치 작업으로 간주되는 항목을 명확하게 정의해야 한다. 이 범위에서 서비스 레벨 배치 작업은 특정 인스턴스와 연결되지 않고 처리 빈도가 낮거나 일정에 따라 실행되므로 항상 실행되는 것은 아니다. 이러한 종류의 작업은 계측된 경우 성공적인 스크레이핑을 생성하기 매우 어렵다. 이는 5장에서 설명한 것처럼 때때로 충분한 시간 동안 스크레이핑을 실행하더라도 메트릭이 부실한 상태가 발생한다.

푸시Pushing 메트릭에 의존하는 대안들이 있을 것이다. 예를 들어 앞에서 설명한 것처럼 node_exporter의 텍스트 파일 컬렉터를 사용하는 것이다. 텍스트 파일 컬렉터에 단점이 없는 것은 아니다. 워크로드가 특정 인스턴스에만 한정되지 않는다면 메트릭의 수명이 인스턴스의 수명과 일치하지 않는 한 여러 시계열과 텍스트 파일 컬렉터 파일의 정리 로직으로 끝나게 돼 실제로 잘 작동할 것이다.

마지막 수단으로 푸시 게이트웨이Pushgateway를 알아본다.

푸시 게이트웨이

푸시 게이트웨이 익스포터는 앞서 언급한 바와 같이 매우 구체적인 사용 사례에만 사용해야 하며, 몇 가지 단점을 알고 있어야 한다. 한 가지 문제는 고가용성이 부족해 단일 장애 지점SPOF, Single Point Of Failure이 될 수 있다는 것이다. 더 많은 메트릭/클라이언트를 수용할 수 있는 유일한 방법은 인스턴스를 수직으로 확장하는 리소스를 추가하거나 샤딩sharding 형태로 서로 다른 논리 그룹에 서로 다른 푸시 게이트웨이 인스턴스 사용하는 것이다. 푸시 게이트웨이를 사용함으로써 프로메테우스는 애플리케이션 인스턴스를 직접 스크레이핑하지 않으므로 up 메트릭을 상태 모니터링용으로 사용하지 않는다. 또한 node_exporter의 텍스트 파일 컬렉터와 마찬가지로 API를 통해 푸시 게이트웨이에서 메트릭을 수동으로 삭제해야 한다. 그렇지 않으면 프로메테우스에 영구적으로 노출될 것이다.

메트릭을 푸시하려면 다음 URL 경로 정의를 사용해 푸시 게이트웨이 엔드포인트로 HTTP POST 요청을 보내야 한다. 이 내용은 '푸시 게이트웨이 배포' 절에서 다룬다.

```
http://<pushgateway_address>:<push_port>/metrics/job/<job_name>/[<label_name1>/
<label_value1>]/[<label_nameN>/<label_valueN>]
```

여기서 <job_name>은 푸시 메트릭에 대한 레이블 작업의 값이 되고, <label_name>/<label_value> 쌍은 추가적인 레이블/값 쌍이다. 지속성이 설정되지 않은 경우 수동으로 삭제하거나 재시작할 때까지 메트릭을 사용할 수 있다.

 푸시 게이트웨이의 소스코드와 설치 파일은 https://github.com/prometheus/pushgateway 에서 확인할 수 있다.

푸시 게이트웨이 환경설정

푸시 게이트웨이는 인스턴스가 메트릭을 푸시하는 중앙 집중형 포인트이므로 스크레이핑이 프로메테우스에 의해 수행될 때 레이블 인스턴스는 노출된 모든 단일 메트릭에 대한 푸시 게이트웨이 서버 주소/포트로 자동 설정되며, 레이블 작업은 프로메테우스 스크레이핑 작업 정의에 설정된 이름을 지정한다. 레이블이 충돌되면 프로메테우스는 원래 레이블의 이름을 각각 exported_instance와 exported_job으로 바꾼다. 이러한 동작을 피하려면 푸시 게이트웨이에서 오는 레이블이라는 것을 보증하기 위해 honor_labels: true를 스크레이핑 작업 정의에 사용해야 한다.

다음은 테스트 케이스에서 가장 유용한 런타임 플래그다.

플래그	설명
`--web.listen-address`	바인딩할 주소, 기본값은 `0.0.0.0:9091`
`--persistence.file`	빈(empty) 메트릭이 메모리에 유지되는 경우 퍼시스턴스 파일 경로
`--persistence.interval`	퍼시스턴스 파일이 쓰이는 주기, 기본값은 5분

푸시 게이트웨이 배포

이번 예제에서는 이전에 시작한 쿠버네티스 테스트 환경을 기반으로 구성할 것이다. 이 시나리오에서는 푸시 게이트웨이 인스턴스를 배포하고 프로메테우스의 타깃을 추가한다. 환경설정이 정확한지 확인하려면 쿠버네티스 크론잡^{CronJob}을 만들어 배치 작업 스타일의 워크로드를 실행하고 크론잡의 메트릭을 푸시 게이트웨이 서비스에 푸시해 프로메테우스가 데이터를 수집할 수 있게 한다.

배포를 시작하려면 코드 저장소 루트를 기준으로 올바른 저장소 경로로 이동해야 한다.

```
cd ./chapter06/provision/kubernetes/
```

푸시 게이트웨이 인스턴스를 배포하려면 다음 매니페스트를 사용한다. 고가용성이나 클러스터링을 지원하지 않는 서비스임을 염두에 둬야 한다.

```
apiVersion: apps/v1
kind: Deployment
metadata: {name: pushgateway, namespace: monitoring}
spec:
  selector:
    matchLabels: {p8s-app: pushgateway}
  replicas: 1
```

```
    template:
      metadata:
        labels: {p8s-app: pushgateway}
      spec:
        containers:
        - name: pushgateway
...
```

위 매니페스트는 다음 명령어를 사용해 적용할 수 있다.

```
kubectl apply -f ./pushgateway/pushgateway-deployment.yaml
```

다음 명령어를 사용해 배포 상태를 확인할 수 있다.

```
kubectl rollout status deployment/pushgateway -n monitoring
```

배포가 성공적으로 완료되면 다음 매니페스트 사용해 새 인스턴스에 Service를 제공해야 한다.

```
apiVersion: v1
kind: Service
metadata:
  name: pushgateway-service
  namespace: monitoring
  labels:
    p8s-app: pushgateway
spec:
  type: NodePort
  ports:
  - {name: push-port, port: 9091, targetPort: push-port, protocol: TCP}
  selector:
```

```
    p8s-app: pushgateway
```

위 매니페스트는 다음 명령어를 사용해 적용할 수 있다.

```
kubectl apply -f ./pushgateway/pushgateway-service.yaml
```

이제 다음 명령어를 사용해 푸시 게이트웨이 웹 인터페이스에 연결할 수 있다.

```
minikube service pushgateway-service -n monitoring
```

새로 생성된 푸시 게이트웨이 인스턴스 웹 인터페이스의 새 브라우저 탭이 열리고 이 탭은 다음 그림과 같아야 한다.

그림 6.14 푸시된 메트릭이 없는 푸시 게이트웨이 웹 인터페이스

이제 푸시 게이트웨이를 스크레이핑을 하기 위해 프로메테우스를 설정한다. 새로운 ServiceMonitor 매니페스트로 수행할 수 있다.

```
apiVersion: monitoring.coreos.com/v1
kind: ServiceMonitor
metadata:
  labels:
    p8s-app: pushgateway
```

```
   name: pushgateway
   namespace: monitoring
 spec:
   endpoints:
   - interval: 30s
     port: push-port
     honorLabels: true
   selector:
     matchLabels:
       p8s-app: pushgateway
```

ServiceMonitor를 적용하기 위해 다음 명령어를 수행한다.

```
kubectl apply -f ./pushgateway/pushgateway-servicemonitor.yaml
```

모니터링 인프라가 구축됐으므로 배치 작업을 시뮬레이션해서 설정을 검증해야 한다.

다음 매니페스트를 사용하면 수동으로 작성한 curl 페이로드를 사용해 여러 레이블이 있는 더미 batchjob_example 메트릭을 푸시 게이트웨이 서비스 엔드포인트로 푸시한다.

```
apiVersion: batch/v1beta1
kind: CronJob
metadata:
  name: batchjob
spec:
  schedule: "*/1 * * * *"
  jobTemplate:
    spec:
      template:
        spec:
          containers:
```

```
    - name: batchjob
      image: kintoandar/curl:7.61.1
      args:
      - -c
      - 'echo "batchjob_example $(date +%s)" | curl -s --data-binary @-
http://pushgateway-service.monitoring.svc.cluster.local:9091/metrics/job/batchjo
b/app/example/squad/yellow'
        restartPolicy: OnFailure
```

다음 명령어를 사용해 매니페스트를 적용할 수 있다.

kubectl apply -f ./pushgateway/batchjob-cronjob.yaml

잠시 후에 다음 그림과 유사하게 푸시 게이트웨이 웹 인터페이스를 볼 수 있다.

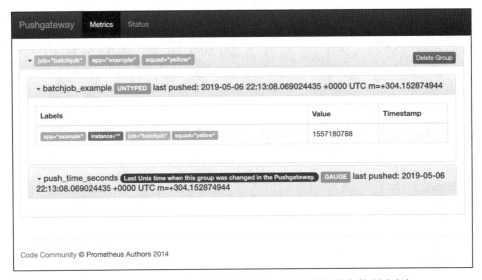

그림 6.15 `batchjob_example` 메트릭이 존재하는 푸시 게이트웨이 웹 인터페이스

이제 프로메테우스 표현식 브라우저를 사용해 푸시 게이트웨이에서 메트릭이 스크레
이핑됐는지 확인할 수 있다.

그림 6.16 `batchjob_example` 메트릭를 볼 수 있는 프로메테우스 표현식 브라우저

푸시 게이트웨이의 역할은 다른 소스의 메트릭을 전달하는 것이므로, 표준 Go 런타임 메트릭, 프로세스 메트릭, HTTP 핸들러 메트릭과 빌드 정보만 제공한다. 그러나 **push_time_seconds**라는 하나의 애플리케이션 메트릭이 있다. 이 메트릭은 푸시할 때 HTTP API에 사용된 레이블 조합인 특정 그룹의 마지막 표시 시간을 알 수 있다. 또한 누락되거나 지연된 작업을 검색하는 데 사용할 수 있다.

▌추가 익스포터

프로메테우스 커뮤니티에서는 필요한 모든 것을 위해 많은 종류의 익스포터를 만들었다. 그러나 인프라에 새로운 소프트웨어를 배포하려면 비용이 간접적으로 발생한다. 그 비용은 배포 자동화 코드, 패키징, 수집해야 할 메트릭과 생성될 알림, 로깅 구성, 보안 문제, 업그레이드, 기타 여러 가지 것으로 구성된다. 오픈소스 익스포터나 그 문제에 관련한 다른 오픈소스 프로젝트를 선택할 때 염두에 둬야 할 몇 가지 메트릭이 있다.

오픈소스 익스포터 프로젝트를 지원하는 커뮤니티와 코드 기여, 이슈가 제때 관리되고 있는지, PR^{Pull Requests}이 제때 관리되고 있는지, 관리자와 커뮤니티가 토론하고 상호작용할 수 있는지를 확인해야 한다. 기술적으로도 공식 프로메테우스 클라이언트 라이브러리가 특정 프로젝트에서 사용되는지 확인해야 한다. 이제 몇 가지 주목할 만한 익스포터를 다룬다.

JMX 익스포터

자바 가상머신^{JVM, Java Virtual Machine}은 카프카^{Kafka}, 주키퍼^{ZooKeeper}, 카산드라^{Cassandra} 등 핵심 인프라 서비스에서 인기 있는 서비스다. 이러한 서비스는 다른 많은 서비스와 마찬가지로 프로메테우스 노출 형식에서 메트릭을 기본적으로 제공하지 않으며, 이러한 애플리케이션을 계측하는 것은 쉬운 작업이 아니다. 이러한 시나리오에서는 JMX^{Java Management Extensions}를 사용해 MBean^{Managed Beans}으로 애플리케이션의 내부 상태를 노출할 수 있다. JMX 익스포터는 노출된 MBean에서 숫자 데이터를 추출해 프로메테우스 메트릭으로 변환한 후 수집을 위해 HTTP 엔드포인트로 노출시킨다.

JMX 익스포터는 다음과 같은 두 가지 방식으로 사용할 수 있다.

- **자바 에이전트**^{Java agent}: 이 모드에서 익스포터는 타깃 애플리케이션이 실행 중인 로컬 JVM 내부에 로드되고 새로운 HTTP 엔드포인트로 노출한다.
- **독립 실행형**^{Standalone} **HTTPS 서버**: 이 모드에서는 별도의 JVM 인스턴스를 사용해 JMX를 통해 타깃 JVM으로 연결되는 내보내기 기능을 실행하고 수집된 메트릭을 자체 HTTP 서버에 노출한다.

이 책에서는 자바 에이전트를 사용해 익스포터를 배포하는 것을 추천한다. 자바 에이전트는 계측 중인 전체 JVM에 대한 액세스 권한이 있으므로 독립 실행형 익스포터와 비교할 때 더 풍부한 메트릭 셋을 생성한다. 그러나 두 가지 작업 모두에 적합한 도구를 선택하려면 알아야 할 중요한 트레이드오프가 있다.

독립 실행형 서버는 가비지 컬렉터 통계나 프로세스 메모리/CPU 사용량과 같은 JVM 특정 메트릭에 액세스할 수 없지만, 자바 애플리케이션이 이미 JMX를 사용하게 설정돼 있고 장기간 실행되는 프로세스에 접근하기 어려울 때 정적 인프라에서 배포와 관리가 더 쉽다.

또한 새 릴리스가 드물게 발생하더라도 익스포터의 업그레이드 주기가 애플리케이션 라이프사이클과 분리된다.

반면 자바 에이전트는 JVM에서 사용 가능한 전체 메트릭을 제공하지만 타깃 애플리케이션이 시작될 때 로드돼야 한다. 정기적으로 배포된 애플리케이션이나 해당 애플리케이션이 컨테이너에서 실행될 때 수행하는 것이 더 간단할 수 있다.

자바 에이전트를 실행하는 또 다른 이점은 타깃 JVM이 자체 메트릭을 제공할 책임이 있으므로 스크레이핑 작업의 up 메트릭이 모호하지 않도록 프로세스 상태를 나타낼 수 있다는 점이다.

두 옵션 모두 MBean에서 프로메테우스 형식으로 메트릭을 화이트리스트, 블랙리스트 또는 재레이블링할 수 있는 환경설정 파일이 필요하다. 중요한 성능 고려 사항은 가능할 때마다 화이트리스트를 사용한다. 카프카나 카산드라^{Cassandra}와 같은 일부 애플리케이션은 많은 양의 MBean을 노출하며, 빈번한 스크레이핑은 성능에 상당한 영향을 미친다.

https://github.com/prometheus/jmx_exporter/tree/master/example_configs에서 가장 많이 사용되는 애플리케이션의 환경설정 파일에 대한 유용한 예를 찾을 수 있다.

jmx_exporter의 소스코드는 https://github.com/prometheus/jmx_exporter에서 확인할
수 있다.

HAProxy 익스포터

잘 알려진 부하 분산 솔루션인 HAProxy는 기본적으로 프로메테우스 메트릭을 노출하
지 않는다. 다행히도 프로메테우스에서 만들어진 익스포터인 **haproxy_exporter**로
HAProxy의 메트릭을 수집할 수 있다.

HAProxy는 기본적으로 **stats enable** 설정을 사용해 HTTP 엔드포인트를 통해 쉼표
로 구분된 값^{CSV, Comma-Separated Value} 형식의 메트릭을 노출한다. 별도의 데몬으로 실행
되는 **haproxy_exporter**는 HAProxy 통계 엔드포인트에 연결하고 CSV를 사용하고
내용을 프로메테우스 메트릭 형식으로 변환해서 스크레이핑에 의해 트리거될 때 동기
방식으로 노출할 수 있다.

로드밸런서 계층을 계측하는 것은 백엔드 애플리케이션이 제대로 계측되지 않아 액세
스 메트릭을 노출하지 않는 경우에 매우 유용하다. 예를 들어 애플리케이션 측의 개발
없이 HTTP 에러율^{error rate}이나 백엔드 가용성에 대한 대시보드와 알림을 만들 수 있
다. 이는 장기적인 해결책이 아니지만 레거시 모니터링 시스템에서 프로메테우스로
전환하는 데 도움이 될 수 있다.

 haproxy_exporter 소스코드와 설치 파일은 https://github.com/prometheus/haproxy_
exporter에서 확인할 수 있다.

▌요약

6장에서는 가장 많이 사용되는 프로메테우스 익스포터를 확인할 수 있었다. 테스트 환경을 사용해 VM에서 실행되는 운영체제 레벨 익스포터와 쿠버네티스에서 실행되는 컨테이너 특화 익스포터를 경험할 수 있었다. 때때로 메트릭을 얻기 위해 로그에 의존해야 한다는 것을 알게 됐고, 이를 달성하기 위해 현재 최고의 옵션을 살펴봤다. 그리고 blackbox_exporter의 도움으로 블랙박스 프로빙을 탐색하고 고유한 워크플로우를 검증했다. 또한 프로메테우스의 표준 풀 방식을 사용하는 대신 메트릭을 푸시하는 방법을 실험하면서 때때로 푸시 방식이 실제로 의미가 있는 이유를 확인했다.

이러한 커뮤니티 중심의 익스포터를 사용해 비용이 많이 드는 직접 계측 방식이 아니어도 가시성을 확보할 수 있다.

메트릭의 소스 종류가 너무 많아 이제는 데이터에서 유용한 정보를 추출하는 방법을 이해할 때다. 7장에서는 PromQL과 활용 방안을 알아본다.

▌질문

1. 노드 익스포터를 사용해 사용자 정의 메트릭을 어떻게 수집하는가?
2. 메트릭을 생성하기 위해 cAdvisor가 참조하는 리소스는 무엇인가?
3. kube-state-metrics는 수많은 API 객체를 노출한다. 그 수를 제한하는 방법이 있는가?
4. blackbox_exporter 프로브를 어떻게 디버깅할 수 있는가?
5. 애플리케이션 메트릭 프로메테우스 형식이나 다른 방식으로 노출하지 않는 경우 이를 모니터링하는 옵션은 무엇인가?
6. 푸시 게이트웨이 사용의 단점은 무엇인가?
7. 특정 배치 작업이 호스트별인 경우 푸시 게이트웨이 사용에 대한 대안이 있는가?

❙ 더 읽을거리

- 프로메테우스 익스포터: https://prometheus.io/docs/instrumenting/exporters
- 프로메테우스 포트 할당: https://github.com/prometheus/prometheus/wiki/Default-port-allocations
- cgourps 매뉴얼 페이지(Manpages): http://man7.org/linux/man-pages/man7/cgroups.7.html
- 네임스페이스 매뉴얼 페이지: http://man7.org/linux/man-pages/man7/namespaces.7.html
- 쿠버네티스 리소스 사용량 모니터링: https://kubernetes.io/docs/tasks/debug-application-cluster/resource-usage-monitoring/

프로메테우스 쿼리: PromQL

프로메테우스는 시계열 집계와 조합에 강력하고 유연한 쿼리 언어를 제공해 다차원 데이터 모델에 활용할 수 있다. 7장에서는 PromQL의 문법과 의미를 소개한다. PromQL의 특징과 지식을 익혀 프로메테우스의 진정한 잠재력을 확인할 수 있다.

7장에서 다루는 내용은 다음과 같다.

- 테스트 환경
- PromQL 기초
- 일반적인 패턴과 함정
- 다중 쿼리(복잡한 쿼리)

▌테스트 환경

7장에서는 PromQL 예제를 테스트하는 데 필요한 모든 메트릭을 생성하는 데 쿠버네티스 기반 환경을 사용한다. 환경설정이 매우 간단한 프로메테우스 오퍼레이터를 사용하며, 다음 단계를 수행해본다.

1. 쿠버네티스 테스트 환경을 시작하려면 먼저 minikube 인스턴스가 실행 중이 아닌 것을 확인해야 한다.

```
minikube status
minikube delete
```

2. 다음 사양으로 새로운 minikube 인스턴스를 시작한다.

```
minikube start \
  --cpus=2 \
  --memory=2048 \
  --kubernetes-version="v1.14.0" \
  --vm-driver=virtualbox
```

해당 명령어가 완료되면 새로운 쿠버네티스 환경이 준비될 것이다.

쿠버네티스 테스트 환경을 위해 5장에서 배운 지식을 기반으로 앞으로의 작업에서 프로메테우스 오퍼레이터를 사용한다. 앞서 프로메테우스 오퍼레이터 설정을 다뤄봤기 때문에 각각의 모든 구성 요소를 설명하지 않고 모두 배포할 것이다.

3. 예제를 계속 진행하려면 다음 경로로 이동한다.

```
cd ./chapter07/
```

4. 프로메테우스 오퍼레이터를 배포하고 정상적인 배포 상태를 확인한다.

```
kubectl apply -f ./provision/kubernetes/bootstrap/
kubectl rollout status deployment/prometheus-operator -n monitoring
```

5. 프로메테우스 오퍼레이터가 프로메테우스 서버를 배포할 수 있게 잠시 기다린다.

```
kubectl apply -f ./provision/kubernetes/prometheus/
kubectl rollout status statefulset/prometheus-k8s -n monitoring
```

몇 가지 메트릭 공급자를 설정하려면 6장에서 다뤘던 다음과 같은 익스포터를 배포한다.

- Node Exporter
- cAdvisor
- kube-state-metrics

또한 5장에서 소개한 Hello World 애플리케이션 Hey를 배포하고 프로메테우스가 웹 애플리케이션의 메트릭을 수집하도록 설정한다.

모든 구성 요소와 환경설정의 배포를 쉽게 하려면 6장에서 실습했듯이 필요한 단계를 추상화한 다음 명령어를 수행한다.

```
kubectl apply -f ./provision/kubernetes/services/
kubectl get servicemonitors --all-namespaces
```

잠시 후 프로메테우스와 모든 서비스가 준비되고 사용 가능해진다. 다음 명령어를 사용하면 기본 브라우저에서 프로메테우스 웹 인터페이스가 열릴 것이다.

```
minikube service prometheus-service -n monitoring
```

다음과 유사하게 /targets 엔드포인트를 확인할 수 있다.

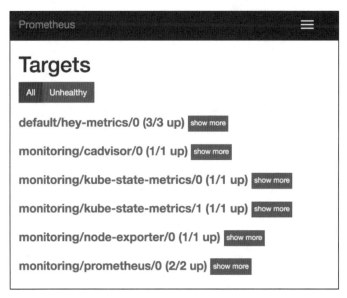

그림 7.1 타깃으로 설정된 프로메테우스의 /targets 엔드포인트

이제 새로 구성된 테스트 환경을 사용해 7장의 예제를 따라갈 수 있을 것이다.

▌PromQL 기초

통찰력 있는 대시보드, 용량 계획, 알림을 설정하려면 프로메테우스 쿼리의 이해는
필수적이다. 기초를 배우는 것으로 시작하고, 쿼리를 구성하고 작동하는 방식을 이해
할 수 있도록 여러 구성 요소를 다뤄보자.

셀렉터

프로메테우스는 수십만 개의 시계열을 처리하도록 설계돼 있다. 각 메트릭 이름은 레이블 조합에 따라 여러 가지 시계열을 가질 수 있다. 서로 다른 작업에서 유사한 이름의 메트릭을 함께 혼합해 사용할 경우 올바른 데이터를 쿼리하는 것이 복잡하고 이해하기 어려울 것이다. 프로메테우스에서 셀렉터[Selectors]는 레이블의 매처 셋[Matcher set]을 의미한다. 또한 기술적으로 메트릭 이름은 내부적으로 표시하기 위해 특별한 레이블 이름 __name__으로 정의돼 포함돼 있다. 각 레이블 이름/값 쌍을 레이블 매처[matcher]라 하며, 여러 개의 매처를 사용해 셀렉터와 일치하는 시계열을 추가로 필터링할 수 있다. 레이블 매처는 중괄호로 묶는다. 매처가 필요하지 않은 경우 중괄호를 생략할 수 있으며, 셀렉터는 인스턴트나 범위 벡터 값을 반환할 수 있다.

셀렉터의 예는 다음과 같다.

```
prometheus_build_info{version="2.9.2"}
```

위 예는 아래 셀렉터 예와 동일하다.

```
{__name__="prometheus_build_info", version="2.9.2"}
```

레이블 매처의 동작이 어떻게 되는지 살펴보자.

레이블 매처

매처는 특정 레이블 값의 셋으로 쿼리 검색을 제한하는 데 사용된다. node_cpu_seconds_total 메트릭을 사용해 4가지 레이블 매처 연산자 =, !=, =~, !~를 살펴보자. 먼저 매칭 정의가 없이 node_cpu_seconds_total 쿼리로 메트릭은 이름을 포함해 모든 이용 가능한 시계열을 가진 인스턴트 벡터를 반환한다. 또한 CPU 코어 수(cpu="0", cpu="1"), CPU 모드(mode="idle", mode="iowait", mode="irq", mode="nice", mode="softirq", mode="steal", mode="user", mode="system") 조합으로 다음 화면과 같이 총 16개의 시계열을 확인할 수 있다.

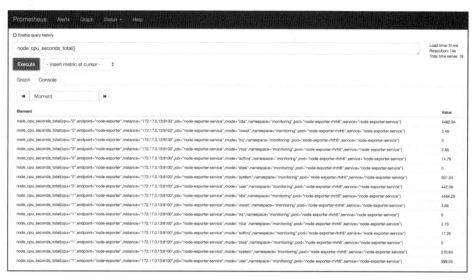

그림 7.2 16개의 시계열을 반환하는 `node_cpu_seconds_total` 쿼리

이제 4가지 레이블 매처(=, !=, =~, !~)를 사용해 쿼리를 다르게 제한하고 결과를 분석해보자.

=를 사용하면 레이블 값을 정확하게 일치시킬 수 있다. 예를 들어 CPU 코어 0과 일치하면 이전 쿼리에서의 시계열 절반과 함께 인스턴트 벡터가 반환된다.

그림 7.3 CPU 코어 0의 `node_cpu_seconds_total` 쿼리

또한 나머지 부정 매처 !=를 사용해 CPU 코어 0을 제외한 나머지 모든 시계열을 얻을 수 있다. 예를 들어 다음 그림과 같이 나머지 8개의 시계열을 반환할 것이다.

그림 7.4 CPU 코어 0을 제외한 모든 시계열을 반환하는 `node_cpu_seconds_total` 쿼리

시계열의 셀렉터에서 레이블 값의 정확한 일치뿐만 아니라 정규 표현식을 적용하는 것도 중요하다.

따라서 =~와 !~는 PromQL에서의 RE2 유형 정규 표현식의 구문을 허용하는 매처다.

이러한 매처를 사용할 때 정규 표현식은 고정돼 있다는 것을 기억해야 한다. 이는 전체 레이블 값과 일치해야 함을 의미하고, 정규 표현식의 시작과 끝에 .*를 추가해 고정을 해제할 수 있다.

 TiP RE2에서 허용되는 정규 표현식의 문법은 https://github.com/google/re2/wiki/Syntax에서 확인할 수 있다.

다음 그림의 예를 살펴보면 2가지 CPU 모드 **mode="user"**와 **mode="system"**에만 관심이 있는 경우 쿼리를 쉽게 수행하고 필요한 모드만 효과적으로 선택할 수 있다.

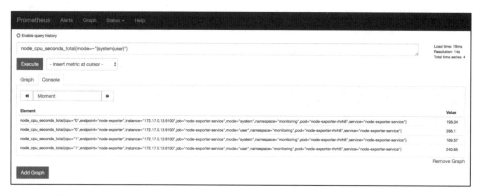

그림 7.5 mode="user"와 mode="system"에만 관련된 query node_cpu_seconds_total 쿼리

RE2가 부정 예측^{negative lookahead}을 지원하지 않는 것을 고려해서 부정 매처와 유사하게 프로메테우스는 !~를 사용해 정규 표현식의 부정 매처를 제공한다. 이를 통해 정규 표현식과 일치하는 결과를 제외시키고 나머지 모든 시계열을 얻을 수 있다. 예는 다음과 같다.

그림 7.6 mode = "user"와 mode = "system"을 제외한 모든 시계열에 대한 `node_cpu_seconds_total` 쿼리

이제 레이블 매처가 동작하는 방식을 잘 이해했으니, 다음으로 인스턴트 벡터를 살펴보자.

인스턴트 벡터

인스턴트 벡터 셀렉터는 일치하는 시계열에 대해 쿼리 수행 시간의 상대적인 샘플 목록을 반환하기 때문에 이런 이름이 지정됐으며, 이 목록은 주어진 순간의 쿼리 결과이기 때문에 인스턴트 벡터^{instact vector}라고 부른다. 샘플은 값과 타임스탬프로 구성된 시계열의 데이터 요소다. 대부분 타임스탬프는 스크레이핑이 수행돼 해당 값이 수집된 시간이며, 푸시 게이트웨이로 푸시된 메트릭은 제외된다. 그러나 시계열에 함수를 적용하거나 작업이 수행되는 경우 인스턴트 벡터 샘플의 타임스탬프는 수집된 시간이 아니라 쿼리 시간을 반영한다.

쿼리 시간을 기준으로 셀렉터와 일치하는 최신 샘플을 반환하는 인스턴트 벡터가 작동하는 방식은 5장에서 언급한 것처럼 프로메테우스는 유효 기간이 지난 것으로 간주된 시계열을 반환하지 않는다. 디스커버리 메커니즘에서 원본 타깃이 사라지거나 마지막 스크레이핑 성공 이후 스크레이핑 중에 타깃이 존재하지 않는 경우 시계열을 오래된 것으로 표시하는 특별한 샘플이 삽입된다. 인스턴트 벡터 셀렉터를 사용하는 경우 시계열의 마지막 샘플에 오래된 것으로 표시하는 특별한 샘플이 포함되면 샘플을 반환하지 않는다.

'레이블 매처' 절의 모든 예제는 인스턴트 벡터 셀렉터였기 때문에 모든 결과는 인스턴트 벡터였다.

범위 벡터

범위^{range} 벡터 셀렉터는 인스턴트 벡터 셀렉터와 유사하지만 주어진 시간 범위의 시계열 샘플 셋을 반환한다. 그러나 프로메테우스는 동일한 시점에 스크레이핑이 겹치는 것을 줄이기 위해 수집 간격에 따라 스크레이핑을 분산한다. 이로 인해 설정된 타임스탬프 값과 타깃별로 스크레이핑 시간이 완전히 일치하지 않을 수 있음을 알고 있어야 한다.

범위 벡터 셀렉터 쿼리의 정의는 인스턴트 벡터 셀렉터에 대괄호 [ ]를 사용해 시간 범위를 추가 설정해야 한다.

다음 표는 시간 범위를 정의하는 데 사용 가능한 단위를 나타낸다.

약어	단위
s	초
m	분
h	시간
d	일
w	주
y	연(년)

5장에서 설명한 수집 주기처럼 시간 범위는 항상 단일 단위의 정수 값이다. 예를 들어 1.5d와 1d12h는 에러를 발생시키며, 36h로 설정해야 한다. 수집 주기는 윤초와 윤일을 무시하며, 항상 정확히 일주일은 7일, 1년은 365일이다.

Hey 애플리케이션 예제를 사용해 실습을 해보면 HTTP 코드 200에 대한 마지막 2분 동안 수집된 샘플을 확인해본다.

```
http_requests_total{code="200"}[2m]
```

쿼리의 결과 화면은 다음과 같다.

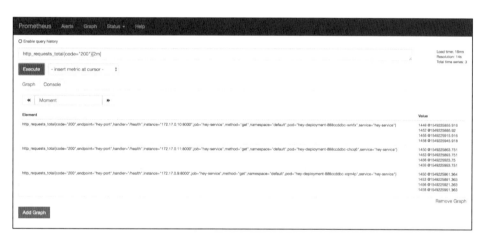

그림 7.7 `http_requests_total` 메트릭의 HTTP 코드 200에 대한 2분의 샘플

앞의 화면에서 볼 수 있듯이 범위 벡터 셀렉터를 사용해 30s 스크레이핑 간격으로 설정된 Hey 애플리케이션의 각 인스턴스에 대해 4개의 샘플이 반환되는 것을 확인할 수 있다.

오프셋 수정자

offset 수정자modifier를 사용해 과거의 데이터를 쿼리할 수 있다. 즉, 현재 시간을 기준
으로 인스턴트 벡터나 범위 벡터 셀렉터의 쿼리 시간을 오프셋할 수 있다. 셀렉터별로
적용될 수 있기 때문에 하나의 셀렉터를 오프셋하고, 다른 셀렉터는 오프셋하지 않음
으로써 시계열의 현재 동작과 과거 동작의 비교를 효과적으로 할 수 있다. 오프셋
수정자를 적용하려면 셀렉터 바로 다음에 오프셋 시간을 추가한다. 예를 들면 다음과
같다.

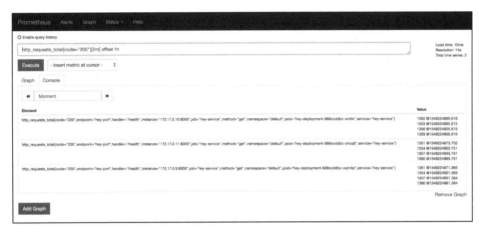

그림 7.8 `http_requests_total` 메트릭의 1시간 전 HTTP 코드 `200`에 대한 2분의 샘플

 PromQL과 직접 관련은 없지만 프로메테우스 표현식 브라우저의 모멘트 기능을 알고 있어
야 한다. 모멘트 기능은 마치 특정 날짜와 시간으로 돌아간 것처럼 쿼리 수행 시점을 변경한
다. 모멘트 셀렉터는 절대적인 시간의 이동이며, 오프셋의 상대적인 시간 이동과는 주요
차이점을 갖고 있다.

서브쿼리

프로메테우스 2.7.0의 서브쿼리Subquery 셀렉터가 도입되기 전에는 인스턴트 벡터의
출력을 범위 벡터로 직접 전달할 방법이 없었다. 따라서 레코딩 규칙 정의를 사용해
인스턴트 벡터를 생성하는 표현식을 저장했을 것이다. 여기서의 레코딩 규칙은 9장에
서 자세히 다루겠지만, 레코딩 규칙을 사용해 데이터를 확보한 후 범위 벡터 셀렉터를
사용해 범위 벡터에 전달했다. 서브쿼리 셀렉터는 충분한 데이터를 캡처하기 위해
레코딩 규칙을 기다릴 필요 없이 시간에 따라 인스턴트 벡터를 반환하고 결과를 범위
벡터로 반환하는 기능을 평가해 프로세스를 간소화한다. 서브쿼리 구문은 범위 벡터
와 유사하며, 샘플을 캡처해야 하는 빈도를 지정할 수 있는 세부 사항이 추가돼 있다.

다음과 같은 문법으로 설명되는 쿼리 예를 사용해 설명하겠다.

```
max_over_time(rate(http_requests_total{handler="/health",
instance="172.17.0.9:8000"}[5m])[1h:1m])
```

쿼리를 구성 요소로 나눠보면 다음 표와 같다.

구성 요소	설명
`rate(http_requests_total{handler="/health",` `instance="172.17.0.9:8000"}[5m])`	서브쿼리 내부에서 실행되는 쿼리로, 5분간의 데이터를 인스턴트 벡터로 집계한다.
`[1h`	범위 벡터 셀렉터와 마찬가지로, 쿼리 수행 시간을 기준으로 범위의 크기를 정의한다.
`:1m]`	해상도 간격으로, 정의되지 않은 경우 전역 설정의 평가 주기를 기본값으로 사용한다.
`max_over_time`	서브쿼리는 시간에 따라 집계된 범위 벡터를 반환한다.

현재 메모리 사용량을 측정할 때 게이지 사용과 같은 어쩔 수 없는 경우를 제외하고 가능한 경우 스크레이핑 실패 시 내구성이 있는 카운터를 통해 메트릭을 노출하는 것이 일반적이며, 가장 흥미로운 기능은 게이지 범위를 사용하는 것이다.

서브쿼리는 평가할 때 매우 무겁기 때문에 대시보드에서의 사용은 권고하지 않고, 레코딩 규칙도 충분한 시간이 주어진 상황에서 동일한 결과를 생성할 수 있다. 마찬가지로 동일한 이유로 레코딩 규칙에서 서브쿼리를 사용하지 않아야 한다. 서브쿼리는 사전에 시간이 따라 집계가 필요한지 알 수 없을 때 임시 쿼리로 가장 적합하다.

연산자

PromQL을 사용하면 바이너리 연산자, 벡터 매칭, 집계 연산자^{Operators}를 사용할 수 있다. 다음 절에서는 각각을 살펴보고 활용 방법의 예를 제공한다.

바이너리 연산자

인스턴트 벡터 및 범위 벡터와 별도로 프로메테우스는 차원이 없이 숫자로 구성된 스칼라 유형의 값을 지원한다.

다음 절에서는 바이너리 연산자$^{Binary\ operators}$의 유형인 산술 연산자와 비교 연산자를 살펴본다.

산술 연산자

산술^{Arithmetic} 연산자는 연산자 사이에 기본 수학 영역을 제공한다.

연산자의 조합에는 세 가지가 있다. 2개의 스칼라에 산술 연산자를 적용해 스칼라를 반환하는 것이 가장 간단하다. 또한 인스턴트 벡터와 스칼라를 결합해 스칼라와 인스턴트 벡터의 샘플에 산술 연산자를 적용해 업데이트된 샘플로 인스턴트 벡터를 효과적으로 반환한다. 마지막은 2개의 인스턴트 벡터 간의 조합으로, 왼쪽 벡터와 오른쪽 벡터가 일치하는 경우의 항목에 산술 연산자가 적용되고, 메트릭 이름은 삭제된다. 일치하는 항목이 없는 경우 샘플은 결과에 포함되지 않으며, 이 경우는 '벡터 매칭' 절에서 자세히 설명한다.

사용 가능한 산술 연산자는 다음과 같다.

연산자	설명
+	더하기
-	빼기
*	곱하기
/	나누기
%	나머지
^	제곱

비교 연산자

다음 표의 비교Comparison 연산자는 결과 필터링에 유용하다.

연산자	설명
==	일치
!=	불일치
>	보다 큼
<	보다 작음
>=	크거나 같음
<=	작거나 같음

다음 인스턴트 벡터 예제를 살펴보자.

```
process_open_fds{instance="172.17.0.10:8000", job="hey-service"} 8
process_open_fds{instance="172.17.0.11:8000", job="hey-service"} 23
```

다음과 같이 비교 연산자를 적용한다.

```
process_open_fds{job="hey-service"} > 10
```

결과는 다음과 같다.

```
process_open_fds{instance="172.17.0.11:8000", job="hey-service"} 23
```

이후 9장에서 설명할 알림 설정의 기본 설정으로 인스턴트 벡터의 필터링 결과를 확인할 수 있다.

또한 bool 수정자를 사용해 일치하는 모든 시계열의 결과뿐만 아니라, 비교 연산자가 샘플의 보관 여부를 확인할 수 있는 1이나 0으로 변환해 샘플을 반환할 수 있다.

 스칼라를 비교하는 유일한 방법은 bool 수정자다.
예) 42 == bool 42

따라서 앞 예에 bool 수정자를 적용할 수 있다.

```
process_open_fds{job="hey-service"} > bool 10
```

결과는 다음과 같다.

```
process_open_fds{instance="172.17.0.10:8000", job="hey-service"} 0
process_open_fds{instance="172.17.0.11:8000", job="hey-service"} 1
```

벡터 매칭

이름에서 알 수 있듯이 벡터 매칭^{Vector matching}은 벡터 간에 사용할 수 있다. 지금까지 스칼라와 인스턴트 벡터가 있을 때 스칼라는 인스턴트 벡터의 각 샘플에 적용돼 있다. 다음 절에서 인스턴트 벡터가 두 개인 경우 샘플을 매칭시킬 수 있는 방법을 확인해보자.

일대일 매칭

앞에서 설명한 것처럼 바이너리 연산자 두 개가 필요하기 때문에 양쪽에 동일한 크기와 레이블 셋의 벡터가 위치할 때 동일한 레이블/값 쌍을 가진 일대일 샘플이 함께 매칭되고, 메트릭 이름과 매칭되지 않는 모든 요소는 삭제된다.

다음 인스턴트 벡터의 예를 사용해해보자.

```
node_filesystem_avail_bytes{instance="172.17.0.13:9100",
job="node-exporter-service", mountpoint="/Users"} 100397019136
node_filesystem_avail_bytes{instance="172.17.0.13:9100",
job="node-exporter-service", mountpoint="/data"} 14120038400
node_filesystem_size_bytes{instance="172.17.0.13:9100",
job="node-exporter-service", mountpoint="/Users"} 250685575168
node_filesystem_size_bytes{instance="172.17.0.13:9100",
job="node-exporter-service", mountpoint="/data"} 17293533184
```

다음과 같이 연산자를 적용한다.

```
node_filesystem_avail_bytes{} / node_filesystem_size_bytes{} * 100
```

인스턴스 벡터의 결과는 다음과 같다.

```
{instance="172.17.0.13:9100", job="node-exporter-service", mountpoint="/Users"}
40.0489813060515
{instance="172.17.0.13:9100", job="node-exporter-service", mountpoint="/data"}
81.64923991971679
```

레이블이 일치하지 않는 벡터를 집계하는 것이 유용할 수 있다. 이러한 상황에서 바이너리 연산자 바로 뒤에 **ignoring** 키워드를 적용해 지정된 레이블을 무시할 수 있다. 또한 바이너리 연산자 다음에 **on** 키워드를 사용해 양쪽에 어떤 레이블을 매칭시켜야 하는지 제한할 수 있다.

1:N, N:1 매칭

때때로 한쪽의 요소를 다른 쪽의 여러 요소와 매칭할 필요가 있다. 이런 경우 프로메테우스에 해당 작업을 해석할 수 있는 수단을 제공해야 한다. 높은 카디널리티의 연산이 왼쪽에 있는 경우 **on**이나 **ignoring** 다음에 **group_left** 수정자를 사용할 수 있다. 높은 카디널리티 연산이 오른쪽에 있다면 **group_right**를 적용한다. 7장의 뒷부분에 나오는 실제 예제에서 볼 수 있듯이 일반적으로 **group_left** 연산은 표현식의 오른쪽에서 레이블을 복사하는 기능에 사용된다.

논리 연산자

다음 표와 같이 논리 연산자Logical Operator는 이해하기 쉬울 것이다. PromQL에서 N:N으로 동작하는 유일한 연산자로 표현식 사이에 사용할 수 있는 3가지 논리 연산자가 있다.

연산자	설명
and	교차
or	결합
unless	조건부

and 논리 연산자는 오른쪽 표현식과 레이블 키/값 쌍이 일치할 경우에 왼쪽의 일치 항목을 반환한다. 오른쪽과 일치하지 않은 왼쪽의 모든 시계열은 삭제된다. 반환되는 시계열은 왼쪽 연산자의 이름을 유지하기 때문에 교차 연산자 부른다. 종종 and 연산자는 조건에 따라 오른쪽에 있는 표현식을 왼쪽의 것으로 반환하는 if문처럼 사용된다.

다음 인스턴트 벡터를 예로 사용해 유효성을 검사한다.

```
node_filesystem_avail_bytes{instance="172.17.0.13:9100",
job="node-exporter-service", mountpoint="/Users"} 1003970
node_filesystem_avail_bytes{instance="172.17.0.13:9100",
job="node-exporter-service", mountpoint="/data"} 141200
node_filesystem_size_bytes{instance="172.17.0.13:9100",
job="node-exporter-service", mountpoint="/Users"} 2506855
node_filesystem_size_bytes{instance="172.17.0.13:9100",
job="node-exporter-service", mountpoint="/data"} 172935
```

다음 표현식을 적용한다.

```
node_filesystem_size_bytes and node_filesystem_size_bytes < 200000
```

결과는 다음과 같다

```
node_filesystem_avail_bytes{instance="172.17.0.13:9100",
job="node-exporter-service", mountpoint="/data"} 141200
```

```
node_filesystem_size_bytes{instance="172.17.0.13:9100", job="node-exporter-
service", mountpoint="/data"} 172935
```

결합 논리 연산자 or는 일치하는 항목이 없을 때 오른쪽에서 요소를 반환하는 경우를
제외하고 왼쪽의 요소를 반환한다. 다시 말하지만 양쪽에 일치하는 레이블 이름/값이
있어야 한다.

앞의 데이터 샘플을 재사용해 다음 표현식을 적용한다.

```
node_filesystem_avail_bytes > 200000 or node_filesystem_avail_bytes < 2500000
```

결과는 다음과 같다.

```
node_filesystem_avail_bytes{instance="172.17.0.13:9100", job="node-exporter-
service", mountpoint="/Users"} 1003970
```

마지막으로 unless 논리 연산자는 첫 번째 표현식의 요소에서 두 번째 레이블 이름/값
쌍과 일치하지 않는 요소를 반환한다. 이론적으로는 이를 결합이라고 하며, 실제로
반대의 방식으로 작동하므로 if not문으로도 사용할 수 있다.

다시 이전의 동일한 샘플 데이터를 사용해 다음 표현식을 적용한다.

```
node_filesystem_avail_bytes unless node_filesystem_avail_bytes < 200000
```

결과는 다음과 같다.

```
node_filesystem_avail_bytes{instance="172.17.0.13:9100",
job="node-exporter-service", mountpoint="/Users"} 1003970
node_filesystem_size_bytes{instance="172.17.0.13:9100",
```

```
job="node-exporter-service", mountpoint="/Users"} 2506855
```

집계 연산자

집계 연산자^{Aggregation operators}를 사용하면 인스턴트 벡터의 요소를 집계해서 적은 요소의 새로운 인스턴트 벡터를 만들 수 있다. 이와 같은 인스턴트 벡터의 모든 집계는 4장의 '종단면 집계' 절에서 설명한 방식으로 작동한다.

사용 가능한 집계 연산자는 다음 표와 같다.

연산자	설명	요구 사항
sum	합계	
min	최솟값	
max	최댓값	
avg	평균값	
stddev	표준 편차	
stdvar	표준 분산	
count	수량	
count_values	동일 값의 수량	
bottomk	하위 k 요소	스칼라 숫자 필요(k)
topq	상위 k 요소	스칼라 숫자 필요(k)
quantile	분위수	분위수 숫자 필요($0 \leq \varphi \leq 1$)

count_values, bottomk, topk, Quantile과 같은 매개변수가 필요한 연산자는 벡터 표현식 앞에 매개변수를 지정해야 한다. 레이블 이름 목록과 집계 연산자의 결합에 사용할 수 있는 두 가지 수정자가 있다. without을 사용하면 집계에서 제외할 레이블

을 정의해 반환 벡터에서 해당 레이블을 효과적으로 제거하고, by는 집계할 때 유지할 특정 레이블을 명시하듯 정확히 반대의 결과를 얻을 수 있다. 집계 연산자당 하나의 수정자만 사용할 있으며, 수정자는 연산자가 집계할 차원에 영향을 미친다.

예를 들어 다음 쿼리의 샘플 데이터를 사용해보자.

```
rate(http_requests_total[5m])
```

다음과 같은 코드 조각이 생성된다.

```
{code="200",endpoint="heyport", handler="/",instance="172.17.0.10:8000",
job="heyservice"method="get"} 5.9669884444444445

{code="200",endpoint="heyport", handler="/",instance="172.17.0.9:8000",
job="heyservice", method="get"} 11.1336484826487

{code="200",endpoint="heyport", handler="/health",instance="172.17.0.10:8000",
job="heyservice", , method="get"} 5.891716069444445

{code="200",endpoint="heyport", handler="/",instance="172.17.0.11:8000",
job="heyservice", method="get"} 0.1

{code="200",endpoint="heyport", handler="/health",instance="172.17.0.11:8000",
job="heyservice", method="get"} 0.1

{code="200",endpoint="heyport", handler="/health",instance="172.17.0.9:8000",
job="heyservice", method="get"} 0.1000003703717421
```

다음 표현식을 적용해 모든 요청 수를 집계할 수 있다.

```
sum(rate(http_requests_total[5m]))
```

결과는 다음과 같다.

```
{} 23.292353366909335
```

by 연산자를 추가해 핸들러 엔드포인트별로 집계할 수 있다.

```
sum by (handler) (rate(http_requests_total[5m]))
```

결과는 다음과 같다.

```
{handler="/"} 22.99235299653759
{handler="/health"} 0.3000003703717421
```

이 간단한 예를 통해 쉽게 데이터를 집계하는 방법을 살펴봤다.

바이너리 연산자 우선순위

PromQL 쿼리가 평가될 때 바이너리 연산자가 적용되는 순서는 우선순위에 따라 결정된다. 다음 표는 높은 순서에서 낮은 순서로 연산자의 우선순위를 보여준다.

우선순위	연산자	설명
1	^	왼쪽에서 오른쪽으로 평가. 예) 1 ^ 2 ^ 3 = 1 ^ (2 ^ 3)
2	*, /, %	왼쪽에서 오른쪽으로 평가. 예) 1 / 2 * 3 = (1 / 2) * 3
3	+, -	왼쪽에서 오른쪽으로 평가
4	==, !=, <=, <, >=, >	왼쪽에서 오른쪽으로 평가
5	and, unless	왼쪽에서 오른쪽으로 평가
6	or	왼쪽에서 오른쪽으로 평가

함수

PromQL에는 수학, 정렬, 카운터, 게이지, 히스토그램 조작, 레이블 변환, 시간에 따른 집계, 타입 변환, 날짜와 시간 기능 등의 다양한 사용 사례에 대해 약 50개의 함수가 있다. 다음 절에서는 가장 일반적으로 사용되는 항목 중 일부를 다뤄보고, 관련이 있는 예를 제공한다.

 포괄적인 전체 함수의 개요는 https://prometheus.io/docs/prometheus/latest/querying/functions/에서 확인할 수 있다.

absent()

absent() 함수는 인스턴트 벡터를 인수로 사용해 다음을 반환한다.

- 인수에 대한 결과가 있는 경우 빈 벡터 반환
- 충돌하지 않는 동등한 매칭의 조건에서 특정 인수의 레이블을 포함하고 샘플 값이 1인 1개의 요소 벡터 반환

함수는 이름에서 알 수 있듯이 알림을 설정할 때 매우 유용하다.

예를 들어 인스턴트 벡터가 있고 다음 표현식을 실행한다고 해보자.

```
absent(http_requests_total{method="get"})
```

결과는 다음과 같다.

```
no data
```

다음 예제와 같이 존재하지 않는 레이블 값을 사용해 레이블 매처가 있는 표현식을 사용한다고 가정한다.

```
absent(http_requests_total{method="nonexistent_dummy_label"})
```

존재하지 않는 레이블 값을 가진 인스턴트 벡터를 생성한다.

```
{method="nonexistent_dummy_label"} 1
```

코드 조각에 표시된 대로 존재하지 않는 측정 항목에 absent를 적용한다.

```
absent(nonexistent_dummy_name)
```

결과는 다음과 같다.

```
{} 1
```

마지막으로 다음 코드 조각처럼 존재하지 않는 메트릭 항목과 레이블/값 쌍에 absent를 사용한다.

```
absent(nonexistent_dummy_name{method="nonexistent_dummy_label"})
```

결과는 다음과 같다.

```
{method="nonexistent_dummy_label"} 1
```

label_join()과 label_replace()

표준 집계 연산자를 사용하는 것이 사용하기 쉬움에도 불구하고, 이 두 함수는 다른 레이블 간의 결합, 레이블 값의 추출, 레이블 삭제 등의 레이블 조작에 사용된다. 두 함수 모두 정의된 타깃 레이블이 새 레이블이면 레이블 셋에 추가하고, 기존 레이블인 경우에는 교체한다. 다음 구문에 예시된 대로 **label_join**을 사용할 때는 인스턴트 벡터가 필요하고, 결과 레이블 정의와 구분 기호, 결합할 레이블을 설정해야 한다.

```
label_join(<vector>, <resulting_label>, <separator>, source_label1, source_labelN)
```

예를 들어 다음 샘플 데이터를 사용한다.

```
http_requests_total{code="200",endpoint="hey-port",
handler="/",instance="172.17.0.10:8000",job="hey-service",method="get"} 1366
http_requests_total{code="200",endpoint="hey-port",
handler="/health",instance="172.17.0.10:8000",job="heyservice", method="get"} 942
```

다음 표현식을 적용한다.

```
label_join(http_requests_total{instance="172.17.0.10:8000"}, "url", "",
"instance", "handler")
```

다음 최종 인스턴트 벡터를 확인할 수 있다.

```
http_requests_total{code="200",endpoint="hey-port",
handler="/",instance="172.17.0.10:8000",job="hey-service",
method="get",url="172.17.0.10:8000/"} 1366
http_requests_total{code="200",endpoint="hey-port",
handler="/health",instance="172.17.0.10:8000",job="hey-service",
method="get",url="172.17.0.10:8000/health"} 942
```

레이블을 임의로 조작해야 하는 경우 `label_replace`는 사용하는 함수다. 선택한 소스 레이블의 값에 정규 표현식을 적용하고, 일치하는 캡처 그룹을 조작 타깃 레이블에 저장한다. 소스와 조작 타깃 모두 레이블이 동일할 수 있으며, 효과적으로 값을 변경할 수 있다. 복잡해보이지만, 실제로는 간단한 `label_replace` 문법을 살펴보자.

```
label_replace(<vector>, <destination_label>, <regex_match_result>, <source_label>,
<regex>)
```

앞의 샘플 데이터를 사용해 다음 표현식을 적용한다고 가정한다.

```
label_replace(http_requests_total{instance="172.17.0.10:8000"}, "port", "$1",
"instance", ".*:(.*)")
```

정규 표현식에 일치하는 요소가 port라는 새로운 레이블을 생성했다.

```
http_requests_total{code="200",endpoint="hey-port",handler="/",
instance="172.17.0.10:8000", job="hey-service",method="get",port="8000"} 1366
http_requests_total{code="200",endpoint="hey-port",handler="/health",
instance="172.17.0.10:8000", job="hey-service",method="get",port="8000"} 942
```

`label_replace`를 사용할 때 정규 표현식에 레이블 값과 일치하지 않으며, 기존 시계열은 변경되지 않는다.

predict_linear()

범위 벡터와 스칼라 시간 값을 인수로 받는 함수다. 범위 벡터의 데이터 추이를 바탕으로 지정된 특정 시간까지 앞으로의 시계열 값을 추정한다. 선형 회귀를 사용해 추정하기 때문에 백그라운드에서 수행되는 복잡한 예측 알고리즘이 없으며, 반드시 게이지 메트릭과 함께 사용해야 한다.

다음 표현식을 적용해 1시간의 데이터 범위와 `predict_linear`를 사용해 4시간 후의 (60(초) * 60(분) * 4)의 샘플 값을 추정한다.

```
predict_linear(node_filesystem_free_bytes{mountpoint="/data"}[1h], 60 * 60 * 4)

{device="/dev/sda1", endpoint="nodeexporter",
fstype="ext4",instance="10.0.2.15:9100", job="node-exporterservice",
mountpoint="/data", namespace="monitoring", pod="node-exporterr88r6",
service="node-exporter-service"} 15578514805.533087
```

rate()와 irate()

두 함수를 사용해 카운터 메트릭의 증가율을 계산할 수 있다. 또한 카운터를 재설정할 때 자동으로 조정하고 범위 벡터를 인수로 사용한다.

rate() 함수는 지정된 간격 동안 범위의 첫 번째와 마지막 값을 사용해 초당 평균 변화율을 제공하지만, irate() 함수는 범위의 마지막 두 값을 사용해 인스턴트 변화율을 계산한다.

다양한 시나리오보다 특정 시나리오에 적합한 활용 방법을 이해하는 것이 중요하다. 예를 들어 대시보드와 같은 시각화를 만들 때 발생 가능한 스파이크[1]의 인지율을 높일 필요가 있다. 이때 irate 함수가 적합하다. irate()는 범위의 마지막 두 값을 사용하기 때문에 다운샘플링을 단계별로 진행하는 것이 합리적이며 완전히 확대해야 사용할 수 있다. 알림을 정의할 때 더 안정적인 추이를 얻기 위해 허위의 스파이크가 for 타이머를 재설정하지 않는다(9장 참고). 이런 경우 rate가 적용하기에 더 적합한 기능이며, rate()가 안정적으로 동작할 수 있도록 항상 범위 벡터에 최소 4개의 샘플이 있는지 확인한다.

---

1. 스파크(spike)는 값이 순간적으로 변하는 현상을 말하며, 제자리로 돌아오는 특성이 있다. – 옮긴이

다음 화면은 두 함수의 차이점을 확인하기 위해 동일한 시간 프레임과 메트릭에서 rate()와 irate()를 사용해 보여준다.

그림 7.9 node_network_receive_bytes_total의 1m 범위 rate()

그림 7.10 node_network_receive_bytes_total의 1m 범위 irate()

앞서 봤듯이 irate는 카운터의 변동에 훨씬 더 민감하고, rate는 일반적으로 더 부드러운 값을 생성한다.

histogram_quantile()

histogram_quantile() 함수는 인자로서 분위수($0 \leq \varphi \leq 1$)로 정의되는 부동소수점과 게이지 유형의 인스턴트 벡터를 사용한다. 각 시계열에는 반드시 버킷의 상한을 나타내는 le 레이블이 있으며, 또한 누적 히스토그램의 포괄 기능으로 작동하고 마지막 버킷인 +Inf 버킷이 있을 것이다. 프로메테우스 클라이언트 라이브러리에서 생성된 히스토그램은 각 버킷에 카운터를 사용하기 때문에 rate() 함수를 사용해 함수가 정상적으로 작동할 수 있도록 게이지로 변환해야 한다. 범위 벡터에서의 시간 범위는 분위수를 계산할 때 사용하는 윈도우와 일치할 것이다. 드문 경우지만 서드파티 소프트웨어에서 생성된 일부 히스토그램은 버킷에 카운터를 사용하지 않을 수 있어서 레이블 조건을 충족하는 histogram_quantile을 직접 사용할 수 있다.

예를 들어 다음 표현식을 실행한다.

```
histogram_quantile(0.75,
sum(rate(prometheus_http_request_duration_seconds_bucket[5m])) by (handler, le)) > 0
```

다음과 비슷한 결과가 출력된다.

```
{handler="/"} 0.07500000000000001
{handler="/api/v1/label/:name/values"} 0.07500000000000001
{handler="/static/*filepath"} 0.07500000000000001
{handler="/-/healthy"} 0.07500000000000001
{handler="/api/v1/query"} 0.07500000000000001
{handler="/graph"} 0.07500000000000001
{handler="/-/ready"} 0.07500000000000001
{handler="/targets"} 0.7028607713983935
```

```
{handler="/metrics"} 0.07500000000000001
```

이는 프로메테우스 내부 히스토그램의 출력 예다.

sort()와 sort_desc()

이름에서 알 수 있듯이 **sort**는 벡터를 수신하고 샘플 값을 기준으로 오름차순으로 정렬하며, **sort_desc**는 내림차순으로 정렬한다.

 기본 설정으로 topk와 bottomk 집계 연산자는 결과를 정렬한다.

vector()

vector() 함수는 스칼라 값을 매개변수로 받고, 매개변수 스칼라 값과 레이블이 없는 벡터를 반환한다.

예를 들어 다음 표현식을 실행한다.

```
vector(42)
```

결과는 다음과 같다.

```
{} 42
```

다음 코드는 벡터 표현식을 결합해 항상 하나 이상의 결과가 표시되도록 일반적으로 사용하는 방법이다.

```
http_requests_total{handler="/"} or vector(0)
```

or 연산자는 양쪽의 값을 반환해서 값이 0인 샘플이 항상 존재할 것이다.

시간 기반 집계 연산자

앞에서 설명했던 집계 연산자는 항상 인스턴트 벡터에 적용돼 있다. 범위 벡터에서 이러한 집계를 수행하는 경우 PromQL은 *_over_time 함수 계열을 제공한다. 이 함수는 4장의 '횡단면 집계' 절에 설명된 대로 동작한다. 모두 범위 벡터를 갖고 인스턴트 벡터를 출력한다. 다음 표는 연산자에 대한 설명이다.

연산자	설명
avg_over_time()	범위 내에 있는 모든 샘플의 평균값
count_over_time()	범위 내에 있는 모든 샘플의 개수
max_over_time()	범위 내에 있는 모든 샘플의 최댓값
min_over_time()	범위 내에 있는 모든 샘플의 최솟값
quantile_over_time()	범위 내에 있는 모든 샘플의 분위수로, 두 개의 인수가 필요함. quantile(φ)을 정의하는 $0 \leq \varphi \leq 1$ 스칼라 값과 범위 벡터
stddev_over_time()	범위 내에 있는 샘플 값의 표준 편차
stdvar_over_time()	범위 내에 있는 샘플 값의 표준 분산
sum_over_time()	범위 내에 있는 모든 샘플 값의 합

시간 함수

프로메테우스는 시간 데이터를 조작하는 여러 함수를 제공한다. 프로세스나 배치 작업이 수행된 시간을 확인하거나, 특정 시간에 알림을 트리거하거나, 특정 날짜에 모든 알림을 트리거하지 않는 등의 몇 가지 시나리오에 유용하다. 프로메테우스의 모든 시간 함수는 UTC^{Universal Coordinated Time}를 가정한다.

time 함수는 현재 시간을 유닉스 타임스탬프 알려진 유닉스 에포크 형식(1970년 1월 1일 이후에 경과된 초)으로 인스턴트 벡터를 반환한다.

timestamp 함수는 셀렉터에 의해 반환한 샘플의 유닉스 타임스탬프와 함께 인스턴트 벡터를 반환한다.

minute, hour, month, year 함수 모두 동일한 방식으로 작동하고, 하나 이상의 타임스탬프가 있는 인스턴트 벡터를 수신하고, 해당하는 시간 구성 요소가 포함된 인스턴트 벡터를 반환한다. time 함수를 기본 입력값으로 사용하며, 인수가 없을 경우 현재의 분, 시, 월, 년을 각각 반환한다.

days_in_month 함수는 타임스탬프를 인수로 하는 인스턴트 벡터를 수신하고 해당 타임스탬프에 해당 월의 마지막 날짜를 반환한다. 이전의 함수와 마찬가지로 기본 입력 인수는 time 함수이고, 결과는 반드시 28에서 31 사이다.

마지막으로 이전의 함수와 마찬가지로 day_of_week와 day_of_month 함수는 타임스탬프와 함께 인스턴트 벡터를 입력값으로 예상하고 해당 요일(일요일은 0, 월요일은 1 등)과 해당 월의 날짜(1 ~ 31)를 반환한다. 기본 입력값은 time 함수다.

Info와 enum

아직 언급되지 않은 info와 enum이라는 두 가지 메트릭 유형이 있다. 꽤 최근이지만 제공하는 편의성은 대단히 높이 평가되고 있다. info 타입의 메트릭은 이름이 _info 로 끝나고 값이 1인 일반적인 게이지다. 이 특별한 종류의 메트릭은 예를 들어 버전 정보(익스포터 버전, 개발 언어 버전, 커널 버전)와 할당된 역할, VM 메타데이터 정보와 같이 이미 저장된 값이 시간에 따라 변경될 수 있는 레이블이 위치할 수 있게 설계돼 있다. 이러한 모든 시계열의 레이블을 내보내고 변경하는 경우 메트릭 이름과 레이블 셋의 조합인 메트릭 사양이 변경돼 연속성이 중단된다. 또한 영향을 받는 모든 시계열의 레이블을 오염시킬 수 있으며, 이는 모든 메트릭에 새로운 레이블이 존재하기 때문이다. info 유형의 메트릭 항목을 사용하려면 info 메트릭 값 1과의 곱셈으로 다른 메트릭 항목의 값을 변경하지 않기 때문에 곱셈 연산자를 사용해 메트릭 항목과 조합해야 한다. 그리고 group_left/group_right 수정자를 사용하면 필요한 레이블로 결과 벡터를 풍부하게 만들 수 있다.

예를 들어 다음과 같이 info 메트릭을 사용하는 쿼리를 실행한다.

```
node_uname_info{instance="10.0.2.15:9100"}
```

다음 코드 조각에서 쿼리 결과를 볼 수 있다.

```
node_uname_info{domainname="(none)",endpoint="node-exporter",
instance="10.0.2.15:9100",job="node-exporter-service",machine="x86_64",
namespace="monitoring",nodename="minikube",pod="node-exporter-r88r6",
release="4.15.0",service="node-exporter-service",sysname="Linux", version="#1 SMP
Fri Dec 21 23:51:58 UTC 2018"} 1
```

enum 메트릭 유형 역시 게이지이며, info와 비슷하다. 머신의 현재 상태를 추적할 필요가 있을 때 모든 메트릭을 노출하는 방법을 제공하는 것이 목적이다. enum 메트릭 유형의 메트릭에 대한 가장 일반적인 사용 사례는 데몬 상태(시작, 시작 중, 중지, 중지 중, 실패 등)를 노출시키는 것이다. 이러한 추적은 레이블에 상태 정보를 유지하고 현재 상태에 대해 메트릭 값 1로 설정하고, 그렇지 않으면 0을 설정한다.

다음 예는 enum 메트릭을 사용하는 인스턴트 벡터 셀렉터 쿼리다.

```
node_systemd_unit_state{name="kubelet.service"}
```

다음 코드 조각에서 쿼리 결과를 볼 수 있다.

```
node_systemd_unit_state{endpoint="nodeexporter",
instance="10.0.2.15:9100",job="node-exporterservice", name="kubelet.service",
namespace="monitoring",pod="node-exporter-jx2c2", state="activating"} 0
node_systemd_unit_state{endpoint="nodeexporter",
instance="10.0.2.15:9100",job="node-exporterservice", name="kubelet.service",
namespace="monitoring",pod="node-exporterjx2c2", state="active"} 1
node_systemd_unit_state{endpoint="nodeexporter",
instance="10.0.2.15:9100",job="node-exporterservice", name="kubelet.service",
namespace="monitoring",pod="node-exporterjx2c2", state="deactivating"} 0
node_systemd_unit_state{endpoint="nodeexporter",
instance="10.0.2.15:9100",job="node-exporterservice", name="kubelet.service",
namespace="monitoring",pod="node-exporterjx2c2", state="failed"} 0
node_systemd_unit_state{endpoint="nodeexporter",
instance="10.0.2.15:9100",job="node-exporterservice", name="kubelet.service",
namespace="monitoring",pod="node-exporterjx2c2"", state="inactive"} 0
```

이제 PromQL의 기초를 알았고, 표현식을 작성할 때의 일반적인 패턴 몇 가지와 피할 수 있는 함정을 살펴보자.

일반적인 패턴과 함정

이런 강력한 언어를 마음대로 사용할 때 많은 옵션으로 인해 쉽게 압도 당할 수 있다. 다음 절에서는 설명된 각 상황에 대해 의도적으로 PromQL을 사용해 몇 가지 일반적인 패턴과 함정pitfall을 제공하며, 지금까지 살펴본 지식을 더욱 강화해본다.

패턴

PromQL의 강력한 기능과 유연성은 정보 추출 측면에서 다양한 가능성을 제공하지만, 일반적인 문제 몇 가지를 이해하기 쉽게 만들고 모니터링 서비스에 대한 통찰력 레벨을 높이는 몇 가지 쿼리 패턴^{query Patterns}이 있다. 다음 절에서는 실무 측면에서 유용하게 사용할 수 있는 몇 가지 방법을 다룬다.

서비스 레벨 척도

1장에서 수집 타깃의 개념을 소개하고 구글의 네 가지 골든 시그널, USE와 RED 방법론을 알아봤다. 이러한 지식을 바탕으로 특정 서비스의 성능과 가용성을 반영하는 서비스 레벨 척도^{SLI, Service-Level Indicators}를 정의할 수 있다. SLI를 생성하기 위한 쿼리 구성은 PromQL 사용의 일반적인 패턴이며, 가장 유용한 것 중 하나다.

예를 들면 SLI의 일반적인 정의는 유효한 이벤트 수에서의 양호한 이벤트 수다. 이 경우에 프로메테우스에서 제공되는 100ms 이하의 요청 백분율, 즉 지연 SLI을 만드는 것을 이해하기 원한다. 먼저 해당 임곗값 이하에서 몇 개의 요청이 처리되는지 정보를 수집해야 한다. 다행히도 이미 사용 가능한 prometheus_http_request_duration_seconds_bucket 히스토그램 유형 메트릭에 의존할 수 있다. 이미 알고 있듯이 이 유형의 메트릭에는 낮거나 같은 조건의 le 레이블로 표시되는 버킷이 있어 단순히 100ms(0.1초) 미만의 요소와 일치시키면 된다.

```
prometheus_http_request_duration_seconds_bucket{le="0.1"}
```

일반적으로 이러한 유형의 계산에서 기본 단위는 비율이지만, 예에서는 백분율이 필요하기 때문에 일치된 요소를 총 요청 수 prometheus_http_request_duration_seconds_count로 나누고 100을 곱해야 한다.

이 두 인스턴트 벡터는 le 레이블이 일치하지 않기 때문에 나눌 수 없어서 다음과 같이 레이블 무시 설정을 한다.

```
prometheus_http_request_duration_seconds_bucket{le="0.1"} / ignoring (le)
prometheus_http_request_duration_seconds_count * 100
```

이를 통해 엔드포인트와 인스턴스당 정보가 포함된 인스턴트 벡터를 제공할 수 있으며, 각 인스턴스에서 서비스가 구동된 이후 100ms 미만으로 응답한 요청의 백분율로 설정한다. 여기서 _bucket은 카운터임을 기억해야 한다. 각각의 인스턴스나 엔드포인트가 아닌 서비스마다 SLI를 원하기 때문에 이는 좋은 방법이지만, 향후 적절하지 않을 것이다. 또한 지정되지 않은 전체 데이터를 평균화하는 대신 롤링 윈도우[rolling window]에서 계산하는 것이 더 유용할 것이다. 이는 더 많은 데이터가 수집될수록 평균은 더욱 평탄해지고 변경이 어려워진다. 따라서 이러한 문제를 해결하려면 고정된 롤링 평균을 얻기 위해 일정 기간 동안 카운터의 초당 증가율을 계산하고 sum()을 사용해 인스턴스와 엔드포인트를 집계한다. 이러한 방식에서 le 레이블은 집계할 때 무시되기 때문에 별도로 설정할 필요 없다. 앞의 내용을 모두 조합해서 살펴보면 아래와 같을 것이다.

```
sum by (job, namespace, service) (
    rate(prometheus_http_request_duration_seconds_bucket{le="0.1"}[5m])
) /
sum by (job, namespace, service) (
    rate(prometheus_http_request_duration_seconds_count[5m])
) * 100
```

비교 연산자를 사용해 달성하려는 서비스에 대한 서비스 레벨 목표[SLO, Service-Level Objective]를 설정하기 때문에 매우 간단해지고, 알림 정의에 있어 우수한 조건이 된다.

백분위수

정의된 지연 시간 동안 처리된 요청의 백분율을 계산하는 방법을 배웠지만, 주어진 요청의 백분위수^{Percentiles}에 대한 지연 시간을 이해하려면 어떻게 할 것인가?

예를 들어 전체 요청의 95번째 백분위수를 얻으려고 사분위수^{quantile} 0.95를 정의하고 **histogram_quantile** 함수를 사용해 원하는 데이터의 쿼리 표현식을 만들 수 있다. 이는 롤링 윈도우 시간 동안의 요청 시간 히스토그램에서 각 버킷에 대한 평균 증가율이다. 서비스의 인스턴스/파드/핸들러 대신 전역 지연 시간을 원하면 **sum()**을 사용해 집계한다.

```
histogram_quantile(0.95, sum without (instance, pod, handler)
(rate(prometheus_http_request_duration_seconds_bucket[5m])))
```

이 표현식은 요청의 95% 이하를 나타내는 값을 생성한다.

스크레이핑 작업의 상태

정의된 각 스크레이핑 작업에 대해 프로메테우스는 자동으로 **up** 메트릭을 생성한다. 이 메트릭은 작업의 상태를 나타내며, 정상적인 스크레이핑을 하면 1, 실패하면 0을 가진다. **up** 메트릭을 사용해 전체 인프라의 스크레이핑 중인 익스포터나 애플리케이션의 현재 상태를 빠르게 시각화할 수 있다.

정상적으로 스크레이핑된 모든 작업을 살펴보자.

```
sum by (job) (up)

{job="hey-service"} 3
{job="cadvisor-service"} 1
{job="kube-state-metrics"} 2
{job="node-exporter-service"} 1
```

```
{job="prometheus-service"} 2
```

함정

PromQL의 강력함과 유연성은 시계열의 인상적인 슬라이싱과 다이싱을 가능하게 하지만, 예기치 않은 결과와 심각한 성능 문제의 원인이 될 수 있다. 최근 프로메테우스 릴리스에서는 이러한 함정^{pitfalls}을 해결하기 위한 기능이 꾸준히 도입됐지만, 이러한 이슈를 이해하면 PromQL을 최대한 활용하는 데 도움이 되고 동시에 시간과 컴퓨팅 리소스를 절약할 수 있다.

데이터 유형에 맞는 함수 선택

PromQL로 시작할 때 가장 일반적인 함정은 데이터 유형(카운터, 게이지나 히스토그램 등)이나 벡터 유형에 알맞은 함수를 사용하지 않는 것이다. 이 정보는 프로메테우스 문서에서 지적되고 있지만, 개념적으로 유사한 이름의 함수와 집계 함수가 있기 때문에 약간의 혼동이 있을 수 있다. rate, deriv, increase, delta, quantile, histogram_quantile, 무엇보다도 sum와 sum_over_time이 혼동될 것이다. 다행히도 벡터 유형이 일치하지 않는 경우 표현식 평가가 실패하고 무엇이 잘못됐는지 알려준다. 또한 게이지가 필요한 함수에 카운터를 사용하는 것처럼 데이터 형식이 일치하지 않으면 표현식은 성공적으로 평가되지만, 부정확하고 잘못된 결과가 반환될 수 있다.

sum-of-rates와 rate-of-sums

앞의 유형은 쉽게 확인할 수 있지만, 쿼리의 복잡성이 증가하면 실수하기 쉽다. 일반적인 예는 증가율을 합산하는 대신 카운터 합계의 증가율을 계산하는 것이다. rate 함수는 카운터를 예상하지만 카운터의 합계는 실제로 게이지이고 카운터 중 하나가 초기화됐을 때 카운터 값이 감소할 수 있다. 이는 그래프로 표시될 때 무작위로 급증하는 것처럼 보일 수 있다. **rate** 함수는 카운터가 감소할 때 초기화로 간주하고, 카운터의 전체 합계는 0과 현재 값 사이의 큰 델타로 간주된다. 다음 다이어그램에서 이를 실제로 확인할 수 있다. 먼저 2개의 카운터 (G1, G2)가 있는 상태이고, 여기서 (G2)는 초기화 작업을 포함하고 있으며, G3는 각 카운터의 증가율을 합산해 생성된 예상 집계 결과를 보여준다. G4는 카운터 1과 2의 합계를 보여주고, G5는 **rate** 함수가 G4를 카운터로 해석해 중간 지점의 초기화로 인한 카운터 감소 발생 지점에서 급격 증가를 보이고 있다. 마지막으로 G6는 카운터 합계의 증가율이 어떻게 표시되는지 보여준다. G2의 카운터 재설정이 발생한 위치에 잘못된 스파이크^{spike}가 나타난다.

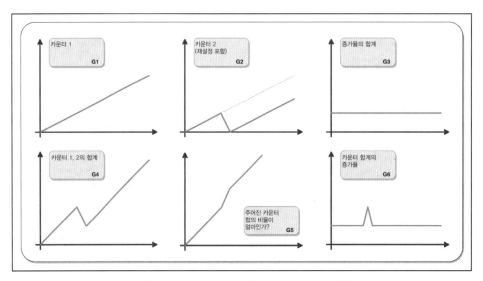

그림 7.11 sum-of-rates와 rate-of-sums의 형상

PromQL에서 올바르게 수행하는 방법의 예는 다음과 같다.

```
sum(rate(http_requests_total[5m]))
```

프로메테우스 2.7 이전 버전에서는 rate-of-sums 실수를 하는 것이 어려웠다. 이는 **rate**에 범위 벡터의 합계를 주려면 레코딩 규칙이나 범위 벡터의 수동 합계가 필요했

248

기 때문이다. 그러나 프로메테우스 2.7.0 이후 버전부터는 시간 윈도우에서 카운터의 합계를 요청해 결과에서 범위 벡터를 효과적으로 생성할 수 있어 에러를 발생할 수 있으며, 권고하지 않는다. PromQL의 예처럼 먼저 증가율을 계산하고 이후 집계를 적용해야 한다.

충분한 데이터의 확보

함수의 비율 그룹인 rate, irate, increase, deriv, delta, idelta는 정상적으로 작동하려면 제공된 범위 벡터에 적어도 두 개의 샘플이 필요하다. scrape_interval에 가까운 시간 범위의 설정은 단일의 스크레이핑이 실패하거나 또는 정확한 간격으로 스크레이핑이 수행되지 않고 지연되는 윈도우 정렬 문제가 발생하는 경우에 데이터에 하나의 샘플만 포함돼 정상적인 결과를 생성하지 못할 수 있음을 의미한다. 따라서 계산이 작동하기에 충분한 샘플이 반환되게 하려면 scrape_interval을 4회 이상 사용하는 것이 좋다. 다음 다이어그램은 주어진 범위에서 샘플 추이를 변경하지 못한 불량 스크레이핑을 보여준다.

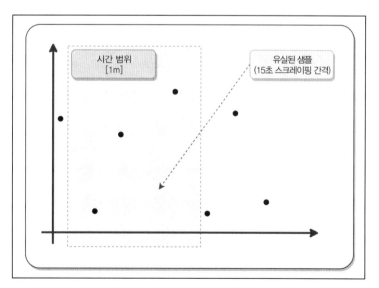

그림 7.12 주어진 범위에 대한 샘플 추이를 변화시키는 불량 스크레이핑

increase 사용 시의 예기치 않은 결과

관련 주제에서 혼선이 오는 공통점은 increase와 delta 같은 함수가 정수가 아닌 결과를 생성하는 것이다. 이는 프로메테우스 문서에 간략하게 설명돼 있지만 좀 더 파악할 가치가 있다. 프로메테우스는 scrape_interval 정의에 주기적으로 데이터를 수집하기 때문에 샘플의 범위에 쿼리를 요청할 때 해당 범위의 윈도우 한계는 반환된 데이터의 타임스탬프와 깔끔하게 정렬되지 않는다. 이러한 함수들은 데이터 포인트가 시간 윈도우와 일치할 경우 결과가 어떻게 될지 추정한다. 제공된 샘플로 정확한 결과를 계산한 후 첫 번째 데이터 지점과 마지막 데이터 지점 사이의 간격에 대한 시간 윈도우 비율을 곱해 요청된 범위에 결과를 효과적으로 확장한다.

시계열 선택 시 부족한 매처의 사용

대시보드나 알림에 관계없이 PromQL 표현식을 작성할 때의 또 다른 일반적인 함정은 반환된 샘플이 예상했던 시계열에서 온 것인지 확인하는 데 충분한 매처를 사용하지 않는 것이다. 해당 메트릭이 특정 소프트웨어에 특정되지 않은 경우 애플리케이션에 네임스페이스 메트릭 이름을 지정하는 것은 프로메테우스 커뮤니티에서 안티패턴으로 간주하며, 이름이 충돌하는 경우가 있을 수 있다. 따라서 특정 소프트웨어에 대한 정보를 추출 할 때 job이 항상 명시적으로 선택되도록 셀렉터의 범위를 지정하는 것이 좋은 방법이다. 예를 들어 프로메테우스 Go 클라이언트 라이브러리에서 수집된 go_goroutines 메트릭을 볼 수 있다. 프로메테우스 생태계의 상당 부분이 Go로 작성됐으며 클라이언트 라이브러리를 계측에 사용하기 때문에 Go 메트릭이 많은 스크레이핑 작업에서 나타나는 것이 일반적이다. 즉, 특정 소프트웨어의 전체 go-routine 동작을 조사할 경우 사용된 셀렉터가 관련 된 인스턴스를 충분히 명시하지 않으면 잘못된 결과를 얻을 수 있다.

통계적 중요성의 상실

PromQL과 특별히 관련이 있는 것은 아니지만 언어의 유연성 때문에 쉽게 할 수 있는 실수는 집계 값에 변환을 적용해 통계적 의미를 상실하는 것이다. 예를 들어 클러스터의 상태를 얻기 위해 인스턴스 그룹의 사전 계산된 분위수 평균을 요약해 계산할 수도 있지만, 통계적 관점에서 더 이상 조작할 수는 없다. 이 결과는 전체적으로 클러스터의 해당 분위수와 유사하지 않다. 그러나 각 인스턴스의 버킷은 대략적인 정량을 계산하기 전에 클러스터 전체에서 합산할 수 있으므로 히스토그램으로 수행할 수 있다. 이것의 또 다른 일반적인 예는 평균의 평균^{averaging averages}이다.

복잡한 쿼리를 구성할 때 예상되는 사항

PromQL을 사용할 때 유념해야 할 흥미로운 세부 사항은 벡터 간 비교 연산자를 사용할 때 비교의 왼쪽에서 반환된 결과가 나온다는 것이다. 즉, 현재 값과 임곗값을 비교할 때 반환된 값이 임곗값이 아니라 현재 값이기를 원할 수 있으므로, 예를 들어 해당 순서에 맞게 `current_value < threshold`로 수행한다.

```
node_filesystem_avail_bytes < node_filesystem_size_bytes * 0.2
```

또한 and를 사용해 다른 비교를 연결하는 경우 결과는 여전히 첫 번째 비교에서 왼쪽이다. 다음 예제는 파일 시스템에 남아있는 공간의 백분율(20% 미만)을 반환하며, 최근 6시간의 채우기 비율을 고려하면 4시간 내에 가득 찰 것으로 예상된다. 또한 읽기 전용 모드가 아닌 것을 확인할 수 있다.

```
node_filesystem_avail_bytes/node_filesystem_size_bytes * 100 < 20 and
predict_linear(node_filesystem_avail_bytes[6h], 4*60*60) <= 0 and
node_filesystem_readonly == 0
```

첫 번째 비교를 두 번째 비교로 변경해도 동일한 수의 결과가 생성되지만, 앞으로 4시간 후에 사용할 수 있는 예측 바이트가 표시된다. 이 결과는 예측된 음의 바이트 양을 정확히 아는 것이 실제로는 0이 될 것이라는 사실을 전달하기 때문에 유용하지 않다. 그러나 표현식의 결과 값이 경보 알림에 전송되지 않으므로 두 표현식 모두 알림에 사용할 수 있다.

치명적인 쿼리

마지막으로 지나치게 광범위한 셀렉터와 메모리 집약적인 집계 쿼리를 작성할 때 주의해야 한다. 5장에서 설명한 대로 프로메테우스는 무제한 메모리 사용을 방지하기 위해 기본 체크와 제한이 구현돼 있지만, 여전히 컨테이너 제한 설정이나 시스템 RAM과 같이 메모리가 너무 크지 않아서 OS가 프로메테우스 서버를 비정상적으로 종료할 수 있다. 특히 서버로 전송되는 쿼리를 거의 제어하지 못하는 환경에서는 문제를 복잡하게 만들고 리소스를 가장 많이 사용하는 쿼리를 정확히 파악하기가 어렵다. 성능과 관리 용이성에 영향을 미치며 트레이드오프가 필요한 슬로우 쿼리 로그 기능이 내장돼 있지 않다. 그러나 실제로 리소스 활용률을 지속적으로 개선해(특히 메모리 프런트) 이러한 특정 문제가 잘 압축된 환경에서 발생하기가 훨씬 어려워졌다.

▌ 다중 쿼리(복잡한 쿼리)

지금까지 제공된 정보를 통해 좀 더 복잡한 쿼리와 쿼리 작성 방법, 이를 통해 기대할 수 있는 내용을 이해할 수 있다. 다음 절에서는 지금까지 다룬 개념을 탐색하고 강화하고자 PromQL을 사용해야 하는 복잡한 시나리오를 살펴본다.

어떤 노드에서 노드 익스포터가 실행되고 있는가?

이 시나리오는 info 메트릭과 group_left 수정자와 같은 개념을 이해하는 데 도움이 되도록 설계돼 있다.

시나리오

쿠버네티스에서 실행할 때 노드 익스포터 파드의 문제를 해결해야 하며, 이 파드가 실행 중인 호스트를 알아야 할 것이다. 노드 익스포터 메트릭은 호스트가 아닌 파드이기 때문에 생성된 메트릭에 호스트 이름을 사용할 수 없다. 이 시나리오에서는 원래 해당 레이블이 없는 메트릭에 누락된 정보를 추가해야 한다. 이 시나리오의 또 다른 대안은 레이블 재지정을 통해 필요한 정보를 인스턴스 레이블에서 사용할 수 있게 하는 것이다.

PromQL 방법

다음 쿼리를 통해 node_exporter_build_info 메트릭을 노드 익스포터 파드를 실행하는 호스트 이름에 대한 정보가 있는 nodename이라는 또 다른 레이블로 확장할 수 있다.

예제에서는 다음과 같은 인스턴트 벡터가 있다.

```
node_exporter_build_info
```

다음과 같은 결과를 출력한다.

```
node_exporter_build_info{branch="HEAD",endpoint="nodeexporter",
goversion="go1.11.2",
instance="10.0.2.15:9100",job="node-exporter-service",namespace="monitoring",
```

```
pod="node-exporterr88r6", revision="f6f6194a436b9a63d0439abc585c76b19a206b21",
service="node-exporter-service",version="0.17.0"} 1
```

또한 node_uname_info에는 nodename 레이블이 있다.

```
node_uname_info
```

다음 출력과 같을 것이다.

```
node_uname_info{domainname="(none)",endpoint="node-exporter",
instance="10.0.2.15:9100",job="node-exporter-service",machine="x86_64",
namespace="monitoring",nodename="minikube",pod="node-exporter-r88r6",
release="4.15.0",service="node-exporter-service",sysname="Linux", version="#1 SMP
Fri Dec 21 23:51:58 UTC 2018"} 1
```

앞에서 설명한 것처럼 정보 유형^{info type} 메트릭인 node_uname_info 항목에서 group_left를 사용해 다음 표현식처럼 node_exporter_build_info 메트릭 항목에 nodename 레이블을 추가한다.

```
node_exporter_build_info * on (pod, namespace) group_left (nodename) node_uname_info
```

결과는 다음 코드 조각에서 확인할 수 있다.

```
{branch="HEAD",endpoint="node-exporter",goversion="go1.11.2",
instance="10.0.2.15:9100",job="node-exporter-service",
namespace="monitoring", nodename="minikube",pod="node-exporterr88r6",
revision="f6f6194a436b9a63d0439abc585c76b19a206b21",
service="node-exporter-service",version="0.17.0"} 1
```

다른 버전의 CPU 사용량 비교

이번 시나리오는 이전 시나리오와 유사하지만, 다른 소스의 메트릭을 결합하고 서로 함께 정상적으로 작동하게 만든다.

시나리오

처리량이나 리소스 사용량 측면에서 서로 다른 소프트웨어 버전이 어떻게 다른 동작을 하는지 관찰하기를 원할 수도 있을 것이다. 명확한 용어로 업그레이드 전/후에 패턴을 그래프로 표시하는 것이 분석하기에 더 쉬울 수 있다. 이번 예제에서는 node_exporter의 업그레이드 전/후에 컨테이너의 CPU 사용량을 살펴본다.

이 예제를 위해 몇 가지 기억할 사항은 node_exporter가 컨테이너로 실행되고 있으며, 이는 실제 시나리오에서는 권고하지 않는 것이라는 점이다. 또한 기본적으로 애플리케이션에서 네이티브하게 직접 수집되는 process_cpu_seconds_total 대신 cAdvisor의 container_cpu_usage_seconds_total을 사용해야 컨테이너화된 모든 프로세스에 적용할 수 있고 메트릭을 통합할 수 있다.

PromQL 접근법

container_cpu_usage_seconds_total 메트릭은 각 컨테이너가 실행하는 데 사용하는 초 단위의 CPU 사용량을 제공하며, cAdvisor의 내보내기 익스포터에서 수집된다. node_exporter 버전은 node_exporter_build_info 메트릭에서 찾을 수 있다. 컨테이너 메트릭은 cAdvisor에서 제공되기 때문에 다소 어려운 부분이 있지만, cAdvisor의 메트릭에 등록된 컨테이너와 파드는 타깃 파드에서 수집되는 것이 아니고 cAdvisor 자체의 메트릭이다. 그러나 container_label_io_kubernetes_container_name과 container_label_io_kubernetes_pod_name 레이블에서 컨테이너와 파드의 이름을 찾을 수 있을 것이다.

1분의 롤링 윈도우 조건에서 먼저 각 파드가 사용하는 초당 평균 CPU 수를 얻는다.

```
sum by (container_label_io_kubernetes_pod_name)
(rate(container_cpu_usage_seconds_total{container_label_io_kubernetes_container_name="node-exporter"}[1m])
```

그런 다음 node_exporter_build_info에서 새로운 레이블을 생성하고 일치시킨다. 레이블을 읽어 다른 레이블에 쓰기 때문에 label_join이나 label_replace 중 하나를 사용할 수 있다.

```
label_join(node_exporter_build_info,
"container_label_io_kubernetes_pod_name", "", "pod")
```

또는 다음 코드를 사용할 수 있다.

```
label_replace(node_exporter_build_info,
"container_label_io_kubernetes_pod_name", "$1", "pod", "(.+)")
```

마지막으로 on()을 사용해 공통 레이블인 continer_label_io_kubernetes_pod_name의 두 메트릭을 일치시킨 다음 group_left()를 사용해 버전 레이블을 CPU 표현식의 레이블 셋에 연결시킨다.

전체를 살펴보면 다음과 같다.

```
sum by (container_label_io_kubernetes_pod_name) (
rate(container_cpu_usage_seconds_total{container_label_io_kubernetes_container_name="node-exporter"}[1m])
)
* on (container_label_io_kubernetes_pod_name)
group_left (version)
```

```
label_replace(node_exporter_build_info,
 "container_label_io_kubernetes_pod_name", "$1", "pod", "(.+)")
```

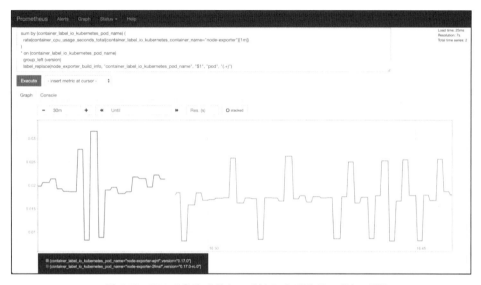

그림 7.13 CPU 사용에 대한 노드 익스포터 버전 업그레이드 영향

모든 것이 처음에는 복잡해 보일 수 있지만, 이러한 개념을 실습해보면 좀 더 쉽게 이해할 수 있고 적용할 수 있다.

▌ 요약

7장에서는 바이너리 연산자, 벡터 일치 및 집계와 같은 개념을 다루는 셀렉터에서 함수에 이르기까지 PromQL의 기본 사항을 알아봤다. 일반적인 패턴과 함정을 살펴보면서 간단한 쿼리 이상의 기능을 제공하는 방법과 SLI 및 SLO의 설계와 관리를 돕는 필수 인프라 도구가 된 방법을 소개했다. 또한 PromQL이 빛나는 몇 가지 시나리오와 복잡한 쿼리를 너무 어렵지 않게 이해했다.

8장에서는 건강한 프로메테우스 설정을 검증하고 문제를 신속하게 해결해 모니터링 스택의 안정성을 보장하는 방법을 알아본다.

❙ 질문

1. PromQL에서 사용할 수 있는 6가지 비교 연산자는 무엇인가?
2. group_left 수정자 대신 group_right 수정자를 언제 사용해야 하는가?
3. topk 집계 연산자를 적용할 때 sort() 함수를 사용하면 안 되는 이유는 무엇인가?
4. rate()와 irate()의 주요 차이점은 무엇인가?
5. 어떤 유형의 메트릭에 _info 접미사가 있으며, 그 목적은 무엇인가?
6. 집계 후 증가율을 계산해야 하는가? 증가율을 합산한 다음 집계해야 하는가?
7. 지난 5분 동안 평균 CPU 사용량을 어떻게 얻을 수 있는가?

❙ 더 읽을거리

- 프로메테우스 쿼리: https://prometheus.io/docs/prometheus/latest/querying/basics/
- SRE 도서 - 서비스 레벨 목표: https://landing.google.com/sre/srebook/chapters/service-level-objectives/

08

트러블슈팅과 검증

트러블슈팅 자체는 하나의 예술이며, 8장에서는 문제를 신속하게 감지하고 해결하는 방법의 유용한 지침을 제공한다. 중요한 정보를 노출하는 유용한 엔드포인트와 promtool, 프로메테우스의 커맨드라인 인터페이스와 유효성 검사 도구를 알아보고, 이를 일상적인 워크플로우에 통합하는 방법을 알아본다. 마지막으로 프로메테우스 데이터베이스를 살펴보고, 사용에 관련된 통찰력 있는 정보를 수집한다.

8장에서 다루는 내용은 다음과 같다.

- 테스트 환경
- promtool 탐색
- 로그와 엔드포인트 검증
- 시계열 데이터베이스 분석

▌ 테스트 환경

8장에서는 프로메테우스 서버에 초점을 맞출 것이고, 새로운 테스트 환경을 사용해 다루는 모든 개념을 적용할 수 있도록 새로운 인스턴스를 배포한다.

배포

새로운 프로메테우스 인스턴스를 만들려면 다음과 같이 올바른 저장소 경로로 이동한다.

```
cd chapter05/
```

다른 테스트 환경이 실행되고 있는지 확인하고 다음과 같이 8장의 환경을 시작한다.

```
vagrant global-status
vagrant up
```

다음 명령어를 사용해 테스트 환경이 성공적으로 배포됐는지 검증할 수 있다.

```
vagrant status
```

다음과 같은 출력이 표시된다.

```
Current machine states:

prometheus running (virtualbox)

The VM is running. To stop this VM, you can run `vagrant halt` to shut it down
forcefully, or you can run `vagrant suspend` to simply suspend the virtual machine.
In either case, to restart it again, simply run `vagrant up`.
```

새로운 프로메테우스 인스턴스를 관찰할 수 있으며, 프로메테우스 웹 인터페이스는 http://192.168.42.10:9090으로 접근할 수 있다.

다음 명령어를 실행해 프로메테우스 인스턴스에 접속할 수 있다.

```
vagrant ssh prometheus
```

프로메테우스 인스턴스에 연결됐으므로 8장에서 설명하는 지침을 확인할 수 있다.

정리

테스트를 마쳤으면 chapter08/ 경로 내에 있는지 확인하고 다음을 실행한다.

```
vagrant destroy -f
```

필요한 경우 쉽게 환경을 재구성할 수 있다.

▌ promtool 탐색

프로메테우스는 promtool이라는 매우 유용한 커맨드라인 도구를 제공한다. 이 작은 Golang 바이너리는 여러 문제 해결 작업을 신속하게 수행하는 데 사용할 수 있으며, 유용한 하위 명령어들을 제공한다.

사용 가능한 기능은 네 가지 분류로 나눌 수 있고 다음 절에서 다룬다.

체크

체크[Checks] 범주에 속하는 하위 명령어들은 프로메테우스 서버와 메트릭 표준 준수의 여러 구성 측면을 확인하고 검증할 수 있는 기능을 사용자에게 제공한다. 다음 절에서는 해당 사용법을 설명한다.

check config

promtool에서 제공하는 체크의 몇 가지 유형이 있다. 가장 중요한 것 중 하나는 프로메테우스 서버의 기본 환경설정 파일을 확인하는 것이다.

check config는 프로메테우스 기본 환경설정 파일의 경로를 예상하고 환경설정의 유효성에 대한 평가를 출력한다. 무언가가 잘못됐을 때 이 하위 명령어는 사용자에게 문제가 무엇인지 알릴 수 있다. 빈 디스커버리 파일처럼 깨지지 않는 문제인 경우 경고를 출력하지만 promtool이 성공하면 종료된다. 잘못된 구문과 같은 에러가 발생하면 에러가 출력되고 실패로 체크될 것이다. promtool에서 반환한 종료 코드(성공 시 0, 실패 시 1)를 사용하면 재시작할 때 환경설정 변경으로 인해 프로메테우스가 중단되지 않도록 할 수 있다. 프로메테우스 서버 구동 전에 사전 체크용으로 사용돼야 한다. 메인 환경설정 파일 이외에도 이 옵션은 규칙 파일과 같은 참조된 파일을 재귀적으로 검사한다.

다음 예는 사용법을 보여준다.

```
vagrant@prometheus:~$ promtool check config /etc/prometheus/prometheus.yml
Checking /etc/prometheus/prometheus.yml
    SUCCESS: 1 rule files found

Checking /etc/prometheus/first_rules.yml
    SUCCESS: 1 rules found
```

check rules

check rules는 규칙 환경설정 파일의 잘못된 환경설정을 분석하고 정확하게 지적한다. 특정 규칙 파일을 직접 타깃팅할 수 있어 기본 프로메테우스 환경설정에서 아직 참조되지 않은 파일을 테스트할 수 있다. 이 기능은 규칙 파일의 개발 주기와 환경설정 관리를 사용할 때 해당 파일의 변경 사항을 자동으로 확인하는 데 유용할 수 있다. 이러한 개념을 9장에서 자세히 다룬다.

다음은 규칙 파일을 검사할 때 예상되는 출력이다.

```
vagrant@prometheus:~$ promtool check rules /etc/prometheus/first_rules.yml
Checking /etc/prometheus/first_rules.yml
    SUCCESS: 1 rules found
```

check metrics

check metrics 하위 명령어는 전달된 메트릭이 일관성과 정확성 측면에서 프로메테우스 가이드라인을 따르는지 여부를 확인한다. 이 기능은 개발 단계에서 새로운 측정이 표준을 준수하는지 확인하는 데 유용하다. 이 뿐만 아니라 새 작업이 동일한 규칙을 따르는지 여부를 제어할 수 있는 경우 자동화에서 사용할 수 있다. STDIN을 사용해 메트릭 페이로드를 입력하므로 파일이나 curl의 출력을 직접 파이프할 수 있다. 이 예제를 통해 2.8.0 이전 버전의 프로메테우스에서 발생했던 문제를 알 수 있다.[1]

```
~$ curl -s http://prometheus:9090/metrics | promtool check metrics
prometheus_tsdb_storage_blocks_bytes_total non-counter metrics should not have
"_total" suffix
```

---

1. 책에서 제공하는 저장소의 프로메테우스 버전인 2.9.2에서는 결과가 나오지 않는다.

prometheus_tsdb_storage_blocks_bytes_total 메트릭에 문제가 있는 것으로 보인다. 이러한 특정 메트릭을 살펴보고 에러 문제를 해결해보자.

```
~$ curl -s http://prometheus:9090/metrics | grep
prometheus_tsdb_storage_blocks_bytes_total
# HELP prometheus_tsdb_storage_blocks_bytes_total The number of bytes that are
currently used for local storage by all blocks.
# TYPE prometheus_tsdb_storage_blocks_bytes_total gauge
prometheus_tsdb_storage_blocks_bytes_total 0
```

이러한 이전 버전의 프로메테우스에서는 메트릭이 게이지로 선언됐지만 카운터에서만 사용해야 하는 _total 접미사가 있는 것으로 보인다.

쿼리

쿼리[Queries] 범주에 속하는 하위 명령어는 커맨드라인에서 직접 PromQL 표현식을 실행할 수 있다. 이러한 쿼리는 프로메테우스 공개 HTTP API에 의존한다. 다음 절에서는 쿼리를 사용하는 방법을 보여준다.

query instant

query instant 하위 명령어를 사용하면 현재 시간을 기반으로 커맨드라인을 통해 프로메테우스 서버에 직접 쿼리할 수 있다. 작동하려면 프로메테우스 서버 URL을 인수로 제공해야 하며, 다음과 같이 실행할 쿼리가 있어야 한다.

```
vagrant@prometheus:~$ promtool query instant 'http://prometheus:9090' 'up == 1'
up{instance="prometheus:9090", job="prometheus"} => 1 @[1550609854.042]
up{instance="prometheus:9100", job="node"} => 1 @[1550609854.042]
```

query range

이전 하위 명령어와 마찬가지로 **query range**를 사용하면 지정된 시간 범위에 대해 결과를 표시할 수 있다. 따라서 쿼리와 프로메테우스 서버 엔드포인트뿐만 아니라 유닉스 형식의 타임스탬프 시작과 끝 정보를 입력해야 한다.

예를 들면 **date** 명령어를 사용해 시작과 종료 타임스탬프를 정의하고 5분 전의 유닉스 형식의 타임스탬프를 생성하고 현재 타임스탬프를 생성한다. 또한 **--step** 플래그를 사용해 예와 같이 1분 단위로 쿼리의 해상도를 지정할 수 있다. 마지막으로 위와 유사한 커맨드로 실행되는 PromQL 표현식을 확인할 수 있다.

```
vagrant@prometheus:~$ promtool query range --start=$(date -d '5 minutes ago' +'%s')
--end=$(date -d 'now' +'%s') --step=1m 'http://prometheus:9090'
'node_network_transmit_bytes_total{device="eth0",instance="prometheus:9100"
,job="node"}'
node_network_transmit_bytes_total{device="eth0", instance="prometheus:9100",
job="node"} =>
139109 @[1551019990]
139251 @[1551020050]
139401 @[1551020110]
139543 @[1551020170]
139693 @[1551020230]
140571 @[1551020290]
```

테스트 환경에서 사용할 수 있는 date 커맨드는 맥OS에서 사용할 수 있는 BSD 기반 명령어와 다른 GNU coreutils에서 가져온 것이다. 위 커맨드는 두 환경 사이에 호환되지 않을 수 있다.

query series

query series 하위 명령어를 사용해 메트릭 이름이나 레이블 셋과 일치하는 모든 시계열을 검색할 수 있다. 사용하는 방법은 다음과 같다.

```
vagrant@prometheus:~$ promtool query series 'http://prometheus:9090' -- match='up'
--match='go_info{job="prometheus"}'
{__name__="go_info", instance="prometheus:9090", job="prometheus",
version="go1.11.5"}
{__name__="up", instance="prometheus:9090", job="prometheus"}
{__name__="up", instance="prometheus:9100", job="node"}
```

query labels

query labels를 사용해 사용할 수 있는 모든 메트릭에서 특정 레이블을 검색하고 연결된 가능한 모든 값을 반환할 수 있다. 예를 들면 다음과 같다.

```
vagrant@prometheus:~$ promtool query labels 'http://prometheus:9090' 'mountpoint'
/
/run
/run/lock
/run/user/1000
/vagrant
/var/lib/lxcfs
```

디버그

디버그[Debug] 범주에 속하는 하위 명령어를 사용하면 실행 중인 프로메테우스 서버에서 디버그 데이터를 추출해 분석할 수 있다. 디버그를 사용하는 방법을 시연해보자.

266

debug pprof

프로메테우스 서버는 Go로 작성된 가장 중요한 소프트웨어로, 특정 형식을 사용해 런타임 프로파일링 정보를 제공하는 pprof라는 표준 라이브러리의 패키지를 사용해 계측한다. 이 형식으로 생성된 파일은 프로파일링 데이터의 보고서와 시각화를 생성하는 데 사용하는 동일한 이름(pprof)을 가진 커맨드라인 도구로 읽을 수 있다. 다음 코드 조각에서 볼 수 있듯이 promtool은 debug pprof 하위 명령어를 제공한다.

```
vagrant@prometheus:~$ promtool debug pprof 'http://prometheus:9090'
collecting: http://prometheus:9090/debug/pprof/profile?seconds=30
collecting: http://prometheus:9090/debug/pprof/block
collecting: http://prometheus:9090/debug/pprof/goroutine
collecting: http://prometheus:9090/debug/pprof/heap
collecting: http://prometheus:9090/debug/pprof/mutex
collecting: http://prometheus:9090/debug/pprof/threadcreate
collecting: http://prometheus:9090/debug/pprof/trace?seconds=30
Compiling debug information complete, all files written in "debug.tar.gz".
```

이 명령어로 생성된 아카이브를 추출하면 몇 가지 파일을 볼 수 있다.

```
vagrant@prometheus:~$ tar xzvf debug.tar.gz
cpu.pb
block.pb
goroutine.pb
heap.pb
mutex.pb
threadcreate.pb
trace.pb
```

pprof를 사용해 다음 코드 조각에서 볼 수 있듯이 덤프 이미지를 생성할 수 있다.

```
vagrant@prometheus:~$ pprof -svg heap.pb > /vagrant/cache/heap.svg
```

테스트 환경에는 pprof 커맨드라인 도구를 사용할 준비가 돼 있다. 빌드와 배포 방법의 자세한 내용은 https://github.com/google/pprof에서 확인할 수 있다.

호스트 시스템의 ./cache/ 경로(저장소 루트에 상대적 경로) 아래의 코드 저장소 내에 브라우저에서 검사를 위해 열 수 있는 heap.svg라는 확장 가능한 벡터 그래픽 파일이 있어야 한다. 다음 화면은 이전 예제에서 생성된 파일을 브라우저에서 표시되는 내용을 보여준다.

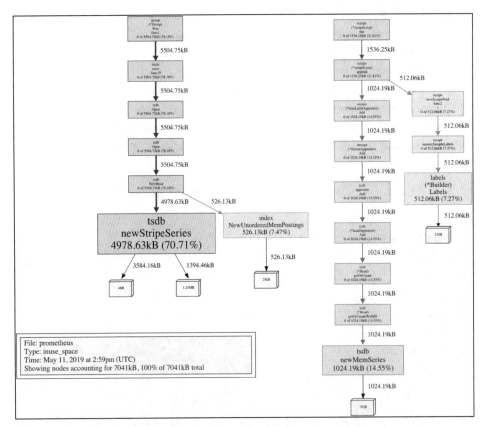

그림 8.1 pprof에 의해 생성된 힙(heap) 맵의 예

268

debug metrics

debug metrics 하위 명령어는 제공된 프로메테우스 인스턴스에 의해 노출된 메트릭을 압축된 아카이브로 다운로드한다. /metrics 프로메테우스 엔드포인트에 debug metrics 명령어로 누구든지 접근할 수 있기 때문에 일반적으로 해당 명령어는 사용하지 않는다. 요청 시 프로메테우스 인스턴스의 현재 상태를 외부(예, 프로메테우스 관리자)에 제공할 수 있도록 존재한다. debug metrics 하위 명령어는 다음과 같이 사용할 수 있다.

```
vagrant@prometheus:~$ promtool debug metrics 'http://prometheus:9090'
collecting: http://prometheus:9090/metrics
Compiling debug information complete, all files written in "debug.tar.gz".

vagrant@prometheus:~$ tar xzvf debug.tar.gz
metrics.txt

vagrant@prometheus:~$ tail -n 5 metrics.txt
# HELP promhttp_metric_handler_requests_total Total number of scrapes by HTTP status
code.
# TYPE promhttp_metric_handler_requests_total counter
promhttp_metric_handler_requests_total{code="200"} 284
promhttp_metric_handler_requests_total{code="500"} 0
promhttp_metric_handler_requests_total{code="503"} 0
```

debug all

이 옵션은 다음 예에서 볼 수 있듯이 이전 디버그 하위 명령어들을 단일 지시어로 집계한다.

```
vagrant@prometheus:~$ promtool debug all 'http://prometheus:9090'
collecting: http://prometheus:9090/debug/pprof/threadcreate
collecting: http://prometheus:9090/debug/pprof/profile?seconds=30
collecting: http://prometheus:9090/debug/pprof/block
```

```
collecting: http://prometheus:9090/debug/pprof/goroutine
collecting: http://prometheus:9090/debug/pprof/heap
collecting: http://prometheus:9090/debug/pprof/mutex
collecting: http://prometheus:9090/debug/pprof/trace?seconds=30
collecting: http://prometheus:9090/metrics
Compiling debug information complete, all files written in "debug.tar.gz".
```

테스트

최근에 promtool은 정의된 레코딩과 알림 규칙에 대해 단위 테스트를 실행할 수 있는 기능을 갖고 있다. 이 기능은 표현식이 이전에 없었던 특정 조건과 일치하는지 확인해야 할 때 매우 유용하다. 따라서 타임 벡터 등의 시간을 적용할 때 제대로 작동하는지 확인하기가 어렵다. 이 하위 명령어는 **test rules**라고 하며, 하나 이상의 테스트 파일을 인수로 사용한다. 나중에 이 기능을 자세히 설명한다. 9장에서 규칙을 가장 잘 활용하는 방법을 설명한다.

▌ 로그와 엔드포인트 검증

다음 절에서는 프로메테우스 인스턴스 문제를 해결하는 데 기본이 될 수 있는 몇 가지 유용한 HTTP 엔드포인트와 서비스 로그를 살펴본다.

엔드포인트

일반적으로 프로메테우스가 실행 중인지 확인하는 것은 매우 간단하다. 대부분의 클라우드-네이티브 애플리케이션 서비스 상태에서 사용하는 규칙을 따른다. 서비스가 정상인지 확인하는 엔드포인트 수신 요청을 처리할 준비가 됐는지 확인하는 엔드포인트를 사용한다. 과거에 쿠버네티스^{Kubernetes}를 사용하거나 사용 경험이 있는 사용자에게는 익숙할 수 있다. 실제로 쿠버네티스는 이러한 규칙을 사용해 컨테이너를 다시 시작해야 하는지(예, 애플리케이션 데드락^{deadlocks} 상태가 되거나 health probes가 응답하지 않는 경우) 컨테이너에 트래픽 전송을 시작할 수 있는지 여부를 확인할 때 사용한다. 프로메테우스에서는 /-/healthy와 /-/ready 엔드포인트를 사용한다.

테스트 환경에서 다음 명령어를 실행해서 엔드포인트를 통해 상태 출력과 HTTP 상태 코드를 직접 확인할 수 있다.

```
vagrant@prometheus:~$ curl -w "%{http_code}\n"
http://localhost:9090/-/healthy
Prometheus is Healthy.
200

vagrant@prometheus:~$ curl -w "%{http_code}\n"
http://localhost:9090/-/ready
Prometheus is Ready.
200
```

TIP 전통적인 인프라 환경에서 프로메테우스 인스턴스는 단 한 번의 헬스 체크만 설정할 수 있다. 따라서 프로메테우스 인스턴스 앞단에 로드밸런서를 사용해 엔드포인트 백엔드 상태 프로브를 위해 레디니스(readiness) 엔드포인트를 사용하는 것이 일반적이다. 레디니스 엔드포인트를 사용하면 트래픽을 허용할 준비가 된 인스턴스로만 라우팅한다.

추가적으로 프로메테우스는 앞 절에서처럼 **promtool debug pprof** 명령어에서 사용되는 /debug/pprof/ 엔드포인트를 노출한다. 또한 이 엔드포인트는 현재 고루틴^{goroutines}과 스택 추적^{stack traces}, 힙 할당^{heal allocations}, 메모리 할당^{memory allocations} 등과 같은 **pprof** 디버그 정보를 참조할 수 있는 탐색 가능한 웹 UI에 노출한다.

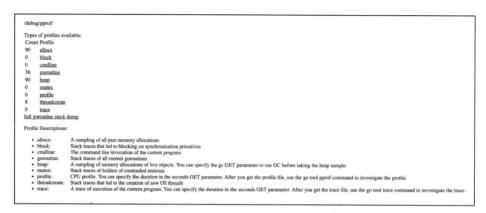

그림 8.2 프로메테우스 서버/디버그/pprof 엔드포인트에서 사용할 수 있는 정보

로그

프로메테우스 로깅은 대부분의 최신 소프트웨어와 비교할 때 매우 간결하다. 외부 로깅은 성능 문제로 이어질 수 있으므로 프로메테우스 메인테이너^{maintainer}가 매우 의식적으로 노력한 것이다.

또한 다른 로그 스트림(예, 애플리케이션 로그, 액세스 로그와 느린 쿼리 로그)을 표준 출력에 기록하지 않고 지원해서 애플리케이션 로그를 다른 유형의 로그로 스팸화하면 프로메테우스가 파일에 대한 쓰기를 명시적으로 지원하게 되며, 이는 클라우드 네이티브 환경에서는 바람직하지 않다.

`--log.level` 플래그를 설정해 애플리케이션 로그 세부 정보를 늘리도록 프로메테우스를 구성할 수 있다. 예를 들어 실패한 스크레이핑은 정상적인 운영상의 동작으로 간주되므로 로그에 나타나지 않는다. 그러나 로그 세부 정보를 debug 로그 수준으로 높이면 기록할 수 있다.

8장의 테스트 환경에서 프로메테우스 인스턴스는 이미 debug로 설정된 로그 레벨로 설정돼 있다. 다음을 실행해 이를 확인할 수 있다.

```
vagrant@prometheus:~$ sudo systemctl cat prometheus.service
```

관련 절에는 다음과 같은 플래그가 설정돼 있어야 한다.

```
ExecStart=/usr/bin/prometheus \
    --log.level=debug \ --config.file=/etc/prometheus/prometheus.yml \
    --storage.tsdb.path=/var/lib/prometheus/data \
    --web.console.templates=/usr/share/prometheus/consoles \
    --web.console.libraries=/usr/share/prometheus/console_libraries
```

이제 스크레이핑이 실패할 때 어떤 일이 일어나는지 알 수 있다. 이를 위해 테스트 환경에서 node_exporter 서비스를 중지하고 프로메테우스 로그를 살펴볼 수 있다.

```
vagrant@prometheus:~$ sudo service node-exporter stop
vagrant@prometheus:~$ sudo journalctl -fu prometheus | grep debug
Feb 23 15:28:14 prometheus prometheus[1438]: level=debug
ts=2019-02-23T15:28:14.44856006Z caller=scrape.go:825 component="scrape manager"
scrape_pool=node target=http://prometheus:9100/metrics msg="Scrape failed"
err="Get http://prometheus:9100/metrics: dial tcp 192.168.42.10:9100: connect:
connection refused"
Feb 23 15:28:29 prometheus prometheus[1438]: level=debug
ts=2019-02-23T15:28:29.448826505Z caller=scrape.go:825 component="scrape manager"
scrape_pool=node target=http://prometheus:9100/metrics msg="Scrape failed"
err="Get http://prometheus:9100/metrics: dial tcp 192.168.42.10:9100: connect:
connection refused"
```

▌ 시계열 데이터베이스 분석

프로메테우스 서버의 핵심 구성 요소는 시계열 데이터베이스다. 시계열 데이터베이스의 사용량을 분석할 수 있어야 시계열 이탈Churn과 카디널리티 문제를 감지할 수 있다.

이러한 맥락에서 이탈은 원본 타깃 수집이 중단되거나 한 스크레이핑에서 다음 스크레이핑으로 사라지는 유효 기간이 지난 시계열을 나타내며, 다음에는 다른 ID를 가진 새 시계열이 수집되기 시작한다.

일반적인 이탈의 예는 파드 인스턴스 IP 주소가 변경돼 이전 시계열을 더 이상 사용하지 않고 새로운 시계열로 대체하는 쿠버네티스 애플리케이션 배포 방식과 관련이 있다. 관련성이 없는 샘플이 반환될 수 있기 때문에 쿼리할 때 성능에 영향을 준다.

고맙게도 프로메테우스 데이터베이스의 소스코드 내에 시계열을 분석할 수 있는 모호한 도구가 있으며, 이름은 tsdb다.

 https://github.com/prometheus/tsdb/에서 tsdb 도구의 소스코드를 찾을 수 있다. 적절한 Go 툴체인이 설치된 시스템에서 go get github.com/prometheus/tsdb/cmd/tsdb를 실행해 쉽게 구축할 수 있다.

tsdb 도구 사용

tsdb 도구는 프로메테우스의 전체 데이터베이스나 특정 데이터 블록에 실행할 수 있으며, 해당 데이터의 상태에 대한 유용한 정보를 출력한다. 이 도구를 실행하려면 프로메테우스 서버가 중지됐는지 확인해야 한다.

```
vagrant@prometheus:~$ sudo systemctl stop prometheus
```

프로메테우스 데이터베이스 경로를 타깃으로 tsdb 도구를 실행한다. 간결한 출력을 위해 섹션당 세 개의 항목으로 제한한다. 인수로 지정된 블록 이름이 없으면 사용 가능한 마지막 블록 이름이 사용된다.

```
vagrant@prometheus:~$ sudo tsdb analyze --limit=3 /var/lib/prometheus/data/
```

출력은 몇 개의 섹션으로 나뉜다. 제목에서 다음 항목을 포함하고 있는 블록에 대한 요약을 찾을 수 있다.

- 전체 경로 위치
- 블록 기간(표준 프로메테우스를 배포할 때 기본값은 2시간이다)
- 블록에 포함된 시계열과 레이블 이름 수
- 인덱스 항목 수와 관련된 통계

이전 명령어에 의해 생성된 출력을 볼 수 있다.

```
Block path: /var/lib/prometheus/data/01D48RFXXF27F91FVNGZ107JCK
Duration: 2h0m0s
Series: 819
Label names: 40
Postings (unique label pairs): 592
Postings entries (total label pairs): 3164
```

테스트 환경에서 이탈은 실제로 문제가 되지 않지만 이탈을 생성하는 데 가장 높은 비율로 어떤 레이블 쌍이 감지됐는지 확인할 수 있다.

```
Label pairs most involved in churning:
112 job=node
112 instance=prometheus:9100
111 instance=prometheus:9090
```

다음으로 가장 높게 이탈하는 레이블 이름을 찾을 수 있다.

```
Label names most involved in churning:
224 instance
224 __name__
224 job
```

레이블 이름 이탈 출력 다음에 가장 많이 나오는 레이블 쌍이 표시된다.

```
Most common label pairs:
413 job=node
413 instance=prometheus:9100
406 instance=prometheus:9090
```

마지막으로 아래 섹션에서 높은 카디널리티 순으로 레이블을 확인할 수 있다.

```
Highest cardinality labels:
394 __name__
66 le
30 collector
```

 __name__은 메트릭 이름을 저장하는 내부 레이블이므로 정상적인 프로메테우스 시스템에서는 카디널리티가 가장 높은 레이블로 간주된다. 메트릭 이름을 레이블로 사용할 수 있는 것을 명심하고, 카디널리티가 갑자기 증가할 수 있음을 주의해야 한다.

마지막으로 메트릭 이름에 대한 통계를 확인할 수 있다.

```
Highest cardinality metric names:
30 node_scrape_collector_duration_seconds
30 node_scrape_collector_success
20 prometheus_http_request_duration_seconds_bucket
```

앞 통계는 2시간 블록 단위로 수집된다. 그러나 topk(3, count({__name__=~".+"}) by (__name__))와 같은 쿼리를 사용해서 표현식 브라우저를 통해 주어진 순간에 쿼리할 수도 있다.

앞에서 설명한 것처럼 분석할 다른 블록을 선택할 수 있다.

```
vagrant@prometheus:~$ ls -l /var/lib/prometheus/data/
total 28
drwxr-xr-x 3 prometheus prometheus 4096 Feb 21 21:15 01D45Z3QCP8D6135QNS4MEPJEK/
drwxr-xr-x 3 prometheus prometheus 4096 Feb 21 21:15 01D486GRJTNYJH1RM0F2F4Q9TR/
drwxr-xr-x 4 prometheus prometheus 4096 Feb 21 21:15 01D48942G83N129W5FKQ5B3XCH/
drwxr-xr-x 4 prometheus prometheus 4096 Feb 21 21:15 01D48G04625Y6AKQ3Z63YJVNTQ/
drwxr-xr-x 3 prometheus prometheus 4096 Feb 21 21:15 01D48G048ECAR9GZ7QY1Q8SQ6Z/
drwxr-xr-x 4 prometheus prometheus 4096 Feb 21 21:15 01D48RFXXF27F91FVNGZ107JCK/
-rw-r--r-- 1 prometheus prometheus    0 Feb 19 23:16 lock
drwxr-xr-x 2 prometheus prometheus 4096 Feb 19 23:16 wal/

vagrant@prometheus:~$ sudo tsdb analyze /var/lib/prometheus/data
01D486GRJTNYJH1RM0F2F4Q9TR
```

tsdb 보고report는 메트릭과 레이블이 사용되는 방식을 깊이 이해할 수 있게 하며, 타깃을 탐색하고 검증할 적합한 후보를 정확히 찾는 데 도움이 된다.

요약

8장에서는 프로메테우스 환경설정 문제와 성능을 해결하고 분석하는 유용한 도구 몇 가지를 실습했다. promtool로 시작해 사용 가능한 모든 옵션을 살펴봤다. 그런 다음 여러 엔드포인트와 로그를 사용해 예상한 대로 작동하는지 확인했다. 마지막으로 tsdb 도구를 사용해 프로메테우스 데이터베이스에서 카디널리티, 메트릭이나 레이블의 이탈과 관련된 문제를 해결하고 정확히 찾아내는 방법을 설명했다.

9장에서는 알림과 레코딩 규칙을 알아본다.

▌ 질문

1. 프로메테우스 환경설정 파일에 문제가 있는지 어떻게 확인할 수 있는가?
2. 타깃에 의해 노출된 메트릭이 프로메테우스 표준에 부합하는지 어떻게 평가할 수 있는가?
3. promtool을 사용하면 인스턴트 쿼리를 어떻게 수행할 수 있는가?
4. 사용되는 모든 레이블 값을 어떻게 찾을 수 있는가?
5. 프로메테우스 서버에서 디버그 로그를 어떻게 활성화하는가?
6. ready와 healthy 엔드포인트의 차이점은 무엇인가?
7. 프로메테우스 데이터의 오래된 블록에서 레이블의 이탈을 어떻게 찾을 수 있는가?

▌ 더 읽을거리

- Golang pprof: https://golang.org/pkg/runtime/pprof/

3부

대시보드와 알림

3부에서는 프로메테우스에서 의미 있는 알림과 레코딩 규칙을 생성하고, 그라파나를 최대한 활용하며, 알림 매니저에서 복잡한 알림 라우팅을 설정할 수 있다.

3부에는 다음 장들을 포함한다.

- 9장, 알림[arting]과 레코딩 규칙[recording rules] 정의
- 10장, 그라파나[Grafana] 대시보드 검색과 생성
- 11장, 알림 매니저[Alertmanager]

알림과 레코딩 규칙 정의

레코딩 규칙은 프로메테우스의 유용한 개념이다. 이를 사용하면 무거운 쿼리의 속도를 높이고 PromQL에서 서브쿼리를 사용할 수 있다. 그렇지 않으면 비용이 많이 든다. 알림 규칙은 레코딩 규칙과 유사하지만 알림별로 의미가 있다. 테스트는 모든 시스템의 기본이므로 배포 전에 레코딩과 알림 규칙이 예상대로 작동하는지 확인하는 방법을 9장에서 배울 수 있다. 이러한 구조를 이해하면 프로메테우스의 알림 기능을 활성화할 뿐만 아니라 더욱 빠르고 강력하게 구성할 수 있다.

9장에서 다루는 내용은 다음과 같다.

- 테스트 환경
- 규칙 평가의 작동 방식 이해
- 프로메테우스 알림 설정

- 규칙 테스트

┃ 테스트 환경

9장에서는 프로메테우스 서버에 중점을 두고 새로운 인스턴스를 배포해 해당 개념을 적용할 수 있게 한다.

배포

먼저 프로메테우스의 새 인스턴스를 만들어 서버에 배포한다.

1. 프로메테우스의 새 인스턴스를 만들려면 올바른 저장소 경로로 이동한다.

```
cd chapter09/
```

2. 실행 중인 다른 테스트 환경이 없는지 확인하고 9장의 환경을 구동한다.

```
vagrant global-status
vagrant up
```

3. 다음 명령어를 사용해 테스트 환경의 성공적인 배포를 확인할 수 있다.

```
vagrant status
```

다음과 같은 출력이 표시된다.

```
Current machine states:
```

```
prometheus                    running (virtualbox)

The VM is running. To stop this VM, you can run `vagrant halt` to shut it down
forcefully, or you can run `vagrant suspend` to simply suspend the virtual
machine. In either case, to restart it again, simply run `vagrant up`.
```

새로운 프로메테우스 인스턴스를 관찰할 수 있으며, 프로메테우스 웹 인터페이스는
http://192.168.42.10:9090으로 접근할 수 있다.

다음 명령어를 실행해 프로메테우스 인스턴스에 접속할 수 있다.

```
vagrant ssh prometheus
```

프로메테우스 인스턴스에 연결됐으므로 9장에서 설명하는 지침을 확인할 수 있다.

정리

테스트를 마쳤으면 chapter09/ 내에 있는지 경로를 확인하고 다음을 실행한다.

```
vagrant destroy -f
```

필요한 경우 쉽게 환경을 재구성할 수 있다.

규칙 평가의 작동 방식 이해

프로메테우스는 PromQL 표현식에 의해 생성된 시계열 데이터의 저장을 주기적으로
평가할 수 있다. 이를 규칙^{rule}이라고 한다. 규칙에는 두 가지 유형이 있는데, 9장에서
살펴본다. 이러한 규칙은 레코딩 규칙과 알림 규칙이다. 둘 다 동일한 평가 엔진을
공유하지만 목적에 약간의 차이가 있다는 것을 설명하겠다.

레코딩 규칙의 평가 결과는 설정에 지정된 시계열 데이터 샘플로, 프로메테우스 데이터베이스에 저장된다. 이러한 유형의 규칙은 고가의 쿼리를 사전 계산해 원시 데이터를 시계열로 집계한 다음 외부 시스템(예, 13장에서 설명할 페더레이션을 통한 상위 레벨의 프로메테우스 인스턴스)에 내보낼 수 있게 해서 무거운 대시보드의 부하를 줄이는 데 도움이 된다. 그리고 복합 범위 벡터 쿼리를 만드는 데 도움이 될 수 있다. 레코딩 규칙이 과거에 이를 수행할 수 있는 유일한 방법이었던 반면, 새로운 서브쿼리 구문을 이들에 대해 탐색적으로 사용할 수 있다.

규칙에서 평가된 PromQL 표현식이 비어 있지 않은 경우, 경고 규칙이 트리거된다. 이들은 시계열에 대한 알림이 프로메테우스에서 수행되는 메커니즘이다. 알림 규칙은 트리거할 때 새로운 시계열 데이터를 생성하지만 평가 결과를 샘플로 사용하지 않는다. 대신 설정에 정의된 추가 레이블뿐만 아니라 알림 이름과 상태를 레이블로 사용해 ALERTS 메트릭을 생성한다. 다음 절에서 더 자세히 살펴보겠다.

레코딩 규칙 사용

규칙은 기본 프로메테우스 환경설정 파일과 별도로 정의되며, 규칙에 따라 rule_files의 최상위 설정 키를 통해 환경설정 파일의 뒷부분에 포함된다. 그것들은 주기적으로 평가되며, 평가 간격은 global 내부의 evaluation_interval을 사용해 전역적으로 정의될 수 있다. 해당 평가 간격의 기본값은 1분이다.

테스트 환경과 함께 제공되는 설정을 보면 이를 확인할 수 있다.

```
vagrant@prometheus:~$ cat /etc/prometheus/prometheus.yml
global:
...
    evaluation_interval: 1m
...
rule_files:
```

```
    - "recording_rules.yml"
  ...
```

rule_files는 주요 프로메테우스 환경설정의 상대 경로나 절대 경로 목록을 가져온다. 또한 **glob**(유닉스 스타일 경로명 패턴 확장) 모듈을 사용해 디렉터리가 아닌 파일 이름을 일치시킬 수 있다. 예를 들어 /etc/prometheus/rules/*.yml. 규칙 파일의 변경 사항은 프로메테우스에 의해 자동으로 선택되지 않으므로 다시 로드해야 한다(5장에서 설명한 대로). 프로메테우스는 규칙 파일에서 에러가 발견되면 다시 로드하지 못하고 이전 설정을 사용해 계속 실행된다. 그러나 서버를 다시 시작하면 시작되지 않는다. 이러한 문제가 발생하지 않도록 promtool을 사용해 에러를 미리 테스트할 수 있다(8장에서 설명한 대로). 자동화를 사용해 규칙을 배포할 때 이러한 방법을 강력히 권장한다.

prometheus.yml 환경설정 파일과 마찬가지로 규칙 파일도 YAML 형식으로 정의된다. 실제 형식은 이해하기 매우 쉽다.

```
groups:
  - name: <group_name_1>
    interval: <evaluation_interval>
    rules:
    - record: <rule_name_1>
      expr: <promql_expression_1>
      labels:
  <label_name>: <label_value>
    ...
    - record: <rule_name_N>
      expr: <promql_expression_N>
...
- name: <group_name_N>
  ...
```

각 파일은 groups 키 아래에 하나 이상의 규칙 그룹을 정의한다. 각 그룹에는 name, 선택적 평가인 internal(기본적으로 기본 프로메테우스 환경설정 파일에 정의된 전역 평가 간격)과 규칙 목록이 있다. 각 규칙은 expr에 정의된 PromQL 표현식을 지정된 메트릭 이름으로 평가한 결과를 레코딩하도록 지시하고, 선택적으로 labels에 설정해 결과를 저장하기 전에 시계열 레이블 셋을 추가하거나 대체한다. 각 그룹의 규칙은 선언된 순서대로 순차적으로 평가되므로 규칙에 의해 생성된 시계열을 동일한 그룹 내의 후속 규칙에서 안전하게 사용할 수 있다. 규칙으로 생성된 샘플에는 규칙 그룹 평가 시간에 해당하는 타임스탬프가 있다. 다음 그림은 앞서 언급한 프로세스를 보여준다.

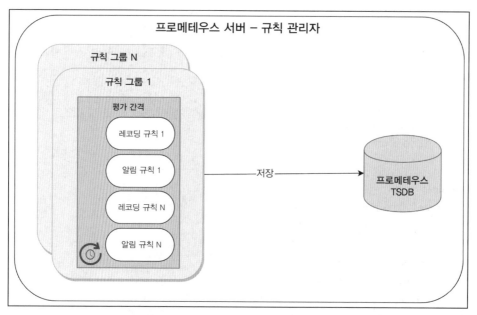

그림 9.1 규칙 관리자는 프로메테우스 내부 서브시스템으로, 그룹의 평가 간격에 따라 규칙을 정기적으로 평가하고 알림 라이프사이클을 관리한다.

9장 테스트 환경에서 사용할 수 있는 레코딩 규칙을 살펴보자.

```
vagrant@prometheus:~$ cat /etc/prometheus/recording_rules.yml
```

레코딩 규칙 파일에는 recording_rules와 different_eval_interval 그룹이 있다.

```
...
- name: recording_rules
  rules:
  - record: instance:node_cpu:count
    expr: count without (cpu) (count without (mode) (node_cpu_seconds_total))
...
```

첫 번째 규칙 그룹은 전역 평가 간격을 사용하는 단일 레코딩 규칙으로 구성된다. 노드 익스포터의 node_cpu_seconds_total 메트릭을 사용해 가상머신에서 사용 가능한 CPU 코어 수를 계산하고, 그 결과를 instance:node_cpu:count라는 새로운 시계열에 기록한다.

두 번째 규칙 그룹은 더 주기가 짧다. 그룹의 이전 규칙에 의해 생성된 시계열을 사용해 그룹에 대한 사용자 정의 평가 간격과 레코딩 규칙을 표시한다. 이러한 규칙이 다음 규칙 이름을 지정하는 규칙 섹션의 예제 역할을 하기 때문에 이러한 규칙이 정확히 무엇을 하는지는 설명하지 않지만, 평가 간격은 아래에서 확인할 수 있다.

```
...
- name: different_eval_interval
  interval: 5s
...
```

이 두 번째 규칙 그룹에서 평가 간격을 선언하면 prometheus.yml의 **global** 섹션에 있는 설정 셋을 무시한다. 이 그룹의 규칙은 지정된 빈도로 샘플을 생성한다. 이는 데모 목적으로만 수행한 것이다. 스크레이핑 작업과 같은 이유에 따라 서로 다른 간격을 설정하는 것은 권장되지 않는다. 샘플링 속도가 다른 시계열 데이터를 사용할 때 쿼리에서 잘못된 결과가 발생할 수 있으며, 관리할 수 없는 시계열이 무엇인지 주기적으로 추적해야 한다.

프로메테우스는 웹 사용자 인터페이스[UI, User Interface]에 상태 페이지를 제공해 사용자가 레코딩 규칙, 레코딩 상태, 각각의 마지막 평가 시간 및 실행 시간과 함께 로드된 규칙 그룹을 확인할 수 있다. 상단 바의 Status ❯ Rules로 이동해 이 페이지를 확인할 수 있다.

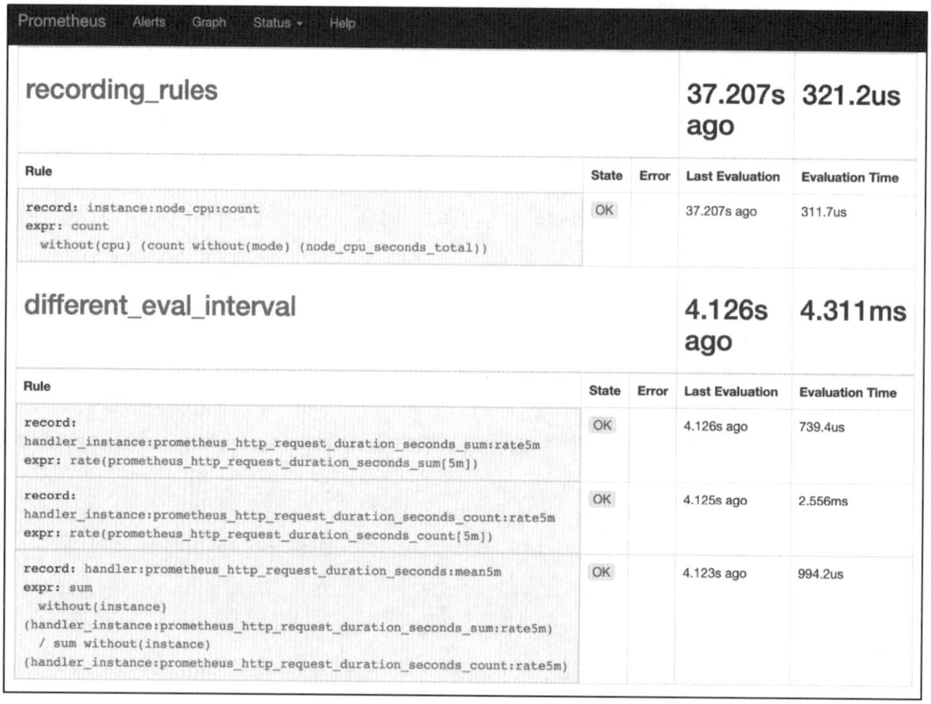

그림 9.2 /rules 엔드포인트를 보여주는 프로메테우스 웹 인터페이스

이 정보를 통해 이제 레코딩 규칙을 작성하는 방법의 기본 사항을 알아봤다. 다음으로 프로메테우스 커뮤니티에서 레코딩 규칙에 동의한 명명 규칙을 살펴본다.

레코딩 규칙의 명명 규칙

레코딩 규칙의 이름 유효성 검사는 메트릭 이름과 동일한 정규 표현식을 따르므로 기술적으로 다른 메트릭과 동일하게 규칙 이름을 지정할 수 있다. 그러나 레코딩 규칙의 이름을 지정할 때 명확한 표준을 사용하면 스크레이핑된 메트릭 중에서 규칙을 쉽게 식별하고 파생된 메트릭을 파악하면서 어떤 집계가 적용됐는지 이해할 수 있다.

프로메테우스 커뮤니티에서는 레코딩 규칙의 잘 정의된 명명 규칙을 지향한다. 이는 프로메테우스를 대규모로 운영한 다년간의 경험을 바탕으로 한다. 이렇게 하면 앞서 언급한 모든 이점을 올바르게 사용할 수 있다.

레코딩 규칙의 명명을 위한 권장 규칙은 콜론으로 구분된 세 개의 섹션으로 구성되며, `level:metric:operations` 형식을 따른다. 첫 번째 섹션은 규칙의 집계 레벨을 나타내며, 존재하고 관련 있는 레이블/차원을 나열한다(일반적으로 밑줄로 구분). 두 번째 섹션은 규칙의 기초가 된 메트릭 이름이고, 세 번째 섹션은 메트릭에 적용된 집계 작업을 나열한다.

9장에 제시된 레코드 규칙은 모두 이 규칙을 따르므로 테스트 환경에서 사용할 수 있는 두 번째 규칙 그룹을 살펴보자.

```
- record:
handler_instance:prometheus_http_request_duration_seconds_sum:rate5m
  expr: >
    rate(prometheus_http_request_duration_seconds_sum[5m])

- record:
handler_instance:prometheus_http_request_duration_seconds_count:rate5m
  expr: >
    rate(prometheus_http_request_duration_seconds_count[5m])

- record:
handler:prometheus_http_request_duration_seconds:mean5m
  expr: >
    sum without (instance) (
      handler_instance:prometheus_http_request_duration_seconds_sum:rate5m
    )
    /
```

```
sum without (instance) (
    handler_instance:prometheus_http_request_duration_seconds_count:rate5m
)
```

첫 번째 규칙의 이름을 살펴보면 규칙이 prometheus_http_request_duration_seconds_sum 메트릭을 기반으로 한다는 것을 쉽게 이해할 수 있다. rate5m은 rate()가 5분의 범위 벡터에 적용되고 있음을 나타내며, 흥미로운 레이블은 handler와 instance다.

두 번째 규칙에도 동일한 로직이 적용되지만 이번에는 prometheus_http_request_duration_seconds_count 메트릭을 사용한다. 그러나 세 번째 규칙은 좀 더 미묘한 차이가 있다. _sum을 지연 이벤트의 _count로 나누기 때문에 프로메테우스에서 제공하는 HTTP 요청의 5분 평균 지연 시간을 효과적으로 나타낸다. instance 레이블을 집계할 때 level 섹션에는 핸들러만 관련 차원으로 사용해 이를 반영한다. 마지막으로 주목해야 할 점은 이 규칙의 메트릭 이름이 이제 prometheus_http_request_duration_seconds가 된다는 점이다. 해당 메트릭 이름이 합계나 개수를 나타내지 않지만 이 규칙의 기반이 되는 메트릭을 명확하게 이해할 수 있다.

레코딩 규칙 이름 지정은 사용 중인 모든 요소를 정확하게 표현하는 것과 메트릭 이름을 관리할 수 있을 정도로 간결하게 만드는 것 사이에 균형을 맞추기 까다로운 작업일 수 있다. 표현식에 따라 레코딩 규칙의 이름을 지정하는 방법을 즉시 적용하기 불가능한 경우에는 이러한 명명 규칙을 알고 있는 다른 사람에게 기존 해당 규칙을 사용한 메트릭에 다시 연결할 수 있는지, 어떤 레이블/차원이 있어야 하는지, 그리고 어떤 변형이 적용됐는지 확인하는 것이 좋다.

프로메테우스 알림 설정

지금까지 PromQL이 수집된 데이터를 쿼리하는 데 얼마나 중요한지 다뤘지만 정의된 조건이 충족될 때 이벤트가 트리거되도록 표현식을 지속적으로 평가해야 하는 경우 즉시 알림을 시작해야 한다. 1장에서 알림이 모니터링 구성 요소 중 하나라는 것을 설명했다. 프로메테우스는 이메일, 슬랙 또는 기타 형태의 알림을 발행하는 것에 대해 책임을 지지 않는다. 이는 다른 서비스의 책임이다. 이 서비스는 일반적으로 알림 매니저를 사용하는데, 이 서비스는 11장에서 다룬다. 프로메테우스는 알림 규칙의 강력한 기능을 활용해 알림을 푸시한다.

알림 규칙이란?

알림 규칙은 몇 가지 추가 정의 사항이 있는 레코딩 규칙과 매우 유사하며, 아무런 문제없이 동일한 규칙 그룹을 공유할 수도 있다. 가장 큰 차이점은 실행할 때 추가 처리를 위해 JSON 페이로드와 함께 HTTP POST를 통해 외부 엔드포인트로 전송된다는 점이다. 이러한 맥락에서 활성active[1]이라는 용어를 확장하면 현재 상태가 원하는 상태와 다른 경우를 말하는데, 이는 표현식이 하나 이상의 샘플을 반환하는 것으로 볼 수 있다.

레코딩 규칙과 같은 알림 규칙은 정의된 간격에 따라 평가되는 PromQL 표현식에 의존한다. 이 간격은 전역적으로 설정된 간격이거나 특정 규칙 그룹에 지역적일 수 있다. 각 간격의 반복에서 트리거된 알림은 여전히 활성 상태인지 확인하기 위해 검증되며, 그렇지 않을 경우 해결된 것으로 간주된다.

표현식에 의해 반환되는 모든 샘플은 알림을 트리거시킬 것이다. 완화된 PromQL 표현식은 많은 양의 알림을 생성할 수 있으므로, 가능한 한 집계된 상태를 유지하는 것을 명심해야 한다.

---

1. active는 정규 표현식에 일치해서 하나의 알림이 발생하고 해당 알림 규칙을 트리거하는 것을 말한다. - 옮긴이

알림 규칙 환경설정

알림 규칙을 만들고 이해하는 방법을 설명하기 위해 전체 프로세스를 소개한다. 이 기능은 프로메테우스 기본 환경설정 파일뿐만 아니라 규칙 파일이나 알림과 관련해 서버의 웹 인터페이스가 작동하는 방식에도 영향을 미친다.

프로메테우스 서버 환경설정 파일

9장의 테스트 환경에서 다음과 같은 프로메테우스 환경설정을 확인할 수 있다.

```
vagrant@prometheus:~$ cat /etc/prometheus/prometheus.yml
global:
...
  evaluation_interval: 1m
...
rule_files:
  - "recording_rules.yml"
  - "alerting_rules.yml"
alerting:
  alertmanagers:
  - static_configs:
  - targets:
  - "prometheus:5001"
...
```

이 설정에는 다음과 같은 세 가지 구성 요소가 있다.

- **evaluation_interval:** interval 키워드를 사용해 규칙 그룹 레벨에서 재정의할 수 있는 레코딩과 알림 규칙에 대한 전역 평가 간격을 정의한다.
- **rule_files:** 프로메테우스가 설정된 레코딩이나 알림 규칙을 읽을 수 있는 파일 위치다.
- **alerting:** 프로메테우스가 추가 처리를 위해 알림을 보내는 엔드포인트다.

알림 섹션에서 "prometheus : 5001"을 설정했다. 이 엔드포인트 뒤에는 HTTP POST 요청에 대해 포트 5001에서 수신 대기하고 페이로드를 로그 파일에 덤프하는 alertdump라는 작은 서비스가 있다. 이 서비스는 알림이 발생했을 때 프로메테우스가 보내는 것을 분석하는 데 도움이 된다.

규칙 파일 설정

이전에는 프로메테우스 환경설정 파일을 살펴봤다. 이제 제공된 알림 규칙 예제로 넘어가보자. 이 예는 다음 코드 조각에서 확인할 수 있다.

```
vagrant@prometheus:~$ cat /etc/prometheus/alerting_rules.yml
groups:
- name: alerting_rules
  rules:
  - alert: NodeExporterDown
  expr: up{job="node"} != 1
  for: 1m
  labels:
  severity: "critical"
  annotations:
  description: "Node exporter {{ $labels.instance }} is down.".
  link: "https://example.com"
```

NodeExporterDown 알림 정의를 자세히 살펴보자. alert, expr, for, labels, annotations와 같이 다섯 개의 구분된 섹션으로 환경설정을 나눌 수 있다. 다음 표에서 각 항목을 보여준다.

섹션	설명	필수 항목
alert	사용을 위한 알림명	예
expr	평가를 위한 PromQL 표현식	예
for	알림을 보내기 전에 알림이 트리거되는지 확인하는 시간. 기본값은 0	아니오
labels	사용자 정의 키/값 쌍	아니오
annotations	사용자 정의 키/값 쌍	아니오

 프로메테우스 커뮤니티에서는 일반적으로 알림 이름 지정에 카멜케이스(CamelCase)를 사용한다.

 프로메테우스는 알림 이름이 이미 사용 중인지 확인하기 위해 유효성 검사를 수행하지 않으므로 두 개 이상의 알림이 동일한 이름을 공유하지만 다른 표현식을 평가할 수 있다. 이로 인해 특정 알림이 트리거되는 것을 추적하거나 알림에 대한 테스트를 작성하는 것과 같은 문제가 발생할 수 있다.

NodeExporterDown 규칙은 job="node" 셀렉터의 up 메트릭이 1분 동안 1이 아닌 경우에만 트리거되며, 노드 익스포터 서비스를 중지해 테스트한다.

```
vagrant@prometheus:~$ sudo systemctl stop node-exporter
vagrant@prometheus:~$ sudo systemctl status node-exporter
...
Mar 05 20:49:40 prometheus systemd[1]: Stopping Node Exporter...
Mar 05 20:49:40 prometheus systemd[1]: Stopped Node Exporter.
```

이제 알림을 강제로 활성화시켰다. 이렇게 하면 알림이 다음 표와 같은 세 가지 상태로 진행된다.

순서	상태	설명
1	inactive	아직 pending이나 firing 상태가 아님
2	pending	아직 firing되지 않을 정도로 오래 활성 상태가 아님
3	firing	정의된 for 절의 임곗값 이상으로 오래 활성 상태일 때

프로메테우스 서버 웹 인터페이스의 /alerts 엔드포인트로 이동해 NodeExporterDown 알림의 세 가지 상태를 시각화할 수 있다. 첫 번째 알림은 다음 그림에서 볼 수 있듯이 비활성화[Inactive]돼 있다.

그림 9.3 NodeExporterDown 알림의 inactive 상태

다음 알림은 pending 상태로 볼 수 있다. 즉, 알림 조건이 트리거된 동안에도 프로메테우스는 지속 기간이 경과할 때까지 각 평가 주기에 대해 계속 트리거되는지 여부를 해당 조건이 계속 확인한다. 다음 그림에서는 pending 상태를 보여준다. Show annotations 체크박스를 선택하면 알림 어노테이션^{annotation}이 확장된다.

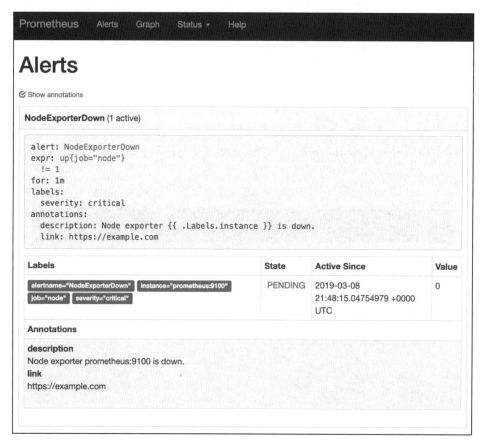

그림 9.4 NodeExporterDown 알림의 pending 상태

마지막으로 알림이 firing되는 것을 볼 수 있다. 이는 알림이 for 절에 정의된 기간 이상(위 예제의 경우 1분)으로 활성^{Active} 상태임을 의미한다.

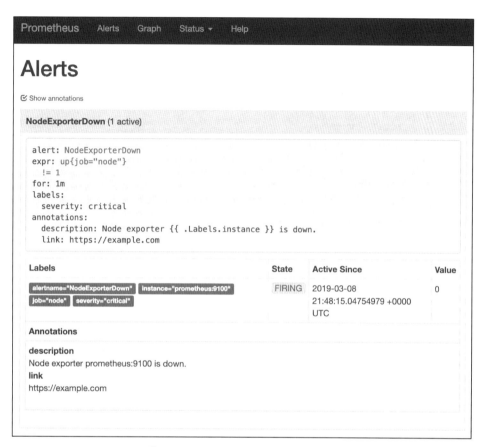

그림 9.5 `NodeExporterDown` 알림의 `firing` 상태

알림이 발생하면 프로메테우스는 설정된 알림 서비스 엔드포인트로 JSON 페이로드를 전송한다. 해당 경우는 알림 덤프 서비스며, /vagrant/cache/alerting.log 파일에 로깅 하도록 구성된다. 따라서 어떤 종류의 정보가 전송되고 있는지 쉽게 이해할 수 있으며, 다음과 같이 확인할 수 있다.

```
vagrant@prometheus:~$ cat /vagrant/cache/alerting.log

[
    {
```

```
        "labels": {
            "alertname": "NodeExporterDown",
            "dc": "dc1",
            "instance": "prometheus:9100",
            "job": "node",
            "prom": "prom1",
            "severity": "critical"
        },
        "annotations": {
            "description": "Node exporter prometheus:9100 is down.",
            "link": "https://example.com"
        },
        "startsAt": "2019-03-04T21:51:15.04754979Z",
        "endsAt": "2019-03-04T21:58:15.04754979Z",
        "generatorURL":
"http://prometheus:9090/graph?g0.expr=up%7Bjob%3D%22node%22%7D+%21%3D+1&g0.
tab=1"
    }
]
```

이제 일부 알림 규칙을 설정하고 프로메테우스에 설정된 알림 시스템으로 전송하는
내용을 검증하는 방법을 살펴봤으므로 레이블 및 어노테이션을 사용해 상황에 맞는
정보로 알림을 강화하는 방법을 살펴보자.

레이블과 어노테이션

알림 규칙 정의에는 레이블과 어노테이션이라는 두 개의 선택적 섹션이 있다. 레이블은
알림의 식별자를 정의하며, 사용 중인 평가 주기에 따라 변경될 수 있다. 그렇게 하면 알림
식별자가 변경될 것이다. 이를 설명하기 위해 모든 활성 알림 및 해당 레이블을 추적하는
ALERTS 메트릭을 소개한다. 다음 그림에서 볼 수 있듯이 alertstate라는 레이블이 있다.
이 레이블은 알림 상태를 추적하고 pending 상태에서 firing 상태로 전환한다.

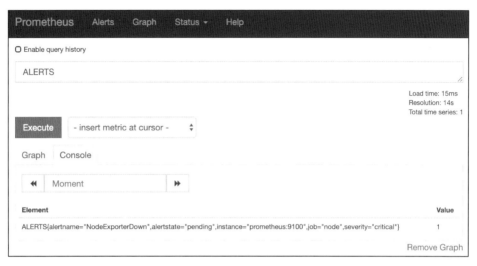

그림 9.6 ALERTS 메트릭

명심해야 할 것은 레이블에 샘플 값을 사용하는 문제다. 기술적으로 가능하지만 매우 나쁜 생각이기도 하다. 이렇게 하면 샘플 값이 변경될 때마다 알림 식별자가 변경돼 정의된 for 카운트다운이 매번 다시 시작돼 firing 상태로 절대 들어가지 않을 것이다.

반면에 어노테이션은 알림의 식별자에 속하지 않기 때문에 ALERTS 메트릭에 저장되지 않는다. 더 많은 컨텍스트와 정보로 알림을 강화하는 데 유용하다. 예제에서 봤듯이 어노테이션은 Go 템플릿 언어를 사용해 템플릿화되고 {{ .Labels.instance }} 템플릿 구문을 사용해 사용 가능한 알림 레이블에 액세스한다. 또한 instance 레이블을 선택하고 어노테이션의 description 필드 값을 사용한다. firing 샘플의 값은 필요한 경우 {{ .Value }}를 사용할 수 있다.

Golang 템플릿 .Labels와 .Value 변수는 편의를 위해 $labels와 $value로도 제공된다.

다음 코드 조각은 알림 규칙의 예를 보여준다.

```
annotations:
  description: "Node exporter {{ .Labels.instance }} is down."
  link: "https://example.com"
```

firing 상태일 때 다음과 같은 렌더링 결과를 생성한다.

```
"annotations": {
    "description": "Node exporter prometheus:9100 is down.",
    "link": "https://example.com"
},
```

 Golang 템플릿에 관련된 더 자세한 정보는 https://golang.org/pkg/text/template/에서 확인할 수 있다.

알림 지연

앞 절에서 알림이 발생하는 세 가지 상태를 알아봤다. 그러나 **firing** 상태가 돼 알림 발생에 필요한 총 시간을 계산할 때 더 확인할 것이 있다. 먼저 스크레이핑 간격이다(예제에서는 30초지만 일반적으로 스크레이핑 간격과 평가 간격은 명확성을 위해 동일해야 한다). 다음은 규칙 평가 간격이다(예제의 경우 전체적으로 1분으로 정의됨). 마지막으로 알림 규칙의 **for** 절에 1분이 정의돼 있다. 이러한 변수를 모두 합치면 최악의 시나리오에서 이 알림이 **firing** 상태로 확인되는 데 최대 2분 30초가 소요될 수 있다. 다음 그림은 해당 상황의 예를 보여준다.

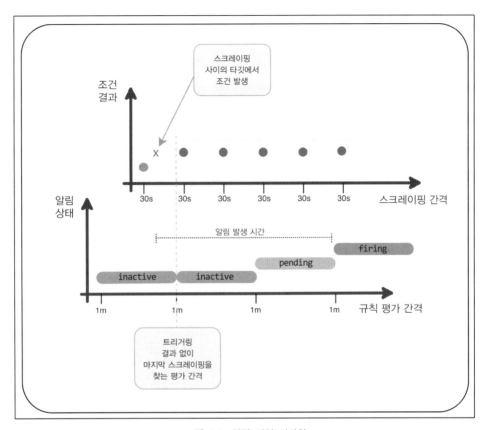

그림 9.7 알림 지연 시각화

모든 지연은 프로메테우스 쪽에서만 발생한다. 전송된 알림을 처리하는 외부 서비스에는 다른 제약 조건이 있을 수 있으므로 알림이 전송될 때까지 전체적으로 더 오래 지연될 수 있다.

 프로메테우스 2.4.0 이전에는 pending 상태와 firing 상태가 재시작 동안 지속되지 않았으므로 알림이 더 지연될 수 있다. 경고 상태를 저장하는 ALERTS_FOR_STATE라는 새로운 메트릭을 구현해 해당 문제가 해결됐다. https://github.com/prometheus/prometheus/releases/tag/v2.4.0에서 프로메테우스 2.4.0의 릴리스 정보를 찾을 수 있다.

▌규칙 테스트

8장에서는 테스트를 제외하고 promtool이 제공해야 하는 기능을 살펴봤다. test rules 하위 명령어는 여러 시계열 데이터에 대한 샘플의 주기적 수집을 시뮬레이션할 수 있고, 해당 시계열을 사용해 레코딩 규칙과 알림 규칙을 평가한 후 레코딩된 시계열이 예상 결과로 설정된 것과 일치하는지 테스트할 수 있다. 레코딩 규칙과 알림 규칙을 이해했으므로 이제 단위 테스트를 만들고 규칙을 검증하기 위한 promtool을 사용해 규칙이 예상대로 작동하는지 확인한다.

레코딩 규칙 테스트

프로메테우스 바이너리 배포판에 포함된 promtool 도구를 사용하면 테스트 케이스를 정의해 작성한 규칙이 예상대로 작동하는지 확인할 수 있다. 9장의 테스트 환경에는 지금까지 살펴본 규칙에 대한 사전 빌드 테스트 셋이 제공된다. 다음 설정에서 확인할 수 있다.

```
vagrant@prometheus:~$ cat /etc/prometheus/tests.yml
```

이 파일에는 9장에 제시된 모든 레코딩 규칙과 알림 규칙에 대한 테스트가 있다. 모든 테스트를 단일 파일로 정의할 필요는 없지만 예제의 경우에는 단순화를 위해 작성돼 있다. 사실, 규칙을 설정하기 위해 규칙 그룹마다 테스트 파일을 작성하는 것이 더 복잡하다. 지금은 이해하기 쉬운 레코딩 규칙만 분석해보자. 테스트 파일에서 최상위 설정의 키^{key}는 로드할 규칙 파일과 테스트의 기본 평가 간격을 정의하며, 자체적으로 명시하지 않은 경우 레코딩 규칙과 알림 규칙 평가의 주기에 따라 결정된다.

```
rule_files:
  - /etc/prometheus/recording_rules.yml
...
evaluation_interval: 1m
```

 테스트 파일의 rule_files 설정 키(key)는 기본 프로메테우스 환경설정 파일과 동일할 수 있지만 글로빙(globing, 파일 이름에 와일드카드 사용)은 지원하지 않는다.

이러한 전역 설정에 따라 **tests** 키 아래에 테스트 케이스가 정의된다. 각각 자체 시뮬레이션된 스크레이핑 간격, 수집된 시계열, 테스트 중인 규칙을 사용해 여러 테스트 팩을 정의할 수 있다. 파일에 정의된 첫 번째 테스트를 살펴보면 이해하기 쉽게 어노테이션을 추가했다.

```
tests:
```

interval은 시뮬레이션된 시계열에서 시간 간격 샘플이 생성되는 시간을 설정한다.

```
- interval: 15s
```

input_series 목록은 시뮬레이션된 수집 간격의 각 반복에서 생성할 시계열과 생성할 값을 정의한다.

```
input_series:
  - series: 'node_cpu_seconds_total{cpu="0",instance="prometheus:9100",
      job="node",mode= "user"}'
    values: '1 1 1 1 1 1 1 1 1 1'
  - series: 'node_cpu_seconds_total{cpu="1",instance="prometheus:9100",
      job="node",mode= "user"}'
```

```
        values: '1 1 1 1 1 1 1 1 1 1'
      - series: 'node_cpu_seconds_total{cpu="0",instance="example:9100",
            job="node",mode="id le"}'
        values: '1 1 1 1 1 1 1 1 1 1'
      - series: 'node_cpu_seconds_total{cpu="0",instance="example:9100",
            job="node",mode="sy stem"}'
        values: '1 1 1 1 1 1 1 1 1 1'
```

테스트할 PromQL 표현식 목록은 **promql_expr_test**로 정의된다.

```
 promql_expr_test:
```

각 **expr**은 부분적인 표현식으로 정의한다.

```
 - expr: instance:node_cpu:count
```

이 표현식이 실행될 시점에 **eval_time**을 설정하고 해당 표현식을 **exp_samples**로 실행해 예상되는 샘플을 반환해야 한다.

```
 eval_time: 1m
 exp_samples:
 - labels: 'instance:node_cpu:count{instance="prometheus:9100", job="node"}'
   value: 2
 - labels: 'instance:node_cpu:count{instance="example:9100", job="node"}'
   value: 1
```

이 테스트 팩에서는 동일한 메트릭인 **node_cpu_seconds_total**에 대해 15초마다 4개의 시계열이 생성되는 것을 볼 수 있다. 이 시계열의 실제 값은 이 레코딩 규칙과 관련이 없으므로(인스턴스당 CPU 수만 계산) 모든 샘플에 대해 1의 값이 설정돼 있다.

레이블의 변형, 즉 prometheus:9100 인스턴스가 두 CPU에 대한 메트릭을 보고하고 example:9100 인스턴스가 한 개의 CPU에 대한 메트릭을 보고한다는 점을 유의하자. 실제 테스트는 instance:node_cpu:count 표현식이 t=1m으로 평가될 때(생성된 컬렉션이 시작된 후 1분이 경과한 것처럼 작동) 반환된 샘플이 각 인스턴스에 대해 올바른 CPU 수를 표시해야 함을 검증하는 것이다.

이제 다음 명령어를 사용해 테스트를 수행할 준비가 됐다.

```
vagrant@prometheus:/etc/prometheus$ promtool test rules tests.yml
Unit Testing: tests.yml
    SUCCESS
```

이렇게 하면 설정된 레코딩 규칙이 예상한 대로 작동한다. instance:node_cpu:count 테스트 팩의 prometheus:9100 인스턴스에서 입력 시계열 중 하나를 제거해 테스트를 중단할 수 있다. 테스트를 다시 실행하면 테스트 중 하나가 실패해 다음이 표시된다.

```
vagrant@prometheus:/etc/prometheus$ promtool test rules tests.yml
Unit Testing: tests.yml
  FAILED:
    expr:'instance:node_cpu:count', time:1m0s,
      exp:"{__name__=\"instance:node_cpu:count\", instance=\"example:9100\",
job=\"node\"} 0E+00, {__name__=\"instance:node_cpu:count\",
instance=\"example:9100\", job=\"node\"} 0E+00,
{__name__=\"instance:node_cpu:count\", instance=\"prometheus:9100\",
job=\"node\"} 2E+00",
      got:"{__name__=\"instance:node_cpu:count\", instance=\"example:9100\",
job=\"node\"} 1E+00, {__name__=\"instance:node_cpu:count\",
instance=\"example:9100\", job=\"node\"} 1E+00,
{__name__=\"instance:node_cpu:count\", instance=\"prometheus:9100\",
job=\"node\"} 2E+00"
```

결과에 따르면 promtool은 정의된 샘플 셋을 기대하고 있지만 다른 샘플 셋이 반환됐다. 구성한 대로 레코딩 규칙이 이제 prometheus:9100 인스턴스에 대해 하나의 CPU만 보고함을 알 수 있다. 이를 통해 규칙이 원하는 대로 정확하게 작동하고 있음을 확신할 수 있다.

두 번째 레코딩 규칙 그룹에 대한 테스트는 대부분 동일하지만 더 풍부한 입력 시계열을 생성하기 위한 강력한 표기법을 보여준다.

```
- interval: 5s
  input_series:
    - series:
'prometheus_http_request_duration_seconds_count{handler="/",instance="localhost:
9090",job="prometheus"}'
        values: '0+5x60'
    - series:
'prometheus_http_request_duration_seconds_sum{handler="/",instance="localhost:90
90",job="prometheus"}'
        values: '0+1x60'
```

이를 확장 표기법^{expanding notation}이라고 한다. 이는 시간에 따른 시계열 값 생성을 위한 공식을 선언하는 간단한 방법으로, A+BxC 또는 A-BxC의 형식을 취한다. 여기서 A는 시작 값이고 B는 증가량(앞에 +가 있을 때) 또는 감소량(앞에 -가 있을 때)이다. C는 증가나 감소를 적용해야 하는 반복 횟수다.

위 예로 돌아가면 0+5x60은 다음과 같은 시계열 데이터로 확장된다.

```
0 5 10 15 20 ... 290 295 300
```

입력 시계열의 값을 선언할 때 리터럴 값을 확장 표기법과 혼용할 수 있다. 이를 통해 복잡한 동작을 쉽게 만들 수 있다. 다음 예를 보자.

```
0 1 1 0 1 +0x3 0 1 1 0 1 1 0 0 0 1 1 0 +0x3 1
```

이는 다음과 같이 확장된다.

```
0 1 1 0 1 1 1 1 0 1 1 0 1 1 0 0 0 1 1 0 0 0 0 1
```

테스트는 예상치 못한 문제를 방지하기 위한 기본 사항이며, 지금까지 제공된 정보를 통해 이제 레코딩 규칙을 위한 고유한 단위 테스트를 생성할 수 있다. 다음 절에서 단위 테스트를 계속 처리하지만, 특히 알림 규칙과 관련이 있다.

알림 규칙 테스트

알림 규칙에 대한 단위 테스트는 레코딩 규칙에 사용되는 테스트와 매우 유사하다. 9장 앞부분에서 제공된 예제 알림을 사용해 알림 테스트를 구성하는 방법과 확인 방법의 실습을 수행한다. 앞서 언급했듯이 9장 테스트 환경에는 주요한 알림 규칙을 포함해 다음에 표시된 규칙에 대한 일련의 테스트가 제공된다. 다시 한 번 다음 명령어를 사용해 테스트 파일을 살펴볼 수 있다.

```
vagrant@prometheus:~$ cat /etc/prometheus/tests.yml
```

알림 구성 요소에만 초점을 맞추면 먼저 알림 규칙이 있는 위치를 정의한다는 것을 알 수 있다.

```
rule_files:
  - /etc/prometheus/alerting_rules.yml
```

기본 규칙 평가 간격은 동일한 파일에 있는 레코딩 규칙과 알림 규칙 간에 공유된다.

```
evaluation_interval: 1m
```

알림 테스트는 자체 테스트 그룹에 있으므로 전체 정의를 살펴보자.

```
- interval: 1m
  input_series:
  - series: 'up{job="node",instance="prometheus:9100"}'
    values: '1 1 1 0 0 0 0 0 0'
  - series: 'up{job="prometheus",instance="prometheus:9090"}'
    values: '1 0 1 1 1 0 1 1 1 1'
```

테스트 그룹 정의는 알림 테스트를 정의하는 **alert_rule_test** 절을 제외하고 앞에서 설명한 것과 동일하다. 이 예제에서 주의해야 할 점은 정의된 알림이 특히 **job= "node"**와 일치하므로 두 번째 입력 시계열은 테스트 규칙에 의해 선택되지 않아야 한다는 점이다.

```
alert_rule_test:
- alertname: NodeExporterDown
  eval_time: 3m
- alertname: NodeExporterDown
  eval_time: 4m
  exp_alerts:
  - exp_labels:
      instance: "prometheus:9100"
      job: "node"
      severity: "critical"
      exp_annotations:
        description: "Node exporter prometheus:9100 is down."
```

```
link: "https://example.com"
```

 TIP 별도의 테스트 블록에 alert_rule_test와 promql_expr_test를 반드시 가져야 하는 것은 아니다. 동일한 입력 시계열을 사용하고 동일한 평가 간격을 사용해 레코딩 규칙과 알림 규칙을 사용하는 경우 동일한 테스트 그룹에 둘 수 있다.

alert_rule_test 섹션에는 테스트 실행의 시뮬레이트된 시작(eval_time)의 상대적인 시간에 평가해야 할 알림(alertname)이 나열된다. 해당 시점에 알림이 발생될 것으로 예상되면 알림의 각 인스턴스에 대해 예상되는 레이블(exp_labels)과 어노테이션 (exp_annotations) 셋을 나열하는 추가 exp_alerts 섹션을 정의해야 한다. exp_ alerts 섹션을 비워두면 주어진 시간에 알림이 발생하지 않을 것이다.

첫 번째 알림 테스트는 3분에 실행되며, 이전에 제공한 일치하는 시계열이 해당 시점에 값 1을 반환하므로 alerting_rules.yml에 정의된 알림 표현식이 트리거되지 않는다. 즉, 알림에 정의된 표현식으로 인해 데이터가 반환되지 않는다.

두 번째 알림 규칙은 4분에 실행되며, 제공된 일치하는 시계열이 특정 순간에 샘플 값이 0이므로 데이터가 반환된다. 알림 규칙에 의해 반환된 모든 레이블을 명시적으로 확인해야 한다. 또한 테스트는 템플릿 변수가 완전히 확장된 상태에서 알림에 의해 반환된 모든 설명을 확인해야 한다.

이제 다음 명령어를 사용해 테스트를 실행할 수 있다.

```
vagrant@prometheus:~$ promtool test rules /etc/prometheus/tests.yml
Unit Testing: /etc/prometheus/tests.yml
    SUCCESS
```

추가 단계로 두 번째 알림의 설명을 prometheus:9100에서 prometheus:9999으로 변경하고 테스트를 다시 실행한다. 다음과 같은 출력을 얻어야 한다.

```
vagrant@prometheus:/etc/prometheus$ promtool test rules tests.yml
Unit Testing: tests.yml
  FAILED:
    alertname:NodeExporterDown, time:4m0s,
        exp:"[Labels:{alertname=\"NodeExporterDown\",
instance=\"prometheus:9100\", job=\"node\", severity=\"critical\"}
Annotations:{description=\"Node exporter prometheus:9999 is down.\",
link=\"https://example.com\"}]",
        got:"[Labels:{alertname=\"NodeExporterDown\",
instance=\"prometheus:9100\", job=\"node\", severity=\"critical\"}
Annotations:{description=\"Node exporter prometheus:9100 is down.\",
link=\"https://example.com\"}]"
```

해당 알림을 발생하는 조건을 결정하는 것은 매우 간단하고 쉽다. 알림 규칙 테스트는 재현이 불가능한 환경에서도 알림이 트리거될 것이라는 검증이 가능하다.

▌요약

9장에서는 파생되는 시계열을 생성하는 다른 방법을 확인할 수 있었다. 레코딩 규칙은 반복적인 무거운 쿼리가 필요한 경우 새로운 시계열 데이터를 비교적 적은 비용으로 사전 계산해 모니터링 시스템 안정성과 성능을 향상시키는 데 도움이 된다. 알림 규칙은 PromQL의 강력함과 유연성을 알림에 제공한다. 이를 통해 복잡한 동적 임곗값에 대한 알림을 트리거링할 수 있을 뿐만 아니라 단일 알림 규칙을 사용해 여러 인스턴스나 다른 애플리케이션을 타깃으로 지정할 수 있다. 알림에 지연이 도입되는 방식을 잘 이해하면 필요에 맞게 조정할 수 있다. 시끄러운 알림보다는 약간의 지연이 더 낫다는 것을 기억하자. 마지막으로 규칙에 대한 단위 테스트를 작성하고 프로메테우스 서버가 실행되기 전에도 유효성을 검증하는 방법을 살펴봤다.

10장에서는 모니터링의 또 다른 구성 요소인 시각화를 설명한다. 또한 커뮤니티가 선호하는 프로메테우스 기반 대시보드인 그라파나를 살펴본다.

▌ 질문

1. 레코딩 규칙을 사용하는 주요 용도는 무엇인가?

2. 규칙 그룹에서 다른 평가 간격을 설정하지 않는 이유는 무엇인가?

3. `instance_job:latency_seconds_bucket:rate30s` 메트릭이 제공된 경우 어떤 레이블을 찾을 것으로 예상되며, 이를 기록하는 데 사용되는 표현식은 무엇인가?

4. 알림 레이블에서 알림의 샘플 값을 사용하는 것이 좋지 않은 이유는 무엇인가?

5. 알림 보류 상태는 무엇인가?

6. `for` 절이 지정되지 않은 경우 트리거되고 실행 상태로 전환될 때까지 알림은 얼마나 오래 대기하는가?

7. 프로메테우스를 사용하지 않고 어떻게 규칙을 테스트할 수 있는가?

▌ 더 읽을거리

- **프로메테우스 레코딩 규칙**: https://prometheus.io/docs/prometheus/latest/configuration/recording_rules/

- **규칙 명명 모범 사례**: https://prometheus.io/docs/practices/rules/

- **프로메테우스 알림 규칙**: https://prometheus.io/docs/prometheus/latest/configuration/alerting_rules/

- **프로메테우스 단위 테스트**: https://prometheus.io/docs/prometheus/latest/configuration/unit_testing_rules/

그라파나 대시보드 검색과 생성

프로메테우스 표현식 브라우저는 탐색 쿼리를 수행하는 데 유용하지만, 빠르게 이슈를 디버그하고 해결에 도움이 되는 미리 구성된 시각화 자료가 필요할 것이다. 10장에서는 프로메테우스 프로젝트에서 추천되는 대시보드 제작 도구인 그라파나^{Grafana}를 살펴본다. 지속적으로 그라파나 커뮤니티는 성장 중이며, 일부는 즉시 사용할 수 있는 대시보드를 다수 호스팅하고 있고, 이를 재사용하고 커뮤니티의 기여와 생태계를 개선하고 있다. 10장에서는 그라파나 커뮤니티에서 대시보드를 찾고 사용하는 방법, 그리고 직접 개발해 커뮤니티에 제공하는 방법을 알아본다. 마지막으로는 고급 사용 사례를 위해 프로메테우스에 내장된 대시보드 솔루션인 콘솔을 간략하게 살펴본다.

10장에서 다루는 내용은 다음과 같다.

- 테스트 환경

- 프로메테우스 기반 그라파나 사용법

- 자체 대시보드 개발

- 커뮤니티 대시보드 탐색

- 프로메테우스 기본 시각화

▌테스트 환경

실습 방식을 구성하기 위해 10장의 새로운 테스트 환경을 만든다. 설정은 다음 다이어 그램과 같다.

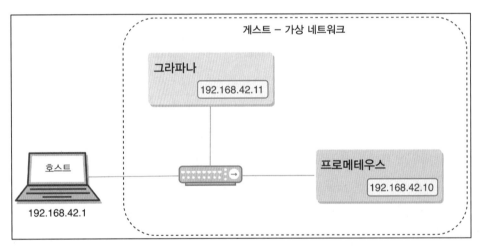

그림 10.1 테스트 환경 네트워크

배포

VM 기반 테스트 환경을 생성하려면 코드 저장소의 루트를 기준으로 올바른 저장소 경로로 이동한다.

```
cd ./chapter10/
```

다른 테스트 환경이 실행되고 있지 않은지 확인하고 다음과 같이 환경을 시작한다.

```
vagrant global-status
vagrant up
```

테스트 환경의 정상적인 배포를 확인한다.

```
vagrant status
```

아래와 같은 결과를 확인할 수 있다.

```
Current machine states:

prometheus                running  (virtualbox)
grafana                   running  (virtualbox)

This environment represents multiple VMs. The VMs are all listed above with their
current state. For more information about a specific VM, run `vagrant status NAME`.
```

배포 작업이 끝나면 자바스크립트를 지원하는 웹 브라우저를 사용해 호스트 시스템에서 다음 엔드포인트를 확인할 수 있다.

서비스	엔드포인트
프로메테우스	http://192.168.42.10:9090
그라파나	http://192.168.42.11:3000

다음 명령어 중 하나를 사용해 원하는 인스턴스에 액세스할 수 있어야 한다.

인스턴스	명령어
프로메테우스	`vagrant ssh prometheus`
그라파나	`vagrant ssh prometheus`

정리

테스트를 마쳤으면 chapter010/ 내에 있는지 경로를 확인하고 다음을 실행한다.

```
vagrant destroy -f
```

필요한 경우 쉽게 환경을 재구성할 수 있을 것이다.

▌프로메테우스 기반 그라파나 사용법

그라파나는 대시보드용으로 가장 널리 알려진 오픈소스 프로젝트다. 데이터 백엔드의 통합으로 데이터 소스 개념을 갖고 있으며, 집필 당시 기준으로 이용 가능한 데이터 소스는 다음과 같다.

- Prometheus
- Graphite
- InfluxDB
- Elasticsearch
- Google Stackdriver
- AWS CloudWatch

- Azure Monitor

- Loki(로깅 시각화)

- MySQL

- PostgreSQL

- Microsoft SQL 서버

- OpenTSDB

- TestData(테스트용 가상의 데이터를 생성하는 데 유용)

PromQL 자동 완성처럼 프로메테우스를 그라파나로 연계하려는 다양한 노력이 있었으고, 현재 그라파나는 프로메테우스 데이터를 시각화하는 사용자를 위한 대시보드 솔루션이 됐다. 그러나 앞에 언급된 문장은 완전히 사실이 아니며, 쿼리 표현식을 통한 탐색 측면에서는 프로메테우스에서 제공하는 브라우저와 같은 것이 없을 것이다. 그러나 최근 버전 그라파나 6.0.0이 릴리스된 이후 Explore 기능이 소개됐고, 그라파나는 프로메테우스 표현식의 브라우저로서의 역할을 대체하고 있다.

 다양한 운영체제와 배포판의 설치 파일은 https://grafana.com/grafana/download에서 찾을 수 있다

그라파나는 자동화를 염두에 두고 개발됐고 사전 설정 기능을 제공한다. 다음 예제에서는 기본 환경설정 파일을 건드리지 않고, 대부분의 환경설정을 할 수 있는 방법을 살펴본다.

그라파나의 장점은 기본적으로 네이티브하게 프로메테우스 메트릭을 포함하고 있다는 것이다.

로그인 화면

테스트 환경이 실행되면 http://192.168.42.11:3000 URL을 사용해 그라파나를 액세스할 수 있다. 다음과 같이 사용자에게 간단한 로그인 화면이 표시된다.

그림 10.2 그라파나 로그인 화면

기본 자격증명은 다음과 같다.

사용자 계정	비밀번호
admin	admin

로그인에 성공하면 그라파나 메인 홈과 함께 설정 프로세스를 볼 수 있다. 다음은 각 설정 프로세스를 나타내며, 다음 화면은 이미 설정된 몇 가지 단계를 보여준다.

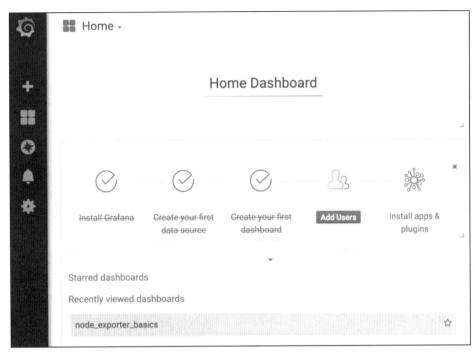

그림 10.3 그라파나 홈 화면

가독성을 위해 그라파나의 기본 테마를 Dark 대신 Light로 변경했다. 이는 왼쪽의 작은 기어 아이콘인 Configuration의 Preferences 메뉴에서 변경할 수 있다.

데이터 소스

쿼리에 사용할 데이터가 있으려면 데이터 소스를 구성해야 한다. 여기서는 프로메테우스 인스턴스를 기본 데이터 소스로 추가하고, 프로메테우스 데이터 소스 위치, 인증/인가 등의 세부 정보와 그 외에는 데이터 소스별 추가 환경설정 정보가 필요하다.

데이터 소스의 환경설정 방법에는 두 가지가 있다. 한 가지 방법은 그라파나의 프로비저닝 경로에 필요한 환경설정이 포함된 YAML 파일을 추가하는 것이고, 여기서 파일은 그라파나가 구동할 때 읽어서 환경설정한다. 10장의 테스트 환경에서는 자동화 형태의 구현을 위해 프로비저닝 형태로 작업을 수행한다. 테스트 환경의 그라파나 인스턴스에 연결할 때 다음과 같이 기본 프로비저닝 경로를 확인해 사용 중인 환경설정을 확인할 수 있다.

```
vagrant@grafana:~$ cat
/etc/grafana/provisioning/datasources/prometheus.yaml
apiVersion: 1

datasources:
- name: prometheus
  type: prometheus
  access: proxy
  orgId: 1
  url: http://prometheus:9090
  isDefault: True
  version: 1
  editable: True
```

또 다른 옵션은 왼쪽 메뉴의 작은 기어 아이콘의 Configuration과 Data Sources로 이동해 수동으로 웹 인터페이스에서 설정을 추가하는 것이다. Save & Test를 클릭하면 그라파나가 설정을 확인하고 문제가 있는 경우 알려준다. 그라파나는 HTTP 기반 API로 데이터 소스에 접근하기 때문에 프록시 설정 옵션을 제공한다. 프록시를 설정할 때 대시보드 패널과 탐색 표현식 브라우저를 통해 수행되는 모든 쿼리는 그라파나를 백엔드로 한 프록시를 통해 데이터 소스로 요청된다. 이는 데이터 소스 자격증명을 중앙에서 관리하고 신뢰할 수 있는 클라이언트를 제외한 모든 곳에서 네트워크를 통해 직접 액세스하는 것을 차단할 수 있다는 장점이 있지만, 모든 요청이 인증을 통과해야 하고 트래픽이 많아지기 때문에 그라파나 인스턴스에 추가 부하가 발생한다. 프록시 설정을 하지 않는 의미는 각각의 요청이 발생할 때 클라이언트 브라우저가 직접 데이터 소스에 접근하는 것을 의미한다. 이 환경설정에서는 그라파나에 액세스하는 사용자가 사용 중인 데이터 소스에 직접 액세스할 수 있으며, 데이터 소스에

엑세스하는 클라이언트으로의 접근을 허용하는 보안 설정이 각각 필요하다. 앞으로의 모든 예제에서 그라파나는 프록시 방식으로 쿼리를 설정한다.

다음 화면은 테스트 환경에서 사용 중인 설정이다.

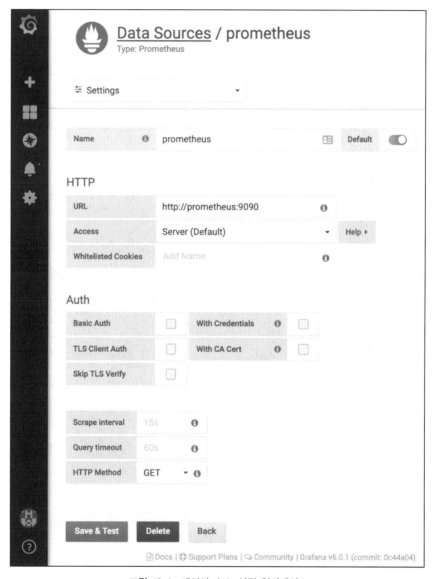

그림 10.4 데이터 소스 설정 인터페이스

Access 옵션은 Server(기본값)으로 설정돼 있으며, 이는 데이터 소스에 대한 모든 요청이 그라파나 인스턴스를 통해 프록시된다는 의미다.

탐색

탐색 기능은 그라파나 v6.0.x에 도입됐으며, 개발자들은 프로메테우스와 타이트한 연계를 지속적으로 개선 중이다. 탐색 기능이 있기 전에는 프로메테우스 쿼리를 수행하려면 프로메테우스 브라우저로 매번 이동해야만 했다.

이러한 편리함 외에도 다음 목록처럼 탐색 기능을 더욱 유용하게 만드는 몇 가지 주목할 만한 기능도 있다.

- **메트릭 목록**: 왼쪽 위 상단에 Metrics라는 콤보 박스를 찾을 수 있다. 이 목록에서는 메트릭이 접두사별로 그룹화된 계층 구조로 나열되며, 이중 콜론(::) 명명 규칙을 따르는 경우 레코딩 규칙을 감지하고 그룹화한다.
- **쿼리 필드**: 메트릭을 제안하고 자동 완성하는 것 외에도 쿼리 필드는 PromQL 함수에 대한 유용한 툴팁을 표시하고, 원본 표현식에서 감지되는 레코딩 규칙을 확장할 수 있다.
- **컨텍스트 메뉴**: 탐색 페이지의 대시보드 패널에서 직접 쿼리를 열도록 선택할 수 있다

다음 화면은 Explore의 인터페이스이고, 사용 중인 PromQL 함수에 대한 툴팁을 표시하고 있다.

그림 10.5 `label_replace` 함수의 툴팁을 보여주는 그라파나의 탐색 메뉴

탐색 메뉴는 왼쪽의 작은 나침반 아이콘이다.

대시보드

데이터 소스를 관리하는 것과 마찬가지로 대시보드를 추가하는 몇 가지 방법이 있다.

- 직접 개발
- grafana.com 커뮤니티의 대시보드 가져오기
- 저장된 대시보드 자동 프로비저닝

테스트 환경이 마지막의 자동 프로비저닝 형태의 방법을 사용하고 있기 때문에 다음 절에서는 다른 두 가지 방법을 중점적으로 살펴본다.

대시보드 파일은 대시보드의 선언적 표현이며, JSON 형식으로 모든 필수 설정이 선언돼 있다. 설정된 프로비저닝 경로에 대시보드 파일을 위치시키면 그라파나 서비스가 구동할 때 대시보드를 가져온다. 예제에서는 코드 조각에서도 볼 수 있듯이 기본 프로비저닝 경로를 사용했다.

```
vagrant@grafana:~$ ls /etc/grafana/dashboards/
node_exporter_basics.json
```

대시보드는 Home 메뉴로 이동해 페이지 왼쪽 상단의 **node_exporter_basics**를 선택해 찾을 수 있다. 다음 화면과 같이 메트릭이 시각적으로 변환된다.

그림 10.6 자동 프로비저닝된 샘플 대시보드

쿠버네티스 환경 그라파나 구동

이 절에서는 쿠버네티스 환경에 그라파나를 VM에 배포하는 것과 동일한 방법으로 배포할 때 운영자가 알아야 할 몇 가지 사항을 알아본다. 쿠버네티스 테스트 환경에서 그라파나와 프로메테우스를 배포하고 실행하는 쿠버네티스 매니페스트는 다음 경로의 코드 저장소에서 찾을 수 있다.

```
cd ./chapter10/provision/kubernetes/
```

쿠버네티스 배포 절차는 9장의 프로메테우스 오퍼레이터 부트스트래핑과 동일하며, 프로메테우스 오퍼레이터를 사용한 프로메테우스 인스턴스, 익스포터, 서비스 모니터 배포와 동일하므로 작업 절차를 다시 자세히 다루지는 않겠다. 추가 컨텍스트가 필요한 경우 7장을 참고하자.

다음 단계에서는 그라파나 구성 요소에 집중할 수 있도록 새로운 쿠버네티스 환경과 함께 모든 필수 소프트웨어를 프로비저닝한다.

1. 구동 중인 쿠버네티스 환경이 없는지 검증한다.

```
minikube status
minikube delete
```

2. 새로운 쿠버네티스 환경을 구동한다.

```
minikube start \
  --cpus=2 \
  --memory=3072 \
  --kubernetes-version="v1.14.0" \
  --vm-driver=virtualbox
```

3. 프로메테우스 오퍼레이터 구성 요소를 추가하고 배포한다.

```
kubectl apply -f ./bootstrap/
kubectl rollout status deployment/prometheus-operator -n monitoring
```

4. 프로메테우스 클러스터를 추가하고 배포를 확인한다.

```
kubectl apply -f ./prometheus/
kubectl rollout status statefulset/prometheus-k8s -n monitoring
```

5. 프로메테우스에 모든 타깃을 추가하고 확인한다.

```
kubectl apply -f ./services/
kubectl get servicemonitors --all-namespaces
```

쿠버네티스 환경이 준비됐으므로 그라파나의 특정 설정을 진행할 수 있다. 이제 VM 중심 테스트 환경과 마찬가지로 그라파나뿐만 아니라 데이터 소스와 대시보드도 프로비저닝한다.

데이터 소스의 경우 향후 인증과 같은 중요한 정보를 추가할 수 있으므로, 쿠버네티스의 시크릿^{Secret} 리소스를 사용할 것이다. 여기에는 해당 시크릿에 액세스하기 위한 서비스 어카운트^{ServiceAccount}도 포함하고 있다.

다음 매니페스트를 적용해 서비스 어카운트를 생성할 수 있다.

```
kubectl apply -f ./grafana/grafana-serviceaccount.yaml
```

시크릿을 사용하고 있기 때문에 데이터 소스 설정은 base64로 인코딩이 필요하다. 프로비저닝 설정 자체는 VM 배포 환경과 동일하지만 프로메테우스 URL은 쿠버네티스의 서비스^{Service}로 대체된다. 다음은 인코딩하기 전의 코드 조각이다.

```
...
datasources:
- name: prometheus
...
  url: http://prometheus-service.monitoring.svc:9090
...
```

다음의 매니페스트를 적용한 후 그라파나 데이터 소스가 포함된 새로운 시크릿을 사용할 수 있을 것이다.

```
kubectl apply -f ./grafana/grafana-datasources-provision.yaml
```

적용 후 그라파나 예제 대시보드를 추가한다. 그라파나의 예제 대시보드 정의 파일이 위치하는 경로를 명시하는 프로비저닝 환경설정과 함께 대시보드의 정의 파일을 해당 경로에 배치한다. 그라파나를 배포할 때 컨피그 맵^{ConfigMaps}으로 사용할 수 있으며, 대시보드 프로비저닝 환경설정을 보여주는 관련 코드 조각은 아래와 같다.

```
...
data:
  dashboards.yaml: |-
    {
        "apiVersion": 1,
        "providers": [{
            "folder": "",
            "name": "default",
            "options": {
                "path": "/etc/grafana/dashboards"
            },
            "orgId": 1,
            "type": "file"
        }]
    }
kind: ConfigMap
...
```

다음과 같이 다른 **ConfigMap**에는 예제 대시보드가 포함돼 있다.

```
...
data:
  node_exporter_basics.json: |-
    {
...
    }
kind: ConfigMap
...
```

다음 명령어를 사용해 쿠버네티스 테스트 환경에 매니페스트를 모두 배포한다.

```
kubectl apply -f ./grafana/grafana-dashboards-provision.yaml

kubectl apply -f ./grafana/grafana-dashboards.yaml
```

다음과 같이 이전의 모든 설정을 활용해 그라파나를 배포한다.

```
kubectl apply -f ./grafana/grafana-deployment.yaml
```

그라파나 배포는 데이터 소스의 시크릿을 마운트하고, 대시보드 프로비저닝과 대시보드를 정의한 컨피그맵을 VM 테스트 환경과 동일한 경로에 위치시킨다.

```
...
        volumeMounts:
        - name: grafana-datasources-provision
          mountPath: /etc/grafana/provisioning/datasources
        - name: grafana-dashboards-provision
          mountPath: /etc/grafana/provisioning/dashboards
        - name: grafana-dashboards
          mountPath: /etc/grafana/dashboards
...
```

다음 명령어를 사용해 배포 상태를 확인할 수 있다.

```
kubectl rollout status deployment/grafana -n monitoring
```

마지막으로 새로 시작한 그라파나 인스턴스에 접근할 수 있도록 서비스를 추가하고, 프로메테우스 오퍼레이터가 메트릭을 수집하도록 서비스 모니터를 추가해 프로메테우스를 설정한다.

```
kubectl apply -f ./grafana/grafana-service.yaml
```

```
kubectl apply -f ./grafana/grafana-servicemonitor.yaml
```

다음 명령어를 사용해 배포 상태를 확인할 수 있다.

```
minikube service grafana -n monitoring
```

테스트를 마치면 다음 명령어를 실행해 쿠버네티스 기반 테스트 환경을 삭제한다.

```
minikube delete
```

지금까지 쿠버네티스 환경에서 그라파나와 프로메테우스를 연계하는 방법을 간략하게 알아봤다. VM 테스트 환경과 크게 다르지 않으며, 여기서 다룬 세부 설정 정보를 활용해 다른 환경에서도 유용하게 사용할 수 있을 것이다.

▌자체 대시보드 개발

VM 테스트 환경에서 제공된 번들 대시보드를 사용할 수 있었다. 먼저 몇 가지 개념을 이해하고 자체 대시보드를 개발하는 방법을 살펴보자. 이번 절에서는 대시보드를 생성하는 프로세스를 설명한다.

대시보드 기초

대시보드는 여러 구성 요소로 구성돼 있다. 다음 절에서는 가장 중요한 개념인 패널, 시각화 지원, 템플릿 변수 사용, 데이터의 시간 범위 변경 등을 살펴본다.

패널

패널^{panel}은 대시보드의 시각화 영역에 있는 직사각형 모양의 공간이다. 다음 화면에 예제가 있으며. 드래그앤드롭으로 필요에 따라 재배치하고 다양한 치수로 크기를 조정할 수 있다. 또한 패널의 논리적 그룹화를 위해 행 안에 패널 셋을 넣을 수 있으며, 행을 확장하거나 축소해 해당 행 내의 패널을 표시하거나 숨길 수 있다.

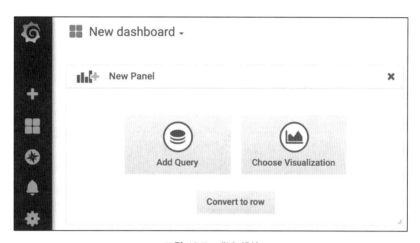

그림 10.7 패널 생성

패널은 선택한 데이터 소스를 쿼리할 수 있는 기능 외에도 여러 가지 시각화 옵션을 제공한다. 이러한 시각화 옵션을 사용해 간단한 단일 값 패널, 막대그래프, 선 그래프, 표 등 히트맵까지 다양한 방법으로 데이터를 표시할 수 있다. 다음 화면은 사용 가능한 기본 제공 시각화를 보여준다.

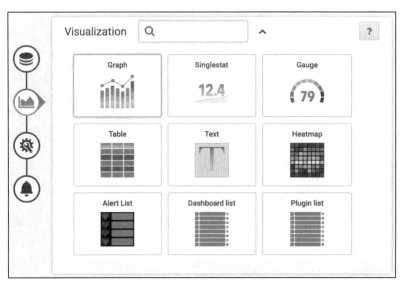

그림 10.8 기본 제공 시각화 옵션

앞의 화면에서는 몇 가지 패널 유형을 볼 수 있었다. 주로 가장 많이 사용하는 패널은 다음과 같다.

- **Graph**: 그라파나의 주요 패널이며, 다양한 PromQL 표현식을 통해 풍부한 2차원 그래프를 생성할 수 있는 도구를 제공한다.

- **Singlestat**: 단일 값 표시 패널이며, 반드시 PromQL 쿼리는 샘플이 하나만 있는 인스턴트 벡터를 반환해야 한다.

- **Gauge**: 임곗값을 사용해 정의된 상한 값과 하한 값을 기준으로 현재 값의 위치를 나타낸다. Singlestat 시각화와 마찬가지로 샘플이 하나만 있는 단일 인스턴트 벡터가 필요하다.

- **Table**: PromQL 표현식의 결과를 테이블 형식으로 타임스탬프, 결과 값과 함께 각각의 열에 레이블이 표시된다.

사용 가능한 시각화 각각에 대해 각 패널의 모양을 특별하게 사용자 정의할 수 있는 다양한 옵션이 있다. 공식 그라파나 문서에서 모든 옵션을 자세히 설명하므로 여기서는 가장 관련성이 높은 패널 옵션에 초점을 맞춰 설명한다.

변수

변수 기능은 매우 강력하다. 변수를 통해 대시보드 표현식에 사용할 수 있는 플레이스홀더[placeholder][1]를 구성할 수 있으며, 일반적으로 플레이스홀더는 대시보드 사용자에게 드롭다운 메뉴 형식으로 표시되고 정적 목록이나 동적 목록의 값으로 채워질 수 있다. 선택한 값이 변경될 때마다 그라파나는 해당 변수를 사용하는 패널의 쿼리를 자동으로 업데이트한다. 예제 대시보드에서는 사용자가 표시할 노드 인스턴스를 선택할 수 있도록 변수 기능을 적용했고, 일반적으로 쿼리에 사용되는 것 외에도 패널 제목에서도 사용할 수 있다.

변수 기능은 Dashboard Setting에서 사용할 수 있으며, 대시보드 내의 톱니 모양 아이콘을 클릭해 찾을 수 있다. 다음 화면은 Setting 메뉴의 node_exporter_basics 대시보드의 Variables 옵션을 설명한다.

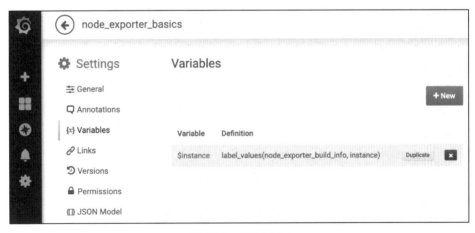

그림 10.9 대시보드 변수

---

1. 플레이스홀더는 텍스트 필드 내에 있는 짧은 도움말이다. – 옮긴이

앞 화면과 같이 PromQL 쿼리를 사용해 동적으로 **$Instance** 변수에 가능한 값을 가져온다.

 뷰포트(viewport)[2]가 충분히 크지 않은 경우 반응성이 높게 설계된 그라파나는 오른쪽 상단 아이콘 중 일부를 숨긴다.

시간 선택 기능

시간 선택 기능은 모든 대시보드에서 오른쪽 상단 모서리의 시계 아이콘이 포함된 버튼으로 사용할 수 있다. 인터페이스는 두 개 블록으로 분리되며, 현재 시간에 상대적으로 미리 정의된 시간 범위 Quick ranges 또는 정확한 시간 범위를 지정할 수 있는 Custom range다. 또한 이름에서 알 수 있듯이 Refresh every 옵션은 대시보드 패널을 지정된 간격으로 다시 자동 로드하고, 상대적인 시간 범위와 함께 새로운 데이터가 들어오는 것을 확인하는 데 유용하다.

다음 화면은 일련의 빠른 범위를 보여준다.

---

2. 뷰포트는 웹 페이지가 사용자에게 보여주는 영역이다. – 옮긴이

그림 10.10 시간 선택 기능

대시보드 기본 생성

그라파나의 대시보드 생성 프로세스를 실습한다. 왼쪽 + 기호 로고와 Dashboard를 클릭해 시작할 수 있다. 새로운 패널과 함께 비어 있는 새 대시보드가 열리고 편집할 준비가 될 것이다. 동적 대시보드 생성을 위해 새로운 변수를 생성하고, 프로메테우스 서버에서 사용 가능한 노드 익스포터의 인스턴스 목록으로 확장해보자.

 Shift + ? 키의 조합을 사용하면 사용할 수 있는 모든 바로 가기 키에 대한 유용한 툴팁이 표시된다.

목표 달성을 위해 오른쪽 상단의 톱니 모양 아이콘을 클릭하고 Dashboard settings 을 연 후 Variables를 선택한다. 다음 화면은 이러한 변수를 생성할 때 사용할 수 있는 옵션을 보여준다.

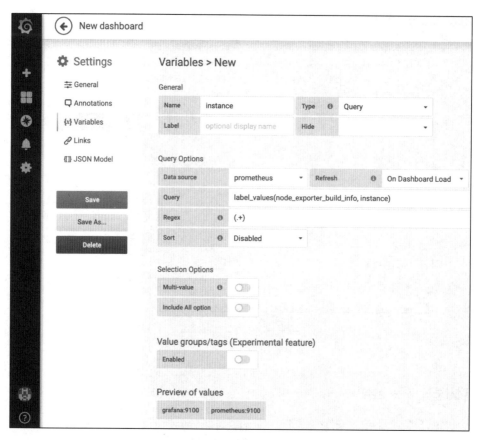

그림 10.11 변수 인터페이스

 앞의 화면에 표시된 미리 보기 값은 VM 기반 테스트 환경에서 가져온 노드 익스포터의 타깃을 나타낸다. 쿠버네티스 테스트 환경의 실습 과정에서는 다른 미리 보기 값을 볼 수 있을 것이다.

예제에서는 Query를 사용해 instance라고 명명된 변수를 생성했으며, 데이터 소스의 쿼리 결과에서 값을 채운다. 프로비저닝을 통해 설정한 prometheus로 데이터 소스를 지정하고 대시보드가 로드될 때 해당 변수를 새로 고침하게 설정한다.

노드 익스포터 인스턴스를 수집하려면 Query 필드에서 필요한 인스턴스를 반환할 수 있는 node_exporter_build_info 메트릭을 사용한다. label_values() 함수는 실제로는 유효한 PromQL은 아니지만, 그라파나에서 프로메테우스 데이터 소스 플러그인을 사용할 경우 제공된다.

Regex 필드는 쿼리 결과의 특정 부분과 일치하는 변수를 설정하는 데 사용된다. 예제에서는 인스턴스 레이블의 전체가 필요하기 때문에 정규 표현식 캡처 그룹 (.+)과 레이블의 모든 내용이 일치하게 된다. 화면 하단의 Preview of values에서 일치 항목을 확인할 수 있다. Add를 클릭해 example 이름으로 대시보드를 저장한 후 instance 이름으로 변수의 값에 드롭다운 메뉴를 볼 수 있다.

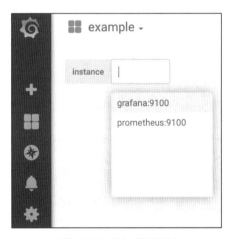

그림 10.12 변수 인터페이스

첫 번째 패널을 만들어보자.

오른쪽 위의 그래프 로고를 클릭하고 새 패널에서 Add Query를 클릭한다. 다음은 쿼리 인터페이스 화면이다.

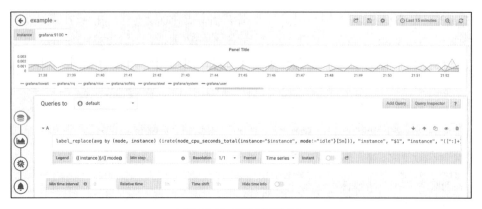

그림 10.13 쿼리 인터페이스

여기서 시각화 유형에 따라 원하는 데이터 소스에 하나 이상의 PromQL 쿼리를 지정해 수행할 수 있다. 예제에서는 모드당 CPU 사용량 그래프를 만들며, 이전에 생성했던 instance 변수를 사용해 쿼리 템플릿을 사용한다. $instance는 쿼리 수행 시점에 instance의 콤보 박스에서 선택한 값으로 교체된다.

전체 표현식은 다음과 같다.

```
label_replace(avg by (mode, instance)
(irate(node_cpu_seconds_total{instance="$instance", mode!="idle"}[5m])),
"instance", "$1", "instance", "([^:]+):.+")
```

label_replace() 함수를 사용해 Legend 필드에서 사용할 인스턴스 값에서 포트 (:9100)를 제거할 수 있다. 또한 {{ }} 템플릿 마커를 통해 메트릭 레이블 값이 설정되게 할 수 있으며, Query 메뉴 상단의 그래프 내에 범례를 표시할 수 있다. 다음 화면에서는 예제 대시보드에 적용된 몇 가지 시각적 옵션을 볼 수 있으며, 각 옵션을 살펴보자.

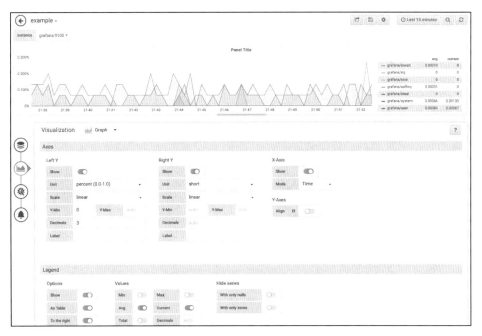

그림 10.14 시각화 인터페이스

Axen 섹션에서 활성화할 그래프 축을 선택하고, Right Y 설정 옵션은 축을 사용하지 않을 것이므로 변경하지 않는다. Left Y 설정에서는 특정 Unit 단위를 지정할 수 있으며, 예제에서는 백분율^percent(0.0 ~ 1.0)으로 설정하겠다. 여기서 단순하게 표현식에 100을 곱해 표현할 수 있지만, 그라파나가 제공하는 기능을 사용하는 것이 편리할 것이다. 알고 있듯이 값의 범위는 0부터 1까지이고, Percent Unit 유형은 0 ~ 1 범위의 값을 백분율(0 ~ 100)로 자동 변환한다. 또한 Y-min을 설정해 그래프가 쿼리 결과에서 가장 근접한 Y 값에서 시작하도록 함으로써 그래프를 시각적으로 이해하기 쉽게 할 수 있다. 예제에서는 Decimal 필드를 사용해 y 값의 척도를 소수점 세 자리까지 설정했고 X-Axis의 경우에는 변경하지 않았다.

Legend 섹션에서는 그래프 범례의 모양과 패널에서의 내부 위치를 제어할 수 있다. 예제에서는 그래프 오른쪽에 있는 표로 Y의 평균 % 값과 현재의 % 값을 표시했다.

패널 생성을 종료하려면 다음 화면처럼 General 메뉴로 이동하고, 여기서는 패널의 이름을 지정하고 설명을 추가할 수 있다. 설명 정보는 패널의 왼쪽 상단 모서리에 있는 작은 **i** 아이콘으로 확인할 수 있다.

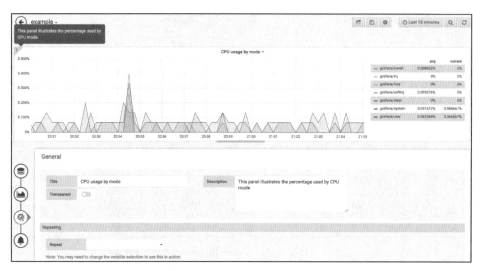

그림 10.15 패널의 General 메뉴

새로운 대시보드를 저장하려면 오른쪽 상단 모서리에 있는 작은 플로피 디스크 아이콘을 클릭한다. 지금까지 간단한 대시보드를 만들어봤다. 패널과 시각화를 계속 추가할 수 있으며, 주요 개념은 거의 유사하다. 테스트 환경에서 제공되는 다양한 시각화 옵션을 사용하는 방법과 대시보드 예제를 탐색할 수 있다.

대시보드를 만들 때 염두에 둬야 할 것은 불필요하게 어지럽게 흩어지는 것을 피하는 것이다. 일반적으로 수십 개의 패널과 함께 대시보드는 수많은 데이터가 표시된다. 어렵지 않게 문제를 빨리 해결할 수 있도록 적절한 양의 정보를 갖는 것이 좋다. 여기서 중요한 요점은 대시보드 내부에 서로 관련이 없는 패널이 있다면 각각의 대시보드로 분할하는 것이 좋다는 점이다.

대시보드 내보내기

그라파나는 대시보드를 쉽게 내보낼 수 있는 내보내기 기능을 제공한다. 내보내기할 대시보드를 열고 오른쪽 상단 패널의 플로피 디스크 아이콘 근처의 화살표 아이콘이 포함된 작은 사각형을 클릭한다.

다음이 창이 열릴 것이다.

그림 10.16 그라파나 대시보드 내보내기

다음과 같은 몇 가지 옵션이 제공된다.

- Export for sharing externally: 데이터 소스 이름을 템플릿하도록 활성화해 공개적으로 대시보드를 공유하는 데 유용하다. grafana.com 웹 사이트에 대시보드를 게시하려면 필수 작업 사항이다.
- View JSON: 대시보드의 코드를 시각화해 확인할 수 있다.
- Save to file: 대시보드를 JSON 파일로 다운로드할 수 있다.

다음으로 그라파나 대시보드 갤러리에서 대시보드를 다운로드하는 방법과 자체적으로 제작한 대시보드를 커뮤니티에 기여하는 방법을 알아본다.

▌ 커뮤니티 대시보드 탐색

그라파나는 널리 사용되며 거대한 커뮤니티를 갖고 있기 때문에 커뮤니티에 의해 수
많은 대시보드가 만들어지고 공유되고 있다. 그라파나에서는 등록된 사용자가 자신의
대시보드를 갤러리에 게시할 수 있도록 서비스를 제공하며, 누구나 자신의 그라파나
인스턴스에 다운로드해 설치할 수 있다. 다음 절에서는 커뮤니티에서 만든 대시보드
뿐만 아니라 개인이 소유한 대시보드를 게시하는 방법을 살펴본다.

그라파나 대시보드 갤러리

커뮤니티 기반 대시보드와 공식 대시보드는 모두 https://grafana.com/dashboards에
서 확인할 수 있으며, 선택 가능한 다양한 대시보드가 제공된다.

프로메테우스에 국한된 대시보드를 검색하려면 사이트에서 데이터 소스를 필터링한
다. 다음 화면에서 볼 수 있듯이 추가 필터를 적용해 원하는 정확한 검색 결과를 제한
할 수 있다.

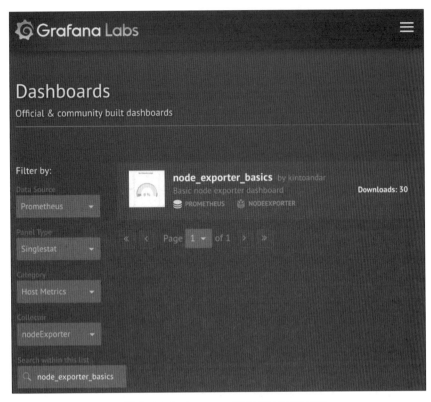

그림 10.17 Grafana.com 대시보드 필터링 결과

다음 화면처럼 관심 있는 대시보드를 선택해 열 수 있다.

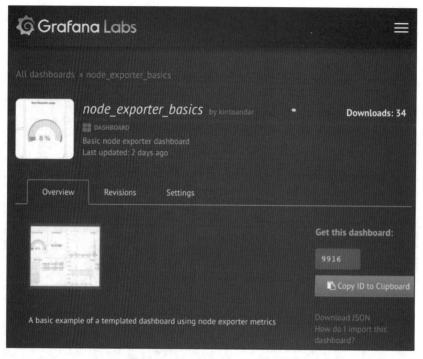

그림 10.18 Grafana.com 대시보드 정보

여기서는 대시보드에 대한 정보와 화면을 볼 수 있고, 오른쪽에 있는 ID 9916은 그라
파나 대시보드의 갤러리에 있는 고유 식별자다.

테스트 환경의 그라파나 인스턴스로 이동해 왼쪽의 메인 메뉴에서 더하기 기호를 클
릭하고 하위 메뉴에서 Import를 선택한 후 다음 화면과 같이 텍스트 필드에 고유 식별
자를 붙여 넣는다.

그림 10.19 대시보드 가져오기 인터페이스

ID에 붙여 넣으면 대시보드의 이름, 저장할 폴더, 사용할 데이터 소스를 묻는 새 메뉴가 나타난다. 같은 이름의 기존 대시보드와 충돌이 있는 경우에는 가져오기 프로세스를 완료하기 전에 문제를 해결하라는 메시지가 표시된다.

대시보드 게시

새로 제작한 대시보드를 쉽게 그라파나 커뮤니티에 게시할 수 있다. 먼저 https://grafana.com/signup에서 그라파나 웹 사이트에 대한 계정을 등록한다. 성공적으로 계정 등록이 끝나면 Personal과 My Dashboards를 통해 프로필로 들어가거나 https://grafana.com/orgs/<user>/dashboards 링크를 사용해 <user>를 그라파나 사용자 계정명으로 변경해 접속한다.

My Dashboards 메뉴에서 Upload Dashboard 버튼을 클릭하면 업로드 양식이 열리고 대시보드를 업로드하도록 요청할 수 있다. 그라파나 내보내기 기능을 통해 Export for sharing externally 옵션을 사용한 대시보드만 허용된다.

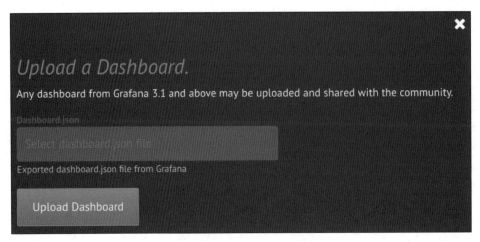

그림 10.20 대시보드 업로드 양식

이제 모두 완료됐다. 앞으로 대시보드에 대한 고유한 숫자 ID를 얻을 수 있으며, 전세계에서 ID를 사용해 공유할 수 있다. 또한 게시된 대시보드를 지속적으로 업데이트할 수 있으며, 부여된 ID는 변경되지 않는다. 그러나 업데이트할 때 게시됐던 대시보드는 리비전됨으로써 사용자는 항상 최신 리비전만 다운로드할 수 있다.

▌ 프로메테우스 기본 시각화

과거에는 프로메테우스가 대시보드를 만드는 PromDash라는 자체 도구를 유지했다. 시간이 지나면서 그라파나가 데이터 소스로 프로메테우스를 네이티브하게 지원하도록 개선시킨 이후 프로메테우스 커뮤니티는 그라파나를 주요 시각화 솔루션으로 사용하게 됐다. 따라서 PromDash는 그라파나와 프로메테우스에 익숙한 개발자/사용자들이 더 이상 사용하지 않는다.

PromDash의 소스코드는 https://github.com/prometheus-junkyard/promdash에서 찾을 수 있다.

346

주로 시각화 솔루션으로 그라파나를 권장하지만, 프로메테우스는 콘솔 템플릿^{console} templates이라는 내부 대시보드 기능을 함께 제공한다. 콘솔 템플릿은 HTML/CSS/자바 스크립트로 작성되며, Go 언어의 템플릿 기능을 활용해 프로메테우스 서버 자체에서 콘솔이라는 대시보드를 생성할 수 있다. 콘솔 템플릿은 매우 빠르고 쉬운 사용자 정의 가 가능하다. 콘솔 템플릿은 복잡한 만큼 강력한 기능을 제공한다. 다음 절에서 간략 하게 콘솔 템플릿의 기능과 사용하고 빌드하는 방법을 살펴본다.

콘솔 템플릿 사용

프로메테우스 릴리스의 아카이브 패키지를 압축 해제하면 서버와 promtool 바이너리 파일 외에 몇 가지 콘솔 템플릿을 즉시 사용할 수 있다. 다음과 같이 테스트 환경 내의 시스템 경로에서 압축을 해제한 템플릿을 확인할 수 있다.

```
vagrant@prometheus:/usr/share/prometheus$ systemctl cat prometheus
...
ExecStart=/usr/bin/prometheus \
    --config.file=/etc/prometheus/prometheus.yml \
    --storage.tsdb.path=/var/lib/prometheus/data \
    --web.console.templates=/usr/share/prometheus/consoles \
    --web.console.libraries=/usr/share/prometheus/console_libraries
...
```

콘솔이 정상적으로 작동하려면 두 디렉터리를 모두 올바르게 구성해야 한다. 콘솔 라이브러리는 반복 작업을 줄이려고 콘솔 템플릿에 사용하는 헬퍼^{helper} 함수를 정의한 다. 다음 절에서 자체 템플릿을 개발할 때의 콘솔 라이브러리를 자세히 살펴본다.

현재 프로메테우스와 함께 제공되는 콘솔 템플릿은 다음과 같다.

```
$ vagrant@prometheus:~$ ls -lh /usr/share/prometheus/consoles
total 36K
-rw-r--r-- 1 root root  623 Mar 10 16:28 index.html.example
-rw-r--r-- 1 root root 2.7K Mar 10 16:28 node-cpu.html
-rw-r--r-- 1 root root 3.5K Mar 10 16:28 node-disk.html
-rw-r--r-- 1 root root 1.5K Mar 10 16:28 node.html
-rw-r--r-- 1 root root 5.7K Mar 10 16:28 node-overview.html
-rw-r--r-- 1 root root 1.4K Mar 10 16:28 prometheus.html
-rw-r--r-- 1 root root 4.1K Mar 10 16:28 prometheus-overview.html
```

index.html.example에서 볼 수 있듯이 이러한 템플릿은 prometheus와 node로 명명된 프로메테우스와 노드 익스포터^{Node Exporter}의 프로메테우스 스크레이핑 설정에서는 작동하지 않을 수 있다.

웹 인터페이스 URL http://192.168.42.10:9090/consoles/index.html.example에서 사용 가능한 콘솔을 탐색하고 액세스할 수 있다. 다음 화면은 프로메테우스 인스턴스 노드의 CPU 콘솔을 보여준다.

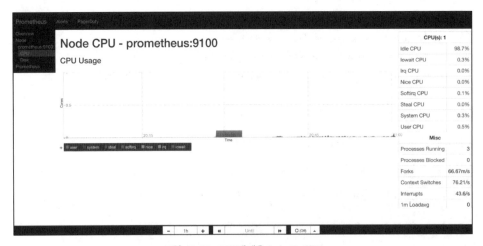

그림 10.21 프로메테우스 노드 CPU

콘솔 템플릿 기본

처음부터 콘솔 템플릿을 제작하는 것은 학습 곡선^{learning curve}이 가파르다. 그라파나와 달리 콘솔 템플릿은 HTML과 자바스크립트로 직접 제작되고 Go 템플릿과 섞여 함께 사용된다. 콘솔은 기술적으로 어떤 형태의 폼을 가질 수 있음을 의미하지만, 단순성을 위해 내장된 콘솔 라이브러리에서 제공하는 구조를 고수할 것이다.

예제 콘솔 템플릿을 제공하는 라이브러리는 콘솔의 기본이 된다. 필요한 CSS와 자바스크립트를 포함해 HTML 구조를 구성하고 기본 콘솔 콘텐츠 주위에 있는 네 가지 섹션의 모델링(상단의 내비게이션 바, 왼쪽의 메뉴, 아래의 콘솔 시간 제어기, 오른쪽의 요약 통계 테이블 등) 작업을 처리한다. 다음 코드를 통해 간단한 콘솔 템플릿을 구성하는 방법을 살펴본다.

```
{{template "head" .}}

{{template "prom_content_head" .}}
```

head 템플릿은 CSS와 자바스크립트, 상단 내비게이션 바, 메뉴의 포함을 정의하는 HTML로 확장되고, 다음 코드처럼 **prom_content_head** 템플릿은 시간 제어기를 정의한다.

```
<h1>Grafana</h1>

<h3>Requests by endpoint</h3>
<div id="queryGraph"></div>
<script>
new PromConsole.Graph({
    node: document.querySelector("#queryGraph"),
    expr: "sum(rate(http_request_total{job='grafana'}[5m])) by (handler)",
    name: '[[ handler ]]',
    yAxisFormatter: PromConsole.NumberFormatter.humanizeNoSmallPrefix,
```

```
    yHoverFormatter: PromConsole.NumberFormatter.humanizeNoSmallPrefix,
    yUnits: "/s",
    yTitle: "Requests"
  })
</script>
```

해당 섹션에서는 콘솔을 정의한다. queryGraph 요소는 그래프를 생성하는 데 사용하는 자바스크립트 라이브러리의 플레이스홀더로 사용된다. 반면 자바스크립트 코드 조각은 사용한 것(node), 그래프 표현식(expr), 사용 범례(name) , y축 설정의 셀렉터와 함께 그래프를 설정한다.

```
{ {template "prom_content_tail" .} }

{ {template "tail"} }
```

마지막 두 템플릿은 첫 번째 템플릿이 열렸던 섹션을 닫고 작성된 HTML이 잘 구성되는 데 필요하다.

10장의 테스트 환경에서 결과 콘솔은 http://192.168.42.10:9090/consoles/grafana. html에서 사용할 수 있고, 다음 화면에서 확인할 수 있다.

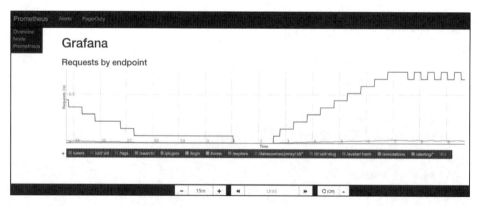

그림 10.22 초당 그라파나 요청에 대한 콘솔 예제

350

왼쪽 메뉴에 새로 생성한 콘솔 템플릿의 링크가 없을 것이다. 이는 포함된 menu.lib에서 프로메테우스와 함께 제공되는 예제 콘솔 템플릿만 지원하기 때문이다. 실제 사용자 정의 콘솔 템플릿은 해당 라이브러리를 교체해 배포해야 한다. 이렇게 하면 상단의 내비게이션 바에 내부의 다른 시스템 링크를 추가할 수 있으며, 왼쪽의 내비게이션 메뉴에서 사용할 수 있는 콘솔을 나열할 수 있다. 템플릿에서 PromQL 쿼리를 수행할 수 있다는 사실을 활용하면 프로메테우스 인스턴스에서 스크레이핑할 작업을 찾아 유사한 콘솔에 대한 링크를 생성할 수 있다.

▌요약

10장에서는 프로메테우스의 표준 시각화 도구로 그라파나를 다뤘으며, 데이터 소스뿐만 아니라 대시보드를 프로비저닝하는 방법을 알아봤다. 대시보드 구성 요소를 학습한 후 간단한 대시보드를 작성해 대부분의 대시보드에 필요한 것을 단계별로 학습했다. 또한 커뮤니티에서 제공하는 대시보드 갤러리를 활용하는 방법도 살펴봤다. 그라파나 커뮤니티에 대시보드를 공유하는 것은 매우 중요한 사항이므로, 대시보드를 내보내고 다시 게시하는 과정을 실습했다. 마지막으로 프로메테우스 기본 시각화 도구 콘솔을 소개했으며, 콘솔의 학습 곡선이 가파르더라도 매우 좋은 기능이 될 수 있다.

11장에서는 알림 매니저의 기능을 가장 잘 활용하는 방법, 프로메테우스와 연계하는 방법을 살펴본다.

▌질문

1. 그라파나에서 데이터 소스를 자동으로 프로비저닝하는 방법은 무엇인가?
2. 그라파나 갤러리에서 대시보드를 가져오는 단계는 무엇인가?

3. 그라파나 대시보드 변수는 어떻게 동작하는가?

4. 대시보드의 구성 요소는 무엇인가?

5. grafana.com에 게시된 대시보드를 업데이트할 때 ID는 변경되는가?

6. 프로메테우스 용어에서 콘솔은 무엇인가?

7. 프로메테우스 콘솔 템플릿을 사용하는 이유는 무엇인가?

▌ 더 읽을거리

- **그라파나 탐색**: http://docs.grafana.org/features/explore/

- **그라파나 템플릿**: http://docs.grafana.org/reference/templating/

- **그라파나 시간 범위**: http://docs.grafana.org/reference/timerange/

- **콘솔 템플릿 공식 문서**: https://prometheus.io/docs/visualization/consoles/

- **콘솔 템플릿 모범 사례**: https://prometheus.io/docs/practices/consoles/

11

알림 매니저

알림은 모든 모니터링 스택에서 중요한 구성 요소다. 프로메테우스 생태계에서 알림 alerts과 그에 따른 통지notifications는 분리돼 있다. 알림 매니저AlertManager는 통지를 처리하는 구성 요소다. 11장에서는 알림 매니저를 사용해 알림을 유용한 통지로 변환하는 방법을 살펴본다. 신뢰성에서 사용자 정의까지, 알림 매니저의 설정 방법, 문제 해결, 사용자 정의 시 필요한 옵션 등 내부 동작 방식을 자세히 알아본다. 알림 라우팅, 무음, 차단과 같은 개념을 이해하도록 각자의 스택에서 구현 방법을 다룬다.

알림 매니저는 중요한 구성 요소이기 때문에 고가용성high availability도 살펴볼 예정이며, 프로메테우스와 알림 매니저의 관계도 설명한다. 사용자 정의 통지를 설정하고, 통지를 재사용 가능한 템플릿으로 작성하고 사용하는 방법을 배우며, 통지가 목적지에 도착할 때 정확한 정보를 전달하도록 구성한다. 모니터링 시스템을 모니터링하는 방법과 더 중요한 것으로 시스템이 부분적으로 또는 완전히 중단됐을 때 통지를 받는 방법을 알아보며 11장을 마친다.

11장에서 다루는 내용은 다음과 같다.

- 테스트 환경
- 알림 매니저 기초
- 알림 매니저 설정
- 알림 매니저 통지 연계
- 알림 통지 사용자 정의

▌ 테스트 환경

이 절에서는 알림 매니저를 실습하고 가용성 설정을 시뮬레이션하기 위해 새로운 세 가지 인스턴스를 구성한다. 이를 통해 필요한 설정을 노출할 뿐만 아니라 모든 것이 어떻게 함께 동작하는지 확인할 수 있다.

사용할 설정은 다음 다이어그램과 유사하다.

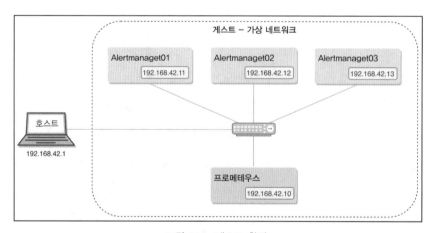

그림 11.1 테스트 환경

배포

먼저 테스트 환경에 알림 매니저를 배포한다.

1. 새로운 테스트 환경을 구성하기 위해 저장소 루트를 기준으로 11장의 경로로 이동한다.

```
cd ./chapter11/
```

2. 실행 중인 다른 테스트 환경이 없는지 확인하고 11장의 환경을 구동한다.

```
vagrant global-status

vagrant up
```

3. 다음 명령어를 사용해 테스트 환경의 성공적인 배포를 확인할 수 있다.

```
vagrant status
```

다음과 같은 출력이 표시된다.

```
Current machine states:
prometheus running (virtualbox)
alertmanager01 running (virtualbox)
alertmanager02 running (virtualbox)
alertmanager03 running (virtualbox)

This environment represents multiple VMs. The VMs are all listed above with
their current state. For more information about a specific VM, run `vagrant
status NAME`.
```

배포 작업이 끝나면 선호하는 자바스크립트 지원 웹 브라우저를 사용해 호스트 시스템에서 다음 엔드포인트를 확인할 수 있다.

서비스	엔드포인트
프로메테우스	http://192.168.42.10:9090
Alertmanager01	http://192.168.42.11:9093
Alertmanager02	http://192.168.42.12:9093
Alertmanager04	http://192.168.42.13:9093

다음 명령어 중 하나를 사용해 인스턴스에 액세스할 수 있어야 한다.

인스턴스	명령어
프로메테우스	vagrant ssh prometheus
Alertmanager01	vagrant ssh alertmanager01
Alertmanager02	vagrant ssh alertmanager02
Alertmanager04	vagrant ssh alertmanager03

정리

테스트를 마쳤으면 chapter11/ 내에 있는지 경로를 확인하고 다음을 실행한다.

```
vagrant destroy -f
```

필요한 경우 쉽게 환경을 재구성할 수 있다.

▌알림 매니저 기초

9장에서 프로메테우스 알림 규칙의 작동 방식을 다뤘다. 하지만 그 자체만으로는 크게 유용하지 않을 것이다. 앞에서 언급한 바와 같이 프로메테우스는 외부 시스템으로 웹훅^{Webhook} 스타일의 HTTP 인터페이스를 통해 통지 처리와 라우팅을 위임한다. 여기서 알림 매니저가 역할을 수행한다.

알림 매니저는 프로메테우스 알림 규칙에서 생성된 알림을 전달받고 통지로 변환하는 역할을 수행한다. 통지 도구는 이메일 메시지, 채팅 메시지, 페이저 또는 심지어 웹훅과 같은 모든 형태와 연계하며, 데이터 저장소에 알림을 저장하거나 티켓 생성/업데이트 등의 사용자 정의 작업을 트리거할 수 있다. 또한 알림 매니저는 여러 인스턴스에 걸쳐 상태 정보를 분산하기 때문에 이미 전송된 알림과 무음 처리된 알림 등을 기억하고 유지할 수 있는 공식 스택의 유일한 구성 요소다.

통지 파이프라인

다음 다이어그램은 알림 매니저의 아키텍처 다이어그램에서 영감을 받아 알림이 통지 도구로 성공적으로 전송할 때 수행되는 단계의 개요를 설명한다.

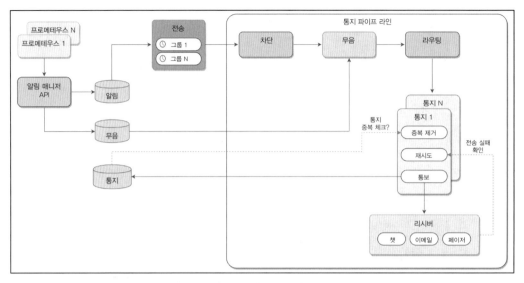

그림 11.2 통지 파이프라인 개요

앞의 다이어그램은 설명한 부분이 많기 때문에 다음의 일부 절에서 각 단계를 자세히 살펴본다. 알림 파이프라인의 작동 방식을 알고 있으면 다양한 설정 옵션을 이해하고 알림이 누락될 때 문제를 해결하는 데 도움이 되고, 알림 매니저가 제공하는 모든 기능을 최대한 활용할 수 있다.

통지 파이프라인의 알림 그룹 전송

알림 규칙이 트리거될 때마다 프로메테우스는 JSON 페이로드 형식으로 알림을 알림 매니저 API에 전송하고 해당 규칙의 각 평가 주기나 매분 업데이트를 지속적으로 전송한다. 이는 `--rules.alert.resenddelay` 플래그를 사용해 설정 가능하다. 알림 매니저에 알림이 수신되면 `alertname`과 같은 하나 이상의 알림 레이블을 사용해 알림을 그룹화하는 전송 단계를 거친다. 11장 뒷부분의 '알림 매니저 설정' 절에서 자세한 내용을 살펴본다. 그룹화를 통해 여러 개의 알림을 카테고리로 정렬할 수 있으며, 동일한 카테고리의 여러 알림을 단일 알림으로 그룹화해서 통지 파이프라인을 트리거하고 알림 수를 줄일 수 있다.

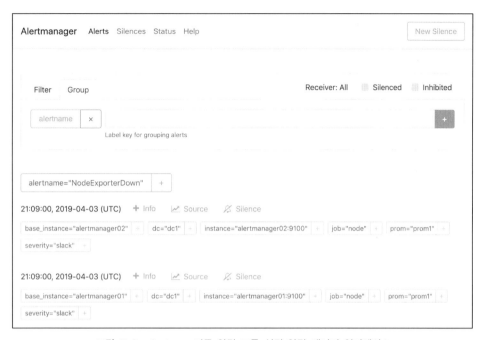

그림 11.3 `alertname` 기준 알림 그룹 설정 알림 매니저 인터페이스

동일한 환경설정(고가용성/이중화를 추구할 때 일반적인 설정)으로 여러 프로메테우스 인스턴스를 실행할 경우 동일한 조건에 대한 알림 규칙이 반드시 동시에 트리거되지는 않는다. 알림 매니저에서는 이러한 상황을 설정 가능한 시간 간격으로 설명한다. 같은 종류의 문제에 여러 통지를 전송하지 않도록 유사한 통지를 그룹화하고, 통지 작업을 수행하기 전에 대기한다.

사용자 정의 설정에 따라 그룹화가 병렬로 수행되며, 각 그룹은 통지 파이프라인을 트리거하고 이는 다음 절에서 설명한다.

차단

서버 랙의 TOR^Top-Of-Rack 스위치 장애는 알림 차단^inhibition이 무엇인지 이해하는 데 도움이 되는 좋은 예다. 위 시나리오에서 랙 내의 모든 서버와 서비스에 동시에 접근할 수 없기 때문에 알림이 트리거될 것이다. 이러한 문제를 방지하려고 TOR 스위치에 알림을 사용할 수 있다. TOR 스위치의 알림이 트리거되면 해당 랙의 다른 모든 알림을 차단할 수 있다. 이를 통해 운영자는 실제 문제에 더욱 집중할 수 있고, 통지가 빗발치는 것을 방지할 수 있다.

요약하자면 차단 설정을 통해 알림 간의 의존성을 매핑할 수 있으며, 통지 파이프라인으로 의존성 있는 알림을 차단할 수 있다. 차단 설정은 알림 매니저 환경설정 파일에서 구성할 수 있으며, 변경이 필요한 경우 알림 매니저의 서비스 리로드가 필요하다.

무음

무음^{Silencing}은 모니터링/알림 시스템의 일반적인 개념으로, 알림 통지가 특정 시간 범위 내에서 발생하는 것을 방지할 수 있는 방법이다. 유지 관리 기간 동안 통지를 사용하지 않게 설정하거나, 사고 중 중요도가 낮은 알림을 일시적으로 억제하는 데 종종 사용된다. 알림 매니저는 알림 정보에 하나 이상의 구분 레이블을 사용해 무음 개념을 제공한다. 알림 레이블에는 원본 통지 규칙의 표현식, 통지 이름, `alert_relabel_configs` 설정을 통한 알림 레이블 필드뿐만 아니라 프로메테우스의 `external_labels` 설정 레이블이 있다. 즉, 이러한 레이블 중 하나 또는 레이블 조합을 통해 레이블을 매칭시키거나 정규 표현식 매칭을 통해 통지를 일시적으로 비활성화할 수 있다.

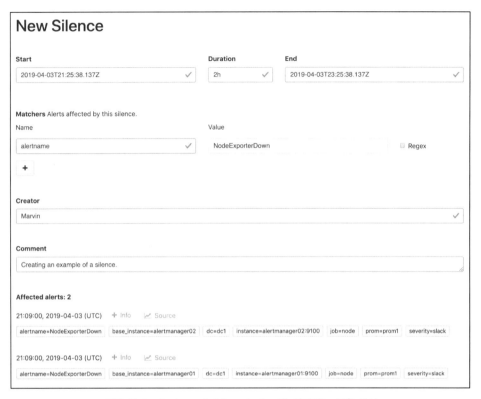

그림 11.4 `alertname=NodeExporterDown`과 일치하는 무음 생성

> **TIP**
>
> 정규 표현식(regex) 매칭을 사용할 때 예상한 것과 반대로 알림이 무음일 수 있으므로 주의해야 한다. 알림 매니저 웹 UI에서 새로운 무음을 만들 때 어떤 알림이 무음으로 되는지 미리 보기를 표시할 수 있어 도움이 된다.

무음은 런타임 시 정의되며, 알림 매니저 웹 인터페이스, amtool(알림 매니저 커맨드라인 인터페이스)을 사용하거나 API를 호출해 직접 설정할 수 있다. 무음은 사고 기간동안 알림이 실행 중일 때 설정할 수 있으며, 계획된 유지 관리 작업을 할 때 당직 근무자가 스팸을 받지 않도록 미리 설정할 수 있다. 무음은 발생하는 알림에 대한 영구적인 해결책이 될 수 없으며, 일시적인 방법일 뿐이다. 반드시 무음 설정에는 만료 날짜를 설정해야 하며, 웹 UI에서는 현재부터 앞으로 날짜만을 인식한다.

차단 처리 다음으로 무음 단계가 진행되기 때문에 차단 규칙을 트리거하는 알림을 무음 처리하면 종속성 있는 다른 알림을 지속적으로 차단할 것이다.

알림이 무음과 일치하지 않는다면 통지 파이프라인의 다음 단계인 라우팅 단계로 이동한다.

라우팅

알림 배치가 라우팅^{Routing} 단계에 도달하면 알림 매니저는 알림을 어디로 전송할 것인지 결정해야 된다. 가장 일반적인 사용 사례는 서로 다른 사람의 다른 알림 규칙과 통지 방법, 통지 심각도 또는 이들을 조합할 경우 라우팅 단계에서는 라우팅 트리를 통해 구현할 수 있다. 라우팅은 라우트 셋으로, 각 레이블과 리시버에 대한 특정 매치 조건과 알림 그룹이 라우팅을 통과할 때 서브라우트와 일치 항목이 없는 경우 모든 알림 그룹을 수신하는 리시버인 루트 노드로 구성돼 있다. 또한 서브라우트 안에 자체 라우트를 가질 수 있으며, 다단계 라우팅 트리를 만들 수 있다. 매칭은 라우트가 정의된 순서대로 수행되며, 라우트가 매칭된 경우 먼저 정의된 서브라우트로 분기되고, 가장 마지막의 매칭에서 어떤 리시버를 사용할지 정의한다. 라우팅은 알림 매니저 환경설정을 사용해서 실행해보면 명확히 이해될 것이다.

리시버와 통지기는 전화번호부의 연락처와 유사한 개념으로 동작한다. 리시버는 연락처 정보와 비슷하게 여러 통지기를 가질 수 있으며, 연락처의 이름으로 명명된다. 알림 매니저는 일반적으로 다음 카테고리 이메일, 채팅(Slack, WeChat, HipChat), 페이지(PagerDuty, Opsgenie, VictorOps, Pushover) 중 하나에 속하는 다양한 통지기를 지원한다. 또한 알림 매니저에서 제공되지 않는 통지 시스템을 지원할 수 있도록 일반적인 연계 지점인 웹훅 통지기도 지원한다.

라우팅 단계가 통지 배치를 리시버와 연결한 후 알림 매니저는 해당 리시버에 지정된 각 통지기에 대해 통지 작업을 실행한다. 이 작업에서는 통지의 중복 제거, 전송, 재시도를 처리한다. 중복 제거의 경우 먼저 11장 뒷부분에서 설명되는 통지 로그를 확인하고, 특정 통지가 아직 전송되지 않았는지 확인한다. 이미 통지가 전송된 경우 추가 작업은 없다. 다음으로 통지가 전송되고 정상적으로 통지 전송이 완료될 때 해당 내용이 통지 로그에 기록될 것이다. API 에러, 연결 시간 초과 등으로 통지 전송이 실패하는 경우 전송 작업이 다시 시도된다.

지금까지 통지 파이프라인의 기초를 알아봤으며, 다음으로 여러 알림 매니저 인스턴스가 있을 때 동작하는 방식과 통지 상태를 어떻게 인스턴스에서 공유하는지 살펴본다.

알림 매니저 클러스터링

통지 파이프라인의 개요에서는 알림 매니저의 고가용성 구성 요소를 다루지 않겠다. 알림 매니저의 고가용성 구현을 위해 HashiCorp의 memberlist(https://github.com/hashicorp/memberlist) 라이브러리의 가십^{gossip} 프로토콜에 의존하고 합의 기반$^{consensus-based}$ 프로토콜을 사용하지 않는다. 클러스터를 구성할 때 홀수 개의 인스턴스 구성이 필요 없다는 의미고, 가십 프로토콜을 사용해 클러스터는 모든 알림 매니저 인스턴스 간에 통지 로그(nflog)를 공유하며, 통지에 대한 클러스터의 전체 상태를 인식한다. 네트워크 파티션이 발생하는 경우 모든 통지를 전체적으로 수신하지 못하는 것보다 각 파티션에서 통지를 전송해 더 많은 통지를 수신하는 것이 더 좋은 방법일 것이다.

차단 기능은 환경설정 파일로 관리되기 때문에 모든 알림 매니저 인스턴스에 대해 동일한 차단 설정이 필요하다. 그러나 무음은 가십 프로토콜을 통해 클러스터 내의 정보를 공유하기 때문에 단일 알림 매니저 인스턴스의 런타임에 설정한다. 이는 알림 매니저 클러스터가 정상적으로 동작하는지 검증하는 좋은 방법이다. 즉, 설정한 무음 상태가 클러스터의 모든 인스턴스에 표시되는지를 확인하면 된다.

알림 매니저의 /#/status 페이지에서는 설정된 피어와 함께 가십 프로토콜 클러스터 상태를 표시한다. 테스트 환경에서 http://192.168.42.11:9093/#/status: 엔드포인트에서 확인할 수 있다.

그림 11.5 알림 매니저 클러스터 상태

알림 매니저에서 클러스터링이 작동하는 방식은 다음과 같다. 먼저 모든 프로메테우스 인스턴스는 설정돼 있는 모든 알림 매니저 인스턴스에 알림을 보낸다. 인스턴스가 모두 동일한 HA 클러스터에 있다고 가정할 때 알림을 수신한 첫 번째 인스턴스가 가장 먼저 알림을 처리한다. 첫 번째 인스턴스는 가십 프로토콜을 통해 통지 로그를 분배하며, 성공적으로 전송된 알림을 나열한다. 통지 목록을 전송받은 나머지 알림 매니저 인스턴스는 각각의 위치 순서대로 통지 로그 업데이트를 다시 기다릴 것이다. 통지 로그의 알림은 이러한 인스턴스에 의해 다시 보내지지 않는다. 통지 로그에 가십 프로토콜 지연이 완료될 때까지 지정된 통지를 처리했다고 명시돼 있지 않으면 두 번째 알림 매니저가 이를 처리한다.

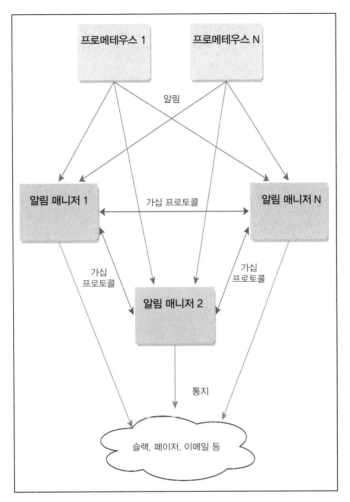

그림 11.6 알림 매니저 클러스터 개요

알림 매니저 클러스터의 인스턴스는 자체적으로 중복 제거를 처리하기 때문에 프로메테우스 인스턴스는 모든 알림 매니저 인스턴스와 직접 연결한다. 즉, 프로메테우스와 알림 매니저 사이에 로드밸런서를 설정하지 않아야 한다는 의미다.

알림 매니저 클러스터링은 모든 인스턴스가 동일한 환경설정 파일로 실행 중이라고 가정한다. 그렇지 않을 경우 통지 중복 제거 기능에 영향을 미친다.

▍알림 매니저 설정

9장에서 프로메테우스가 어떻게 통지를 생성하고 전송하는지 살펴봤다. 또한 알림과 통지의 구별을 분명히 이해했고, 프로메테우스에서 보내는 알림을 알림 매니저를 사용해 처리하고 통지로 변환할 것이다.

다음으로는 프로메테우스에서 필요한 설정과 알림 매니저에서 사용할 수 있는 설정 옵션을 살펴보고 테스트 환경 모니터링 스택에서 통지가 전송되도록 진행한다.

프로메테우스 환경설정

프로메테우스에서 몇 가지 설정이 완료돼야 알림 매니저를 사용할 수 있다. 가장 먼저 해야 할 것은 알림 매니저에 외부 시스템과 통신할 때 시계열에 추가되는 레이블인 외부 레이블을 설정하는 것이다. region, datacenter, environment와 같은 메트릭의 출처를 확인하기 위한 고유한 레이블이다. 일반적으로 모든 스크레이핑과 레코딩 규칙에 동일한 이름/값의 레이블을 추가하고 싶은 경우에 프로메테우스 인스턴스에서 로컬 메트릭에 대한 차원^{dimension}이 없기 때문에 외부 레이블이 더 합리적일 것이다. 12장에서는 페더레이션^{federation} 또는 롱텀^{long-term} 메트릭 스토리지 등 상위 레벨의 시스템에서 활용 가능한 부분을 살펴본다. 예제와 같이 외부 레이블은 프로메테우스 기본 환경설정 파일 내의 최상위 global 키 내에 정의된다.

두 번째 작업은 프로메테우스를 설정해 알림 매니저로 통지를 보낼 수 있게 한다. 앞의 '알림 매니저 클러스터링' 절에서 설명한 대로 프로메테우스 인스턴스가 필요하며, 개별적으로 모든 알림 매니저 클러스터 멤버에 통지를 보내는 것을 확인할 수

있다. 프로메테우스 환경설정 파일 내의 최상위 섹션 alerting으로 설정되며, 다음과
같이 테스트 환경에서 환경설정 파일의 예제를 확인할 수 있다.

```
vagrant@prometheus:~$ cat /etc/prometheus/prometheus.yml
global:
  external_labels:
    dc: dc1
alerting:
  alertmanagers:
  - static_configs:
    - targets:
      - alertmanager01:9093
      - alertmanager02:9093
      - alertmanager03:9093
...
```

alerting 섹션에서는 5장에서 설명한 것처럼 relabel_config, metric_relabel_
configs와 동일한 설정 문법을 갖는 alert_relabel_configs를 사용할 수 있지만,
이는 알림을 전송할 때에만 적용된다. 여기서 레이블 재지정을 사용하는 것은 특정
알림이 알림 매니저에 도달하지 못하게 하거나, 그룹화를 용이하게 하기 위한 레이블
의 변경이나 삭제, 그리고 external_labels에서는 설정이 불가능한 특정 알림별 레이
블을 추가하는 데 활용할 수 있다. alert_relabel_configs는 알림을 전송하기 직전
에 실행되기 때문에 외부 레이블이 알림에 포함돼 있고, 이를 조작할 수 있다. 다음은
environment 레이블이 있는 알림과 development 값이 일치하는 알림을 알림 매니저
로 전송하지 못하게 하는 예다.

```
alert_relabel_configs:
- source_labels: [environment]
  regex: development
  action: drop
```

예제에서는 통지를 삭제하는 방법을 보여줬지만, 불필요한 알림을 생성하지 않는 것이 더 나은 해결 방법이며, 영구적인 해결 방법으로 사용해서는 안 된다.

다음으로 알림 매니저 환경설정 파일과 주요 환경설정 영역을 살펴보고 초기 설정에 도움이 되는 유용한 정보를 알아야 한다.

환경설정 파일 옵션

알림 매니저는 하나의 환경설정 파일을 통해 구성되고, 프로메테우스와 동일한 방식으로 프로세스에 SIGHUP 시그널을 보내거나 /-/reload 엔드포인트로 HTTP POST 요청해 재시작 없이 런타임에 설정을 리로드할 수 있다. 프로메테우스와 동일하게 잘못된 형식의 설정은 적용되지 않고, 에러 메시지가 로그로 출력될 것이다.[1]

설정 파일은 다섯 가지 최상위 섹션 global, route, inhibit_rules, receivers, templates로 나뉘고, 다음 절에서 각각 살펴본다.

global

global 섹션은 환경설정 파일에서 다른 섹션의 모든 설정 옵션을 수집하고, 수집한 옵션의 기본값으로 동작한다. 매개변수는 다른 섹션에서 재정의될 수 있으며, global 섹션을 사용해 매개변수를 설정하는 것은 반복을 방지하고 환경설정 파일을 깨끗하게 유지하는 좋은 방법이다. 이번 절에서는 global에서 사용 가능한 모든 매개변수 중 자격증명과 통지기의 토큰과 관련된 매개변수를 사용했다. resolve_timeout이라는 주목할 만한 매개변수가 있다. 프로메테우스는 매 평가 간격에 알림 규칙을 검사하고, JSON 페이로드의 EndTime 필드를 업데이트해서 알림을 전송한다. 문제가 해결되면 EndTime을 업데이트해서 알림이 해결됐다는 것을 알림 매니저에 알린다. 예를 들어

---

1. /metrics 엔드포인트를 제공해 alertmanager_config_last_reload_successful 메트릭을 0으로 설정하기 때문에 알림 매니저가 정상적인 설정의 리로드 여부를 확인할 수 있다. — 옮긴이

몇 가지 이유로 프로메테우스 인스턴스의 알림 전송이 충돌돼 복구 프로세스로 인해 주기적인 알림 업데이트가 중지되는 경우 알림 매니저는 마지막으로 수신한 EndTime 을 사용해 알림을 해결한다. resolve_timeout 설정은 EndTime을 사용하지 않는 비프로메테우스 시스템에서 만들어진 알림을 해결하는 데 사용된다. resolve_ timeout 설정은 프로메테우스-알림 매니저 알림 프로토콜과 관련해 변경해야 하는 설정이 아니다.

예를 들어 테스트 환경에서의 알림 매니저 환경설정의 global 섹션은 다음과 같다.

```
global:
  smtp_smarthost: 'mail.example.com:25'
  smtp_from: 'example@example.com'
...
```

예제 환경설정은 이메일 smarthost와 from을 설정해 이메일(SMTP) 통지기를 사용하는 모든 리시버의 기본값을 설정했다.

route

route는 알림 매니저에서 가장 중요한 설정으로, 이번 절에서는 레이블에 따라 알림을 그룹화하는 방법(group_by), 추가 통지를 보내기 전 새로운 알림을 그룹화하는 방법(group_interval), 반복 시간(repeat_interval)을 정의한다. 그리고 가장 중요한 각 알림 배치가 트리거할 리시버[receiver]를 정의한다. 각 라우트는 자체 하위 라우트를 가질 수 있기 때문에 라우팅 트리 형태가 될 수 있다. 최상위 라우트는 서브라우트에서 매칭되지 않는 모든 알림을 수신하도록 동작하므로 매칭 규칙을 적용하지 않는다. continue를 제외하고 라우트에서의 각 설정은 계단식 방식으로 서브라우트로 전달된다. 가장 정확한 일치 항목이 발견됐을 때 리시버 검색을 중지하는 것이 기본 동작이지만, continue를 true로 설정해 매칭 프로세스를 계속 진행함으로써 여러 리시버를 트리거할 수 있다.

테스트 환경에서 다음 예제 라우트 환경설정을 찾을 수 있다.

```
route:
  receiver: operations
  group_by: ['alertname', 'job']
  group_wait: 30s
  group_interval: 5m
  repeat_interval: 4h

  routes:
  - match_re:
      job: (checkoutService|paymentService)
    receiver: yellow-squad-email
    routes:
    - match:
        severity: pager
      receiver: yellow-squad-pager
...
```

앞선 예제에서의 메인 라우트는 다음과 같다.

- operations 리시버를 다른 서브라우트가 일치하지 않을 때 기본 라우트로 정의한다.
- 수신 알림을 alertname과 job으로 그룹화한다.
- 첫 번째 통지를 보내기 전에 동일한 문제의 통지 수를 줄이기 위해 추가 알림이 도착하도록 30초 대기한다.
- 새로운 알림이 배치에 추가됐을 때 추가 통지를 보내기 전까지 5분 대기한다.
- 각 알림 배치별로 발송된 통지를 4시간마다 재전송한다.

또한 job 레이블이 CheckoutService나 PaymentService와 일치하는 알림에 yellow-squad-email 리시버와 서브라우트를 설정했다. 또한 앞의 서브라우트에서 자체 서브라우트를 정의했으며, 심각도 레이블이 pager와 일치하는 경우 yellow-squad-email 리시버를 사용한다.

 공식 프로메테우스 웹 사이트 https://prometheus.io/webtools/alerting/routing-tree-editor/ 에서 라우팅 트리 편집기와 시각화를 제공한다.

또한 group_by 절은 알림 매니저의 수신 알림에 그룹화를 수행하지 말라는 신호를 보내는 유일한 값 ...을 가질 수 있다. 그룹핑의 목적은 통지 수를 줄이고 신호 대 잡음signal-to-noise[2] 비율을 높이는 것으로 ... 값은 거의 사용되지 않는다. 앞의 기능을 활용하는 한 가지 방법은 현재의 모든 알림을 다른 시스템으로 전송해 알림을 처리하는 것이다.

inhibit_rules

이번 절에서는 알림을 차단하기 위한 차단 규칙을 추가한다. 차단 규칙이 동작하는 방식은 소스 알림을 매칭시키고 양쪽에 매처를 사용해 타깃 알림을 음소거한다. 유일한 요구 사항은 타깃과 소스의 레이블이 레이블 이름과 값 모두에서 일치하는 것이다.

```
inhibit_rules:
  - source_match:
      job: 'icmp'
    target_match_re:
      alertname: (AlertmanagerDown|NodeExporterDown)
    equal: ['base_instance']
```

---

2. signal-to-noise는 유용한 알림과 무익한 알림의 비율이다. - 옮긴이

예제에서 다음 내용을 읽을 수 있다. job 레이블에 icmp로 설정된 알림이 있고 모든 매칭된 알림에서 base_instance가 동일할 때 alertname이 AlertmanagerDown이나 NodeExporterDown과 일치하는 다른 모든 알림을 음소거한다. 다시 말해 구동 중인 알림 매니저와 노드 익스포터 인스턴스가 중단된 경우 이들 서비스의 알림 전송은 건너뛰고 인스턴스 자체에 대한 알림을 전송해 운영자가 실제 문제에 집중할 수 있게 된다.

동일(equal) 절에서 소스와 타깃 알림에 레이블이 모두 없는 경우 이는 일치하는 것으로 간주돼 차단이 활성화될 것이다.

차단 규칙 정의에서 알림의 소스 및 타깃과 모두 일치하는 경우 알림은 차단되지 않는다. 이것은 알림이 스스로를 차단하지 못하게 하기 위한 것이다.

다음 화면에서 알림 매니저의 인터페이스를 볼 수 있다.

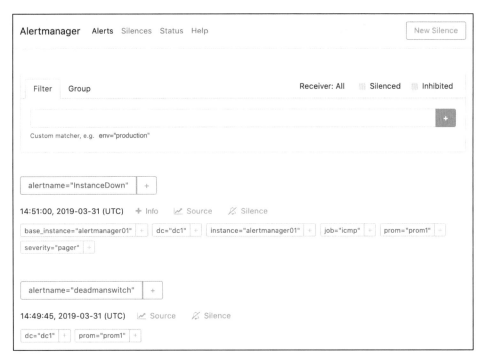

그림 11.7 통지가 전송된 목록을 나타내는 알림 매니저 인터페이스

다음 화면에서는 오른쪽 상단 모서리에서 Inhibited 옵션을 선택해 이전 화면에 없는 차단된 모든 알림을 확인할 수 있다.

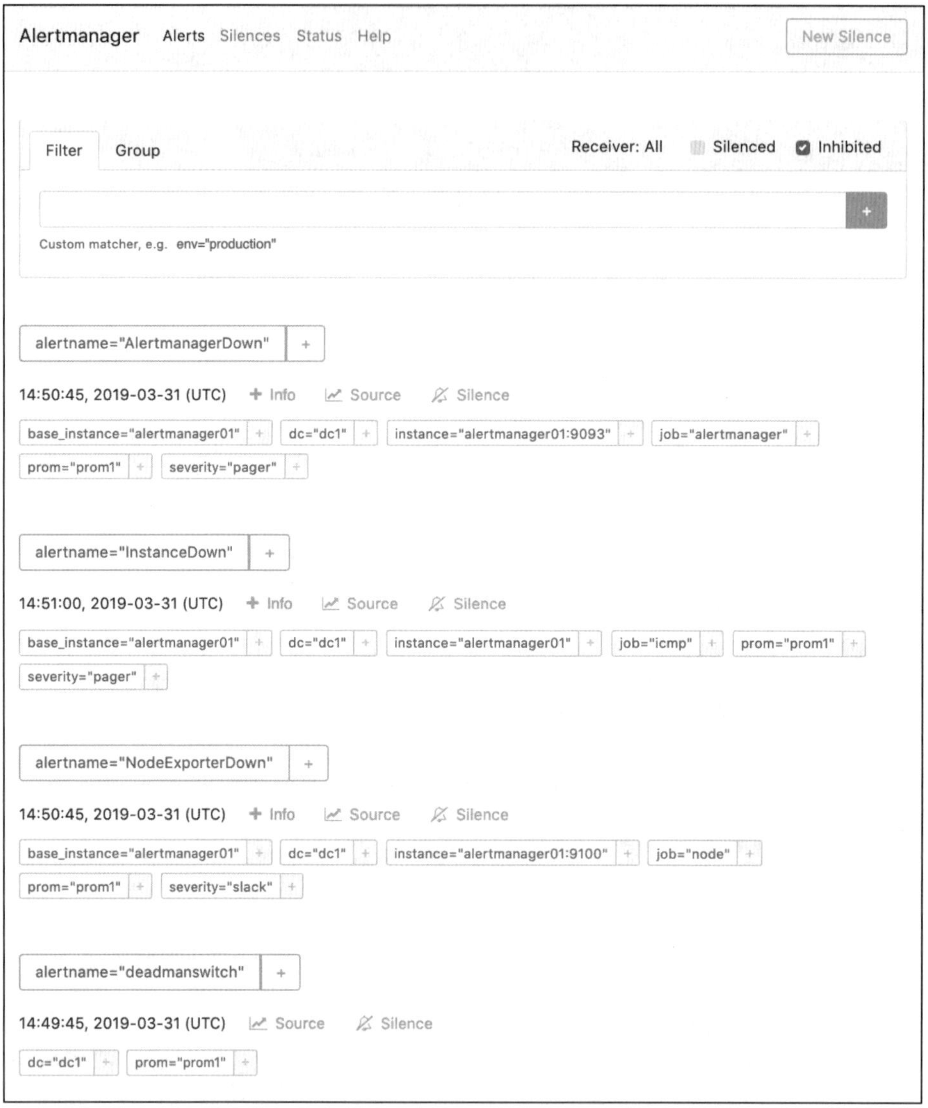

그림 11.8 차단된 알림이 포함된 목록을 나타내는 알림 매니저 인터페이스

알림 매니저 인터페이스를 사용하면 모든 알림을 전체적으로 볼 수 있으며, 활성 알림 뿐만 아니라 차단된 알림 모두를 확인할 수 있다. 시각적인 혼잡을 줄이기 위해 기본적으로 차단된 알림은 표시하지 않는다. 그러나 앞의 화면에서 볼 수 있듯이

Filter/Group 상자의 오른쪽 상단 모서리에서 Inhibited 체크 표시를 선택해 쉽게 표시할 수 있다.

receiver

라우트가 일치하면 리시버receiver가 호출될 것이며, 다음 절에서 자세히 살펴볼 수 있는 리시버에는 통지기가 포함돼 있다. 기본적으로 리시버는 연계 가능한 설정으로 명명했다.

테스트 환경에서는 다음과 같이 웹훅 통지기를 사용하는 리시버의 예제를 찾을 수 있다.

```
route:
  receiver: operations
...
receivers:
- name: 'operations'
  webhook_configs:
  - url: 'http://127.0.0.1:5001'
...
```

templates

이번 절에서는 사용 가능한 몇 가지 통지기에 대한 사용자 정의 알림 템플릿의 위치를 가리키는 경로 목록을 정의할 수 있다. 프로메테우스는 다른 파일 경로 설정과 유사하게 각각의 경로 정의에 템플릿 파일을 마지막 경로까지 입력을 허용하고, 다음과 같이 정의할 수 있다.

```
templates:
  - /etc/alertmanager/templates/*.tmpl
```

이 섹션을 사용해 '알림 통지 사용자 정의' 절에서 사용자 정의 템플릿을 정의한다.

amtool 커맨드라인 도구

promtool과 마찬가지로 amtool은 알림 매니저 HTTP API를 쉽게 사용할 수 있는 커맨드라인 도구다. 알림 매니저 환경설정 파일의 정확성을 검증하는 데 유용할 뿐만 아니라 현재 알림을 트리거하는 서버에 쿼리할 수 있으며, 알림 무음이나 새 알림 생성과 같은 작업을 수행할 수 있다.

amtool 하위 명령어는 alert, silence, check-config, config 4개 그룹으로 구분되고, 테스트 환경을 사용해 각 그룹에 대한 개요를 설명하겠다.

이 절의 예제를 위해 알림 매니저 인스턴스 중 하나에 연결한다. 클러스터링돼 있기 때문에 아무 인스턴스에서 수행해도 상관없다.

```
vagrant ssh alertmanager02
```

로그인 후에는 알림 매니저 API와 호출에 관리자 권한이 필요하지 않으므로 기본 사용자로 amtool을 실행할 수 있다. 또한 HTTP API와 호출의 대부분 명령어에 인스턴스 URL을 지정해야 하므로 amtool을 사용해 로컬 인스턴스가 아닌 모든 알림 매니저 인스턴스에 연결할 수 있다.

alert

이 하위 명령어를 사용해 알림 매니저 클러스터에 현재 실행 중인 알림을 쿼리할 수 있고, 다음과 같이 수행할 수 있다.

```
vagrant@alertmanager02:~$ amtool alert --alertmanager.url
```

```
http://alertmanager02:9093
Alertname Starts At Summary
deadmanswitch 2019-03-31 14:49:45 UTC
InstanceDown 2019-03-31 15:48:30 UTC
```

 alert 하위 명령어의 기본 작업은 query다. 이전 예제와 동일한 명령어는 amtool alert query --alertmanager.url http://alertmanager02:9093이다.

이 하위 명령어의 또 다른 기능은 요청 시 알림을 생성하는 기능이다. 이는 테스트 목적으로 활용할 수 있고, 예를 들어 example= "amtool" 레이블로 ExampleAlert라는 새로운 알림을 생성한다.

```
vagrant@alertmanager02:~$ amtool alert add alertname="ExampleAlert"
example="amtool" --alertmanager.url http://alertmanager02:9093
```

앞의 코드에서 볼 수 있듯이 **add**는 명령어 인수당 하나의 레이블 이름/값 쌍이 필요하다. **alertname**에 레이블 이름이 없기 때문에 **add**는 첫 번째 인수를 고려할 것이다. **alertname** 레이블을 생략하고 이름 없이 알림을 생성하면 **amtool**과 알림 매니저 웹 UI에서 비정상적인 상태가 발생할 수 있으므로 몇 가지 주의가 필요하다.

테스트 환경에서 30초로 정의된 **group_wait**에 따라 대기한 후 현재 알림을 다시 쿼리해 알림이 추가됐는지 확인할 수 있다.

```
vagrant@alertmanager02:~$ amtool alert --alertmanager.url
http://alertmanager02:9093
Alertname Starts At Summary
deadmanswitch 2019-03-31 14:49:45 UTC
InstanceDown 2019-03-31 15:48:30 UTC
ExampleAlert 2019-03-31 15:55:00 UTC
```

amtool 명령어를 통해 알림 종료 시간, 생성 URL, 어노테이션 등의 특정 알림 필드를 지정할 수도 있다. add 커맨드라인 인터페이스에 help 플래그를 사용해 도움말을 참조할 수 있다.

```
vagrant@alertmanager01:~$ amtool alert add --help
```

앞서 새로 생성된 알림은 resolve_timeout의 기본값 5분 동안 활동이 없으면 알림이 해결된 것으로 인지하기 때문에 테스트 시간이 더 필요한 경우 계속해서 add 실행을 통해 알림의 새 인스턴스를 추가해야 한다.

다음에서는 무음의 타깃으로 알림을 사용해본다.

silence

무음 또한 하위 명령어를 사용해 관리할 수 있다. 먼저 다음 명령어를 사용해 클러스터의 무음을 쿼리할 수 있다.

```
vagrant@alertmanager02:~$ amtool silence --alertmanager.url
http://alertmanager02:9093
ID Matchers Ends At Created By Comment
```

 silence 하위 명령어의 기본 작업은 query다. 이전 예제와 동일한 명령어는 amtool silence query --alertmanager.url http://alertmanager02:9093이다.

확인했듯이 현재 설정된 무음은 없을 것이다. 이제 앞서 생성한 알림 레이블 example: "amtool"과 일치하는 무음을 만들어보고 다시 확인한다.

```
vagrant@alertmanager02:~$ amtool silence add 'example="amtool"' --comment "ups"
--alertmanager.url http://alertmanager02:9093
1afa55af-306a-408e-b85c-95b1af0d7169

vagrant@alertmanager02:~$ amtool silence --alertmanager.url
http://alertmanager02:9093
ID Matchers Ends At Created By Comment
1afa55af-306a-408e-b85c-95b1af0d7169 example=amtool 2019-03-31 16:58:08 UTC
vagrant ups
```

새로운 무음이 추가된 것을 확인할 수 있을 것이다. alert 하위 명령어를 사용해 무음
적용을 검증하면 ExampleAlert 알림이 현재 알림 목록에서 사라진 것을 확인할 수
있다.

```
vagrant@alertmanager02:~$ amtool alert --alertmanager.url
http://alertmanager02:9093
Alertname Starts At Summary
deadmanswitch 2019-03-31 14:49:45 UTC
InstanceDown 2019-03-31 15:48:30 UTC
```

expire를 이용해 앞서 만든 무음을 제거하겠다. 현재 무음 상태 목록을 조회할 때
ID 열에서의 무음 식별자가 필요하다.

```
vagrant@alertmanager02:~$ amtool silence expire 1afa55af-306a-408eb85c-
95b1af0d7169 --alertmanager.url http://alertmanager02:9093

vagrant@alertmanager02:~$ amtool silence --alertmanager.url
http://alertmanager02:9093
ID Matchers Ends At Created By Comment
```

다시 현재 알림 목록을 쿼리하면 ExampleAlert를 확인할 수 있다.

이것은 무음 기능의 가장 일반적인 사용 사례다. 이 사례는 새로운 클러스터로 마이그레이션할 때 유용한 무음 일괄 가져오기 또는 기존 무음의 업데이트와 같은 작업에 사용할 수 있다. 마찬가지로 --help 플래그를 통해 사용 방법의 가이드를 확인할 수 있다.

check-config

amtool의 가장 유용한 기능으로는 알림 매니저의 환경설정 파일과 참조하는 템플릿 파일의 구문 그리고 스키마를 검증할 수 있다는 것이다. 다음 예제에 따라 check-config 하위 명령어를 테스트할 수 있다.

```
vagrant@alertmanager02:~$ amtool check-config /etc/alertmanager/alertmanager.yml
Checking '/etc/alertmanager/alertmanager.yml'  SUCCESS
Found:
 - global config
 - route
 - 1 inhibit rules
 - 8 receivers
 - 1 templates
  SUCCESS
```

이러한 유형의 검증은 자동화가 매우 쉽고, 설정 변경 후 알림 매니저 인스턴스를 다시 로드하기 전에 수행해 대부분의 설정 문제를 예방할 수 있다.

config

config 하위 명령어를 사용해 환경설정 파일에 나열되지 않은 필드를 모두 포함한 실행 중인 알림 매니저 인스턴스의 내부 환경설정을 확인할 수 있다. 다음 명령어를 실행해 알림 매니저의 환경설정 정보를 확인할 수 있을 것이다.

```
vagrant@alertmanager02:~$ amtool config --alertmanager.url
http://alertmanager02:9093
global:
  resolve_timeout: 5m
  http_config: {}
  smtp_from: example@example.com
  smtp_hello: localhost
  smtp_smarthost: example.com:25
  smtp_require_tls: true
  slack_api_url: <secret>
...
```

알림 매니저의 환경설정 파일에 정의되지 않았던 필드는 기본값으로 표시되고, 패스워드나 토큰과 같은 비밀번호 정보 필드는 자동으로 수정된다.

 config 하위 명령어의 기본 작업은 출력이다. 이전 예와 동등한 명령어는 amtool config show --alertmanager.url http://alertmanager02:9093이다.

다음 하위 명령어는 routes로, 설정된 라우팅 트리를 텍스트 기반으로 시각화한다. 실행 중인 알림 매니저 인스턴스나 로컬 환경설정 파일에 routes 명령어를 사용할 수 있다. 구문과 출력 결과는 다음과 같다.

```
vagrant@alertmanager02:~$ amtool config routes --alertmanager.url
http://alertmanager02:9093
Routing tree:
.
└── default-route receiver: operations
    ├── {job=~"^(?:^(?:(checkoutService|paymentService))$)$"} receiver:
yellow-squad-email
    │   └── {severity="pager"} receiver: yellow-squad-pager
    ├── {job="firewall"} receiver: purple-squad-email
```

```
|       ├── {severity="slack"} receiver: purple-squad-slack
|       └── {severity="pager"} receiver: purple-squad-pager
└── {alertname=~"^(?:^(?:(AlertmanagerDown|NodeExporterDown))$)$"} receiver:
violet-squad-slack
            └── {severity="pager"} receiver: violet-squad-pager
```

routes test 하위 명령어의 실행으로 라우팅 트리와 트리거될 라우트를 검증할 수
있다. 다음 예제에서 job="checkoutService" 레이블과 함께 알림이 발생할 때 실제
로 트리거된 리시버가 yellow-squademail인지 확인할 수 있다.

```
vagrant@alertmanager02:~$ amtool config routes test 'job="checkoutService"'
--config.file /etc/alertmanager/alertmanager.yml
yellow-squad-email
```

커맨드라인 도구를 사용해 로컬 환경에서 알림 매니저 인스턴스 없이 복잡한 라우팅
규칙 개발을 간소화할 수 있으며, 설정을 검증할 수 있다.

쿠버네티스 환경 프로메테우스 오퍼레이터와 알림 매니저

5장에서 프로메테우스 오퍼레이터를 다뤘다. 알림 매니저는 프로메테우스 스택의 기
본 구성 요소이기 때문에 오퍼레이터 또한 알림 매니저 인스턴스를 관리할 수 있다.
오퍼레이터는 알림 매니저 클러스터를 관리하는 것뿐만 아니라 레코딩 규칙과 알림
규칙의 설정 관리도 담당한다.

이 절에서는 오퍼레이터를 사용해 알림 매니저 클러스터를 관리하는 방법의 몇 가지
통찰력을 제공하기 위한 예로 사용해 볼 수 있는 전체 설정을 제공한다. 다음 경로에
서 쿠버네티스 테스트 환경에서 알림 매니저와 프로메테우스를 구동하고 실행할 수
있는 쿠버네티스를 찾을 수 있다.

```
cd ./chapter11/provision/kubernetes/
```

다음 단계에서는 모든 필수 소프트웨어가 포함된 새로운 쿠버네티스 환경을 프로비저닝해서 알림 매니저 구성 요소에 집중할 수 있게 한다.

1. 구동 중인 쿠버네티스 환경이 없는지 검증한다.

```
minikube status
minikube delete
```

2. 새로운 쿠버네티스 환경을 구동한다.

```
minikube start \
  --cpus=2 \
  --memory=3072 \
  --kubernetes-version="v1.14.0" \
  --vm-driver=virtualbox
```

3. 프로메테우스 오퍼레이터 구성 요소를 배포한다.

```
kubectl apply -f ./bootstrap/

kubectl rollout status deployment/prometheus-operator -n monitoring
```

4. 프로메테우스 클러스터를 추가하고 배포를 확인한다.

```
kubectl apply -f ./prometheus/

kubectl rollout status statefulset/prometheus-k8s -n monitoring
```

5. 프로메테우스에 모든 타깃을 추가하고 확인한다.

```
kubectl apply -f ./services/

kubectl get servicemonitors --all-namespaces
```

쿠버네티스 테스트 환경이 구동된 후 알림 매니저 환경설정을 진행할 수 있다. 가상머신 기반 테스트 환경과 마찬가지로 프로메테우스에 대한 알림 규칙뿐만 아니라 알림 매니저의 프로비저닝도 필요하다.

알림 매니저 환경설정에서 이메일 정보나 페이저의 토큰과 같은 중요한 정보를 추가할 수 있으므로 쿠버네티스 시크릿을 사용할 것이다. 이는 또한 해당 시크릿에 접근하기 위한 서비스 어카운트가 있어야 함을 의미한다.

다음 매니페스트를 적용해 서비스 어카운트를 생성할 수 있다.

```
kubectl apply -f ./alertmanager/alertmanager-serviceaccount.yaml
```

시크릿을 사용하므로 알림 매니저 설정을 base64로 인코딩한다. 다음 명령어를 실행해 최소한의 환경설정과 함께 알림 매니저를 배포할 수 있다.

```
kubectl apply -f ./alertmanager/alertmanager-configuration.yaml
```

참고로 시크릿에 인코딩된 최소 설정은 다음과 같다.

```
global:

route:
  receiver: "null"
  group_by:
```

```
    - job
  group_interval: 3m
  repeat_interval: 3h
  routes:
    - match:
        alertname: deadmanswitch
      receiver: "null"

receivers:
  - name: "null"
```

이제 앞선 배포 과정을 통해 다양한 작업을 수행하는 오퍼레이터를 확보할 수 있다. 오퍼레이터는 스테이트풀셋^{StatefulSets} 생성을 추상화하고 알림 매니저 클러스터의 배포와 실행을 관리한다. 알림 매니저 클러스터를 생성하려면 다음 매니페스트를 적용한다.

```
kubectl apply -f ./alertmanager/alertmanager-deploy.yaml
```

매니페스트의 중요한 부분은 다음과 같다.

```
...
kind: Alertmanager
...
spec:
  baseImage: quay.io/prometheus/alertmanager
...
  replicas: 3
...
```

다음 명령어를 실행해 배포 상태를 확인할 수 있다.

```
kubectl rollout status statefulset/alertmanager-k8s -n monitoring
```

프로메테우스 인스턴스가 새로 생성된 알림 매니저에서 메트릭을 수집할 수 있도록 서비스와 서비스 모니터를 추가한다. 이를 위해 다음 매니페스트를 적용한다.

```
kubectl apply -f ./alertmanager/alertmanager-service.yaml
```

```
kubectl apply -f ./alertmanager/alertmanager-servicemonitor.yaml
```

다음 매니페스트를 적용해 알림 규칙을 추가한다.

```
kubectl apply -f ./alertmanager/alerting-rules.yaml
```

알림 규칙을 추가하는 매니페스트에서 몇 가지 규칙을 확인할 수 있다. 다음 코드 조각은 첫 번째 알림 규칙을 나타낸다.

```
kind: PrometheusRule
...
spec:
  groups:
  - name: exporter-down
    rules:
    - alert: AlertmanagerDown
      annotations:
        description: Alertmanager is not being scraped.
        troubleshooting:
https://github.com/kubernetes-monitoring/kubernetes-mixin/blob/master/runbo
ok.md
      expr: |
        absent(up{job="alertmanager-service",namespace="monitoring"} == 1)
      for: 5m
```

```
    labels:
      severity: page
...
```

이러한 알림 규칙은 프로메테우스 인스턴스에 추가되며, 오퍼레이터는 알림 매니저 서비스의 다운타임 없이 환경설정을 리로드한다.

마지막으로 프로메테우스와 알림 매니저의 웹 인터페이스에 접속해 작성한 모든 환경설정을 검증할 수 있으며, 브라우저 탭 두 개가 열릴 것이다.

```
minikube service alertmanager-service -n monitoring

minikube service prometheus-service -n monitoring
```

테스트를 마치면 다음 명령어를 실행해 쿠버네티스 기반 테스트 환경을 삭제한다.

```
minikube delete
```

지금까지 쿠버네티스 환경에서 알림 매니저와 프로메테우스를 연계하는 방법을 간략하게 설명했다. 다시 한 번 프로메테우스 오퍼레이터는 대부분의 복잡성을 추상화하고 중요한 것에 집중할 수 있게 한다.

▌ 알림 매니저 통지 연계

사용자나 조직에서는 통지 방법의 서로 다른 요구 사항을 가진다. 일부는 커뮤니케이션 수단으로 힙챗^{HipChat}을 사용하는 반면 다른 일부는 이메일에 의존하며, 일반적으로 통지 수단으로 페이저듀티^{PagerDuty}나 빅터옵스^{VictorOps}와 같은 호출 시스템을 요구하기도 한다. 고맙게도 알림 매니저는 몇 가지 통합 옵션을 제공하며, 사용자가 필요로

하는 대부분의 통지를 제공한다. 그렇지 않은 경우 사용자 정의 통지 방법과의 통합을 허용하는 웹훅 통지기가 항상 존재한다. 다음으로 가장 일반적인 통합과 구성 방법을 알아보고 시작할 수 있는 기본 예제를 제공할 것이다.

채팅 시스템과의 통합을 고려할 때 명심해야 할 점은 인간을 위해 설계됐다는 것이다. 그리고 티켓팅 시스템의 사용은 낮은 우선순위 알림을 고려할 때 권장된다. 통지 생성 프로세스가 쉽고 셀프 서비스인 경우 통지를 빠르게 관리할 수 있다. 티켓은 다음과 같은 책임을 보장한다. 채팅 채널에서 통지보다 티켓을 사용하는 주요 이점은 트래킹을 허용하고 우선순위를 지정해서 알림이 발생된 문제가 다시 발생하지 않도록 적절한 후속 조치를 수행한다는 점이다. 게다가 이 방법은 통지 소유권을 암묵적으로 보장하고 "알림의 소유자가 누구인가?"라는 질문을 멈춘다. 소유권은 서비스 관리자가 수신하는 알림을 조정할 수 있게 하며, 그에 따라 알림 피로를 줄이는 데에도 도움이된다.

 작업 트래킹에 JIRA를 사용하는 경우 JIRAlert라 부르는 웹훅 통지기로 사용자 정의 통합이 가능하다. https://github.com/free/jiralert에서 확인할 수 있다.

모든 통지기에는 공통적인 설정 키가 있으며, **send_resolved**라고 한다. 불리언 자료형(true나 false)을 사용하고 알림이 해결될 때 통지를 보내야 하는지 여부를 선언한다. 이 기능은 기본적으로 페이저듀티, 옵스지니Opsgenie, 빅터옵스, 푸시오버Pushover, 웹훅 통합 등에 사용되지만, 불필요한 스팸을 방지해야 하는 이유로 나머지 통지기에는 사용할 수 없다.

이메일

이메일Email은 대부분의 조직에서 사용하는 표준 커뮤니케이션 방법이기 때문에 알림 매니저에서 지원하는 것은 놀랄 일이 아니다. 환경설정으로 설정하기는 매우 간단하

지만, 알림 매니저는 이메일을 직접 보내지 않으므로 실제 이메일 중계기를 사용해야
한다. 이메일 공급자의 SMTP(아래의 경우 구글 지메일$^{Google\ Gmail}$)를 사용해 빠른 테스트
와 저예산 설정에 도움이 될 수 있는 실제 예제를 확인해보자.

```
global:
  smtp_smarthost: 'smtp.gmail.com:587'
  smtp_from: 'alertmanager@example.com'
  smtp_auth_username: 'alertmanager@example.com'
  smtp_auth_identity: 'alertmanager@example.com'
  smtp_auth_password: '<generated_token>'

route:
  receiver: 'default'

receivers:
- name: 'default'
  email_configs:
  - to: 'squad@example.com'
```

위 예제에서 지메일 비밀번호를 직접 사용하는 것은 온라인 보안 측면에서 좋지 않으
므로 2단계 인증이 활성화된 계정이 필요하며, 그런 다음 smtp_auth_password 필드
에 사용할 비밀번호를 생성한다.

https://support.google.com/accounts/answer/185833의 "앱 비밀번호로 로그인하기
(Sign in using App Passwords)"에서 지메일 계정의 앱 비밀번호를 생성하는 방법을 확인
할 수 있다.

채팅

다음과 같은 세 가지 채팅 서비스가 통합을 지원한다. 슬랙, 위챗, 힙챗이다. 다음 예제는 슬랙 통합을 위한 설정을 보여준다. 11장의 뒷부분에서 이러한 통합에 대한 자세한 사용자 정의 개요를 제공한다.

```
global:
  slack_api_url: 'https://hooks.slack.com/services/TOKEN'
route:
  receiver: 'default'
receivers:
- name: 'default'
  slack_configs:
  - channel: '#alerting'
```

slack_api_url은 슬랙 수신 웹훅 URL을 가리킨다. 이 주제에 대한 자세한 내용은 https://api.slack.com/incoming-webhooks에서 확인할 수 있다. slack_configs는 목록이므로 단일 리시버에 여러 채널을 지정할 수 있다.

페이저

온콜on-call은 일반적으로 페이저Pager를 휴대하거나 물리적으로 또는 다른 방법으로 사용하는 것과 동의어다. 알림 매니저는 페이저듀티, 옵스지니, 빅터옵스, 푸시오버 등 네 가지 페이저 스타일의 서비스 통합을 지원한다. 각 서비스의 환경설정은 대부분 API URL과 인증 토큰을 중심으로 이뤄지기 때문에 매우 간단하게 시작할 수 있다. 이미지와 링크 추가, 심각도와 같은 서비스 관련 필드를 구성하는 등 좀 더 심도 있는 레벨의 사용자 정의를 지원한다. 이러한 고급 환경설정 옵션은 알림 매니저의 공식 문서에 설명돼 있어 여기에서 복제되지 않는다. 다음 예제에서는 페이저듀티의 기본 환경설정을 보여준다.

```
global:
  pagerduty_url: 'https://events.pagerduty.com/v2/enqueue'

route:
  receiver: 'default'

receivers:
- name: 'default'
  pagerduty_configs:
    - service_key: 'PAGERDUTYSQUADTOKENEXAMPLE'
```

이전 통지기와 마찬가지로 **pagerduty_configs** 환경설정은 목록이므로 단일 수신자에서 여러 서비스 라우트를 트리거할 수 있다. 페이저듀티와 알림 매니저의 통합에 대한 자세한 내용은 https://www.pagerduty.com/docs/guides/prometheus-integration-guide/를 참조한다.

웹훅

웹훅 통합은 사용자 정의 통합을 위한 다양한 가능성을 열어준다. 이 기능을 사용하면 알림 매니저가 선택한 엔드포인트에 대한 통지의 JSON 페이로드와 함께 HTTP **POST** 요청을 실행할 수 있다. URL은 템플릿이 불가능하며, 타깃 엔드포인트는 JSON 페이로드 처리를 위해 설계돼야 한다. 예를 들어 일래스틱서치^{Elasticsearch}와 같은 로깅 시스템에 모든 통지를 푸시해 생성 중인 알림에 대한 보고와 통계 분석을 수행할 수 있다. IRC를 사용하는 경우에 웹훅도 IRC와 통합하는 솔루션이 될 수 있다. 마지막 예제는 이 책을 위해 생성한 알림 덤프 도구다. 9장에서 알림 규칙이 트리거될 때 프로메테우스가 전송하는 내용을 표시하려고 사용했지만 알림 매니저에서 전송하는 통지 페이로드를 시연하는 데에도 사용할 수 있다.

다음 코드에서 간단한 환경설정을 확인할 수 있다.

```
global:

route:
  receiver: 'default'

receivers:
- name: 'default'
  webhook_configs:
  - url: 'http://127.0.0.1:5001'
```

이 환경설정은 현재 알림 매니저에서 수신한 모든 알림을 알림 덤프로 보낸다. 그러면 알림 덤프가 실행 중인 호스트의 이름을 딴 로그 파일에 페이로드가 추가된다. 로그 파일은 테스트 환경(/vagrant/cache/alertmanager*.log)에서 각 가상 시스템 내부나 저장소 루트와 관련된 외부(./cache/alertmanager*.log) 모두에서 액세스할 수 있는 경로에 있다.

null

null은 그 자체로 표기하는 것이 아니라 일반적으로 통지를 삭제하는 데 사용되는 패턴이다. 이 리시버receiver가 설정되는 방법은 통지기notifier 없이 리시버를 지정해 통지를 삭제하는 것이다. 다음 예제에서는 통지가 전송되지 않도록 보장한다.

```
global:

route:
  receiver: 'null'

receivers:
- name: 'null'
```

이 기능은 때로는 데모를 목적으로 할 때 유용하지만 그 밖의 다른 기능은 거의 없다. 차단 소스로 사용되는 알림을 제외하고 트리거하지 않아야 하는 알림은 알림 매니저가 아닌 소스에서 삭제해야 한다.

 항상 주의해야 할 것은 `alertmanager_notifications_failed_total` 알림 매니저 메트릭이다. 통합할 때마다 통지를 전달하지 못한 모든 시도를 추적하기 때문이다.

알림 매니저 통지기의 기본 사항을 알았으므로 가장 중요한 정보가 제대로 표시되도록 알림 통지를 사용자 정의하는 방법을 알아본다.

알림 통지 사용자 정의

사용 가능한 각 연계 도구를 기준으로 이미 알림 매니저는 통지에 대한 기본 제공 템플릿을 포함하고 있다. 그러나 제공되는 템플릿은 사용자 및/또는 조직의 특정 요구 사항에 맞게 조정할 수 있다. 9장에서 살펴봤던 알림 규칙의 어노테이션과 유사하게 알림 통지는 Go 템플릿 언어를 사용해 템플릿돼 있다. 슬랙 연계 예제를 통해 통지 메시지가 사용자의 필요에 맞게 구성되도록 설정하는 방법을 알아보자.

기본 메시지 형식

매우 간단한 예제를 통해 사용자 정의 없이 통지 메시지 형식을 확인할 것이다. 프로메테우스 인스턴스에서 정의한 다음 알림 규칙을 사용한다.

```
- alert: deadmanswitch
  expr: vector(42)
```

알림이 발생되기 시작하면 알림 페이로드가 알림 매니저로 전송된다. 다음 코드 조각은 전송되는 페이로드를 나타내고, 프로메테우스 인스턴스의 alertname과 external_labels 레이블을 포함하고 있다.

```json
{
    "labels": {
        "alertname": "deadmanswitch",
        "dc": "dc1"
    },
    "annotations": {},
    "startsAt": "2019-04-02T19:11:30.04754979Z",
    "endsAt": "2019-04-02T19:14:30.04754979Z",
    "generatorURL":"http://prometheus:9090/graph?g0.expr=vector%2842%29&g0.tab=1"
}
```

알림 매니저에서는 슬랙 통지를 보낼 수 있도록 최소한의 설정과 실제 슬랙 토큰으로 대체가 필요하다.

```yaml
global:
  slack_api_url: 'https://hooks.slack.com/services/TOKEN'

route:
  receiver: 'default'

receivers:
  - name: 'default'
    slack_configs:
    - channel: '#alerting'
```

최종 결과는 다음과 같은 슬랙 메시지가 된다.

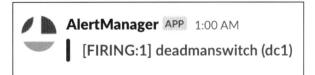

그림 11.9 슬랙 기본 통지 형식

기본 통지 형식에는 많은 정보가 들어 있다. 그런데 어떻게 이런 알림이 발생했는지 궁금할 것이다. 이 질문에 답하려면 기본 알림 매니저 설정으로 생성된 `default` 리시버의 런타임 설정을 살펴본다.

```
...
receivers:
- name: default
  slack_configs:
  - send_resolved: false
    http_config: {}
    api_url: <secret>
    channel: '#alerting'
    username: '{{ template "slack.default.username" . }}'
    color: '{{ if eq .Status "firing" }}danger{{ else }}good{{ end }}'
    title: '{{ template "slack.default.title" . }}'
    title_link: '{{ template "slack.default.titlelink" . }}'
    pretext: '{{ template "slack.default.pretext" . }}'
    text: '{{ template "slack.default.text" . }}'
...
```

TIP 알림 매니저 런타임 설정은 `amtool config`을 사용하거나 알림 매니저 웹 인터페이스의 `/#/status` 엔드포인트에 액세스해 확인할 수 있다.

앞서 봤듯이 사용자 정의 가능한 각 필드는 Go 템플릿을 사용해 설정된다. 슬랙 메시지의 사용자 이름이 어떻게 생성되는지 확인하려는 간단한 템플릿 예제로 사용자

username 필드를 사용할 것이다. 그 외 다른 모든 템플릿은 각각의 다양한 복잡성과 함께 동일한 로직을 갖고 있다.

알림 매니저에서 사용하는 기본 템플릿은 알림 매니저 바이너리 내에서 컴파일하고 제공돼 테스트 환경 인스턴스의 로컬에서 찾아볼 수 없다. 그러나 알림 매니저 코드 베이스 내의 template/default.tmpl 파일을 확인해 알림 매니저에서 제공하는 전체 통지 연계에 대한 모든 기본 템플릿을 찾아볼 수 있다. 다음은 편의상 작성할 때 0.16.2 버전에서 참조 파일의 링크다.

https://github.com/prometheus/alertmanager/blob/v0.16.2/template/default.tmpl

default.tmpl 파일을 살펴보면 `slack.default.username` 템플릿의 정의를 찾을 수 있다.

```
{{ define "slack.default.username" }}{{ template "__alertmanager" . }}{{ end }}
```

여기에서 템플릿은 다른 템플릿을 정의로 사용하기 때문에 `__alertmanager` 템플릿의 정의를 찾으면 다음 내용을 찾을 수 있다.

```
{{ define "__alertmanager" }}AlertManager{{ end }}
```

슬랙 통지에 `AlertManager` 이름이 표시되는 것을 이해할 수 있을 것이다. 나머지 템플릿의 설명은 숙제로 남겨둔다. 다음 절에서는 자체 템플릿을 생성하는 방법과 자체 템플릿을 사용해 알림 통지를 사용자 정의한다.

신규 템플릿 생성

먼저 템플릿을 생성하기 전에 통지 템플릿에 어떤 종류의 데이터 구조가 전송되는지 알아야 한다. 다음 표는 사용 가능한 변수를 보여준다.

변수	설명
Alerts	알림 구조 목록으로 상태(Status), 레이블(Lables), 어노테이션(Annotations), 시작 시간(StartsAt), 종료 시간(EndsAt), 생성 URL(GeneratorURL)을 각각 갖고 있다.
CommonAnnotations	모든 알림의 공통 어노테이션(Annotations)이다.
CommonLabels	모든 알림의 공통 레이블(Labels)이다.
ExternalURL	통지를 전송한 알림 매니저 URL이다.
GroupLabels	알림 그룹화에 사용된 레이블(Labels)이다.
receiver	통지를 처리할 리시버다.
status	알림 상태에 따른 통지 전송이나 해결 상태다.

 사용 가능한 데이터 구조와 기능에 대한 포괄적인 참조 정보는 https://prometheus. io/docs/alerting/notifications/에서 확인할 수 있다.

예제를 통해 템플릿 작성 방법을 살펴보자. 테스트 환경에서 사용할 수 있도록 다음과 같은 템플릿을 작성했다. 알림 매니저의 주요 설정 부분까지 알아보겠다.

최종 통지 형식은 다음 화면과 같다.

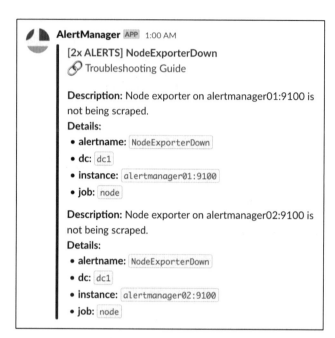

그림 11.10 슬랙 통지 템플릿의 예

이제 앞 화면과 같은 통지를 생성하는 예제 템플릿 설정을 살펴보자.

```
route:
  group_by: [alertname, job]
  receiver: null
  routes:
  - match:
      severity: slack
  receiver: purple-squad-slack
```

이 예에서 alertname과 job을 기준으로 알림을 그룹화한다. 그룹화는 CommonAnnotations와 CommonLabels에 영향을 미치기 때문에 중요하다.

```
receivers:
- name: null
```

```
- name: purple-squad-slack
  slack_configs:
  - api_url: 'https://hooks.slack.com/TOKEN'
    channel: '#alerting'
    title: >
      [{{ .Alerts | len }}x ALERT{{ if gt (len .Alerts.Firing) 1 }}S{{end}}] {{
.CommonLabels.alertname }}
```

앞에서 살펴본 것처럼 .Alerts는 모든 알림의 목록이다. 전송된 알림 개수와 함께 메시지의 제목을 생성하려면 알림 목록의 길이(len)를 알아야 한다. 두 개 이상의 알림이 있는 경우 복수를 사용하는 if 절을 참고한다. 마지막으로 alertname을 기준으로 알림을 그룹화하기 때문에 대괄호 뒤에 alertname을 출력한다.

```
    text: >
      :link: <{{ .CommonAnnotations.troubleshooting }}/{{ .CommonLabels.alertname
}}|Troubleshooting Guide>
```

메시지 본문에 특정 종류의 알림 문제 해결 가이드 링크를 생성하려고 한다. 알림은 URL과 함께 troubleshooting 어노테이션을 보낸다. 문제 해결 가이드의 이름이 통지 이름과 일치하도록 규칙을 사용하면 두 필드를 사용해 링크를 쉽게 생성할 수 있다.

전송 알림에 대한 자세한 내용을 제공하고자 메시지에 사용 가능한 모든 알림 레이블을 추가한다. 레이블을 추가하려면 알림 목록의 모든 알림을 살펴봐야 한다.

```
{{ range .Alerts }}
```

모든 알림의 어노테이션에서 설명을 출력한다.

```
*Description:* {{ .Annotations.description }}
*Details:*
```

정렬된 레이블/값 쌍 목록을 반환하는 SortedPairs 결과의 범위를 지정해 각 알림의
레이블/값을 출력한다.

```
{{- range .Labels.SortedPairs }}
```

TIP {{- 코드는 앞의 텍스트에서 뒤의 모든 공백을 잘라낸다. 자세한 정보는 https://tip.golang. org/pkg/text/template/#hdr—Text_and_spaces에서 확인할 수 있다.

알림 메시지에 심각도 레이블을 노출시키지 않고 페이저, 이메일, 슬랙 통지기를 선택
하기 위해 심각도 레이블을 라우팅 키로 사용한다. 특정 레이블/값을 출력하지 않도록
if 절을 추가할 수 있다.

```
    {{- if ne .Name "severity"}}
  • *{{ .Name }}:* `{{ .Value }}`
    {{- end}}
{{- end }}
{{ end }}
```

마지막으로 템플릿을 알림 매니저 설정과 관계없이 자체 템플릿 파일을 설정해 더
쉽게 관리할 수 있다. 테스트 환경에서는 다음과 같이 리시버 환경설정을 완료했다.

```
- name: violet-squad-slack
  slack_configs:
  - channel: '#violet-squad-alerts'
    title: '{{ template "slack.example.title" . }}'
```

```
text: '{{ template "slack.example.text" . }}'
```

다음 경로에서 알림 매니저 인스턴스의 모든 템플릿 정의를 사용할 수 있다.

```
/etc/alertmanager/templates/example.tmpl
```

 처음 통지 템플릿을 이해하고 작성하는 것은 매우 어려울 것이다. 다행히 프로메테우스의 공동 창립자이자 핵심 관리자인 줄리어스 볼츠(Julius Volz)는 슬랙의 통지 템플릿을 빠르게 작성하고 반복할 수 있는 도구를 개발했다. 이 도구는 알림 템플릿의 작동 방식과 생성 방법을 이해하는 가장 좋은 방법이며, https://juliusv.com/promslack/에서 찾을 수 있다.

▌모니터링 시스템은 누가 모니터링하는가?

모니터링 시스템은 모든 인프라의 중요한 구성 요소다. 서버, 네트워크 장비, 서비스, 애플리케이션에 이르기까지 모든 것을 지속적으로 감시하고 문제가 발생할 때 통지를 받을 수 있어야 한다. 그러나 모니터링 스택 자체에 문제나 알림이 생성됐지만 통지 공급자의 문제로 통지가 전송되지 못하는 경우 운영자는 어떻게 알 수 있을까?

모니터링 스택의 작동 상태와 정상적으로 수신자에게 통지가 전송되는지 확인하는 것은 주로 간과되는 부분일 것이다. 이번 절에서는 위험 요소를 완화하고 모니터링 시스템에 대한 전반적인 신뢰도를 높이기 위한 작업을 살펴본다.

메타모니터링과 교차모니터링

일반적인 의미에서 모니터링 시스템이 스스로 모니터링하는 것은 불가능하다. 모니터링 시스템에 심각한 장애가 발생한다면 통지를 보낼 수 없을 것이다. 대부분의 튜토리

얼에서 볼 수 있듯이 프로메테우스 자체를 스크레이핑하는 것이 일반적인 방법이지만, 프로메테우스 자체의 알림을 보장할 수는 없다. 모니터링 시스템이 모니터링 되는 프로세스인 메타모니터링Meta-monitoring이 필요하다.

이러한 문제를 보완하려는 첫 번째 옵션은 서로 다른 데이터 센터/존의 프로메테우스 인스턴스를 모니터링하는 프로메테우스 인스턴스 셋을 구성하는 것이다. 프로메테우스는 자체 메트릭을 거의 생성하지 않기 때문에 메타모니터링의 스크레이핑 작업으로 활용할 수 있으며, 구성하는 데 많은 노력이 필요하지 않을 것이다.

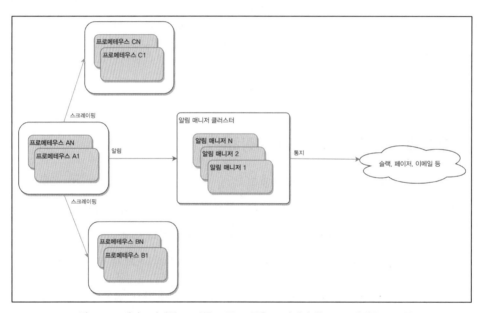

그림 11.11 메타모니터링 – 다른 모든 그룹을 모니터링하는 프로메테우스 그룹

그러나 메타모니터링의 프로메테우스 인스턴스 셋은 어떻게 모니터링되는지 궁금할 것이다. 계층적 방식으로 상위 프로메테우스 인스턴스를 추가해 데이터 센터 레벨, 지역 레벨, 전역 레벨 등 메타모니터링을 수행할 수 있지만, 여전히 모니터링되지 않는 프로메테우스 서버 셋은 남게 될 것이다.

이러한 단점을 보완하기 위한 기법을 교차모니터링cross-monitoring이라고 한다. 프로메테우스 인스턴스는 피어 인스턴스와 함께 동일하게 모니터링을 수행하며, 모든 인스턴스는 하나 이상의 프로메테우스의 감시와 문제 발생 시 알림을 생성한다.

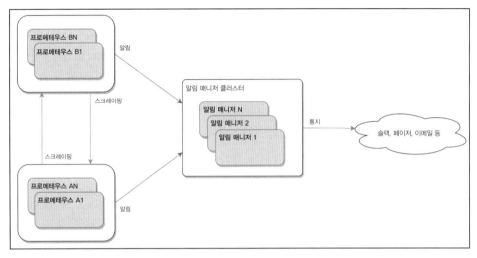

그림 11.12 프로메테우스 자체 그룹 모니터링

데드맨 스위치 알림

알림 매니저 클러스터를 사용하는 프로메테우스 인스턴스 셋이 있다고 가정해보자. 몇 가지 이유로 이러한 두 서비스 간에 네트워크 파티션이 발생한다. 각 프로메테우스 인스턴스가 더 이상 알림 매니저 인스턴스에 연결할 수 없음을 감지하더라도 통지를 보낼 수 있는 방법은 없다. 이런 상황에서 문제에 대한 알림은 전송되지 않는다.

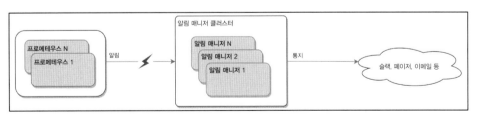

그림 11.13 프로메테우스와 알림 매니저 간의 네트워크 파티션

데드맨 스위치^{dead man's switch}의 원래 개념은 트리거/발행을 멈추면 활성화되는 메커니즘을 말한다. 이 개념은 소프트웨어 세계에서는 여러 가지 방법으로 채택돼 왔다. 항상 실행해야 하는 알림을 생성하고 지속적으로 통지를 전송한 다음 중지되는지 여부를 확인함으로써 이를 달성할 수 있다. 이렇게 하면 프로메테우스에서 알림 매니저를 거쳐 통지 제공자에 이르는 전체 통지 경로를 테스트해 엔드투엔드 연결과 서비스 가용성을 보장할 수 있다. 물론 이는 우리가 알림에 따른 피로에 대해 알고 있는 모든 것과 어긋나고 항상 실행되는 알림에 대한 호출이나 이메일을 계속 받고 싶지도 않을 것이다. 워치독 타이머 형태로 사용자 정의 서비스를 구현할 수 있지만, 이를 모니터링해야 하는 상황에 처하게 될 것이다. 동일한 장애로 인해 통지를 받지 못하게 되는 서비스의 위험을 줄일 수 있도록 서드파티를 활용하는 것이 가장 좋다.

데드맨 스위치 유형의 알림을 기반으로 하는 서비스가 존재하는데, 신기하게도 Dead Man's Snitch(deadmanssnitch.com)라는 이름으로 돼 있다. 해당 서비스는 운영 중인 인프라 외부의 서드파티 공급자로, 이메일이나 웹훅을 통해 항상 실행 중인 통지를 수신하는 역할을 한다. 일정 시간 이상 동안 해당 통지가 수신되지 않을 경우 호출, 슬랙 메시지 또는 웹훅을 발행한다. 심지어 전체 데이터 센터에 화재가 발생하더라도 계속 호출이 되므로 해당 설정을 통해 제시된 문제들이 완화될 것이다.

빅터옵스, 페이저듀티와 Dead Man's Snitch의 통합에 대한 전체 구성 가이드는 https://help.victorops.com/knowledge-base/victorops-dead-mans-snitch-integration/과 https://www.pagerduty.com/docs/guides/dead-mans-snitch-integration-guide/에서 각각 확인할 수 있다.

요약

11장에서는 프로메테우스 스택의 알림 구성 요소인 알림 매니저를 살펴봤다. 알림 매니저 서비스는 가용성을 염두에 두고 설계됐으며, 더 나은 통지의 생성에서부터 쓸모없는 알림 데이터의 발생을 피하고 어떻게 작동하는지까지 알아봤다. 통지 파이프라인은 알림 매니저의 내부 동작 상태와 통지 작업을 이해하는 데 중요하며, 이러한 내용을 더욱 확실히 하기 위한 환경설정 예를 제공하고 구성도 검토했다. amtool과 커맨드라인에서 무음을 추가, 제거, 업데이트 등 제공하는 모든 기능을 소개했다.

알림 매니저는 통지 통합 도구 몇 가지를 사용할 수 있고, 모든 통지 통합 도구를 이용해 원하는 통지를 고르고 선택할 수 있다. 더 나은 통지를 원하기 때문에 슬랙과 같은 기본 통지를 사용자 지정하는 방법을 자세히 살펴봤다. 해결해야 할 어려운 문제는 모니터링 시스템을 모니터하는 방법이다. 11장에서는 통지가 오지 않을 때 통지를 받는 방법을 알아봤다.

항상 변화하는 인프라스트럭처에서 실행중인 위치를 추적하는 것은 쉽지 않다. 12장에서는 프로메테우스가 서비스 디스커버리를 처리하고 자동화하는 방법에 대한 통찰력을 제공한다.

질문

1. 동일한 클러스터에 있는 알림 매니저 인스턴스 사이에 네트워크 파티션이 있는 경우 통지는 어떻게 되는가?
2. 알림이 여러 리시버를 트리거할 수 있는가? 그러한 상황이 발생하려면 무엇이 필요한가?
3. `group_interval`과 `repeat_interval`의 차이점은?
4. 통지가 구성된 라우트 중 일치하지 않으면 어떻게 되는가?

5. 알림 매니저에서 필요한 통지 공급자가 지원되지 않는 경우 어떻게 사용할 수 있는가?

6. 사용자 지정 통지를 작성할 때 `CommonLabels`와 `CommonAnnotations`는 어떻게 채워지는가?

7. 전체 알림 라우트가 엔드투엔드까지 작동하도록 보장하기 위해 무엇을 할 수 있는가?

▌ 더 읽을거리

- **공식 알림 매니저 페이지**: https://prometheus.io/docs/alerting/alertmanager/
- **알림 매니저 통지 가이드**: https://prometheus.io/docs/alerting/notifications/
- **알림 매니저 상세 설정**: https://prometheus.io/docs/alerting/configuration/

확장성, 복원성, 유지 보수성

4부에서는 타깃을 동적으로 설정하고 샤딩과 페더레이션을 설정해 스케일을 처리하는 몇 가지 옵션을 살펴본다.

4부는 다음 장들을 포함한다.

- 12장, 올바른 서비스 디스커버리 선택
- 13장, 프로메테우스 확장과 페더레이션
- 14장, 롱텀 스토리지와 통합

12

올바른 서비스 디스커버리 선택

동적 환경을 다룰 때 타깃 파일을 수동으로 유지 관리하는 것은 옵션이 될 수 없다. 서비스 디스커버리^{Service Discovery}는 끊임없이 변화하는 인프라의 복잡성을 처리해 서비스나 호스트가 예기치 않은 오류로 인한 문제를 겪지 않게 한다. 12장에서는 지속적인 변화에 대처하는 데 필요한 인프라 관리 문제를 줄이기 위해 프로메테우스 서비스 디스커버리를 활용하는 방법을 중점적으로 설명한다.

12장에서 다루는 내용은 다음과 같다.

- 테스트 환경
- 서비스 디스커버리 옵션을 통한 실행
- 빌트인 서비스 디스커버리 사용
- 사용자 정의 서비스 디스커버리 설정

테스트 환경

12장에서는 서비스 디스커버리에 초점을 맞춘다. 프로메테우스에서 널리 사용되는 서비스 디스커버리 소프트웨어를 사용해 동적으로 타깃을 생성하는 시나리오를 시뮬레이션하고자 두 개의 새 인스턴스를 배포한다. 이 방식은 필요한 환경설정을 노출할 뿐만 아니라 모든 것이 함께 작동하는 방식을 확인할 수 있다.

사용할 환경은 다음 그림과 유사하다.

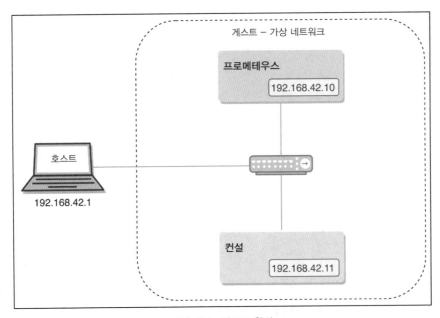

그림 12.1 테스트 환경

컨설Consul의 일반적인 배포 패턴은 인프라의 모든 노드에서 클라이언트 모드로 에이전트를 실행한 후 서버 모드에서 실행 중인 컨설 인스턴스에 연결하는 것이다. 또한 클라이언트 인스턴스는 API 프록시 역할을 하므로 로컬 호스트를 사용해 프로메테우스 컨설 서비스 검색을 구성하는 것이 일반적이다. 그러나 서로 다른 책임을 명확하게 하려고 테스트 환경에서 하나의 가상머신에는 프로메테우스 인스턴스를 실행하고 다른 가상머신에는 컨설을 서버로 실행했다.

다음 절에서는 테스트 환경을 시작하고 실행하는 방법을 알아본다.

배포

새로운 테스트 환경을 구성하려면 저장소 루트 경로를 기준으로 12장으로 이동한다.

```
cd ./chapter12/
```

실행 중인 다른 테스트 환경이 없는지 확인하고 12장 환경을 구동한다.

```
vagrant global-status
vagrant up
```

다음 명령어를 사용해 테스트 환경의 성공적인 배포를 확인할 수 있다.

```
vagrant status
```

다음과 같은 출력이 표시된다.

```
Current machine states:

prometheus                running (virtualbox)
consul                    running (virtualbox)

This environment represents multiple VMs. The VMs are all listed above with their
current state. For more information about a specific VM, run `vagrant status NAME`.
```

배포 작업이 끝나면 자주 사용하는 자바스크립트를 실행할 수 있는 웹 브라우저를 사용해 호스트 시스템에서 다음 엔드포인트를 확인할 수 있다.

서비스	엔드포인트
프로메테우스	http://192.168.42.10:9090
컨설	http://192.168.42.11:8500

다음 명령어 중 하나를 사용해 원하는 인스턴스에 액세스할 수 있어야 한다.

인스턴스	명령어
프로메테우스	vagrant ssh prometheus
컨설	vagrant ssh consul

정리

테스트를 마쳤으면 ./chapter12/ 내에 있는지 경로를 확인하고 다음을 실행한다.

```
vagrant destroy -f
```

필요한 경우 쉽게 환경을 재구성할 수 있다.

▌ 서비스 디스커버리 옵션을 통한 실행

프로메테우스는 몇 가지 디스커버리 통합 기능을 제공한다. 여기에는 퍼블릭 및 프라이빗 클라우드 컴퓨팅 API, 가상머신, 컨테이너 오케스트레이션 시스템, 독립형 서비스 등록, 디스커버리 시스템 같은 애플리케이션과 머신 인벤토리에 대한 대부분의 주요 데이터 소스가 포함된다. 프로메테우스에서 직접 지원하지 않는 디스커버리 메커니즘의 경우 12장의 뒷부분에서 살펴볼 수 있듯이 파일 시스템과 일부 글루^{glue} 코드를 사용하는 일반 디스커버리 시스템을 통해 통합할 수 있다.

모든 통합은 동일한 방식으로 작동한다. 발견된 모든 주소를 타깃으로 설정하고 레이블을 보관하기 위해 관련 메타데이터를 재지정하지 않고 지속되지 않는 임시 레이블로 설정한다. 검색된 각 타깃에 대해 __address__ 레이블은 일반적으로 서비스 주소와 포트로 설정되고, 프로메테우스가 스크레이핑 타깃을 연결하는 데 사용하는 레이블이기 때문에 관련이 있다. 인스턴스 레이블은 보통 명시적으로 정의되지 않은 경우 __address__ 값을 사용하지만 타깃을 쉽게 식별할 수 있는 다른 값으로 설정할 수 있다.

서비스 디스커버리 통합에서 제공하는 메타데이터 레이블은 __meta__<service discovery name>_<key>의 패턴을 따른다. 또한 스크레이핑이 HTTP나 HTTPS를 사용하는지 정의하는 __scheme__과 __metrics_path__ 같이 프로메테우스에 의해 추가된 일부 레이블도 있다.

> **TIP** URL 매개변수는 metrics_path 스크레이핑 설정에서 지원되지 않는다. 대신 이러한 매개변수는 params 환경설정에서 구성해야 한다. 해당 내용은 5장에서 다뤘다.

다음 절에서는 사용 가능한 디스커버리 옵션을 간략하게 설명하고, 생성된 데이터의 화면과 함께 이러한 옵션을 설정하는 방법의 몇 가지 예를 살펴본다.

클라우드 프로바이더

클라우드 인프라가 증가함에 따라 이러한 환경에서 워크로드를 실행하는 것이 점점 더 일반화되고 있다. 이로 인해 새로운 과제들이 생기게 된다. 예를 들어 임시적이고 동적인 인프라 프로비저닝과 같은 새로운 과제가 생긴다. 확장성의 편의성 또한 염두에 둬야 할 사항이다. 과거에는 협상하고, 지원 계약에 동의하고, 새로운 하드웨어를 구입, 배포, 구성하는 데 몇 달이 걸렸을 수 있다. 요즘에는 새로운 인스턴스를 설치하고 실행하는 데 몇 초 정도 소요된다. 사용자가 모르는 사이에 오토스케일링^{Auto Scaling}과 같은 기술을 사용해 새로운 인스턴스를 배포하는 등의 변동 사항을 따라 잡기가 어렵다. 이 클라우드 네이티브 동적 인프라에 대한 부담을 덜기 위해 프로메테우스는 아마존 웹 서비스^{Amazon Web Services}, 마이크로소프트 애저 클라우드^{Microsoft Azure Cloud}, 구글 클라우드 플랫폼^{Google Cloud Platform}, 오픈스택^{OpenStack}, 조이언트^{Joyent}와 같은 IaaS^{Infrastructure as a Service} 시장에서 대형 프로바이더 일부와 기본적으로 통합된다.

가상머신 디스커버리의 예로 Amazon EC2^{Elastic Compute}를 사용하면 스크레이핑 작업 설정은 다음과 같이 간단하게 할 수 있다.

```
scrape_configs:
  - job_name: ec2_sd
    ec2_sd_configs:
      - region: eu-west-1
        access_key: ACCESSKEYTOKEN
        secret_key: 'SecREtKeySecREtKey+SecREtKey+SecREtKey'
```

다른 클라우드 공급자는 설정이 다르지만 로직은 거의 동일하다. 기본적으로 프로메테우스 디스커버리 통합이 타깃을 생성하는 데 필요한 모든 데이터와 관련 메타데이터를 사용할 수 있도록 클라우드 공급자 API에 쿼리하려면 적절한 레벨의 자격증명을 설정해야 한다. 다음 화면은 앞에서 설명한 것과 유사하지만 실제 자격증명이 있는 환경설정이 일련의 타깃으로 변환되는 방식을 보여준다.

그림 12.2 ec2_sd 데이터를 나타내는 프로메테우스 /service-discovery 엔드포인트

앞의 화면에서 볼 수 있듯이 EC2 디스커버리는 검색된 타깃에 상당히 많은 메타데이터 레이블을 첨부한다. 레이블링 재지정 단계에서 이 기능을 사용해 실행 중인 타깃을 스크레이핑하거나 프라이빗 IP 주소에서 퍼블릭 IP 주소로 스크레이핑을 변경하거나 인스턴스 레이블의 이름을 좀 더 친근한 이름으로 바꿀 수 있다.

디스커버리 프로세스에서 수집된 이러한 정보는 서비스 디스커버리 레벨에서 설정 가능한 간격으로 새로 고쳐지거나 관찰을 통해 자동으로 새로 고쳐지므로 프로메테우스가 생성되거나 삭제되는 타깃을 인식할 수 있다.

컨테이너 오케스트레이터

컨테이너 오케스트레이터^{Container orchestrators}는 실행 중인 서비스와 위치를 추출할 수 있는 완벽한 장소다. 이러한 정보들을 정확하게 관리하는 것이 그들의 역할이다. 따라서 프로메테우스 디스커버리 메커니즘은 가장 널리 사용되는 컨테이너 오케스트레이션 플랫폼인 쿠버네티스, 메소스^{Mesos}, DC/OS용 컨테이너 오케스트레이션 플랫폼인 마라톤^{Marathon}을 함께 지원한다. 이 책 대부분의 예제에서 쿠버네티스를 사용했기 때문에 쿠버네티스 플랫폼에 초점을 두고 이러한 유형의 시스템이 어떻게 작동하는지 알아본다.

프로메테우스와 마찬가지로 쿠버네티스는 클라우드 네이티브 컴퓨팅 재단^{CNCF, Cloud Native Computing Foundation}에서 졸업한 프로젝트다. 그렇다고 해서 특별히 함께 작동하게 만들어진 것은 아니지만 둘 사이의 연결은 부인할 수 없다. 구글의 컨테이너 오케스트레이션과 모니터링 시스템인 Borg과 Borgmon은 분명히 쿠버네티스와 프로메테우스에 영감을 줬다. 변경 속도가 거의 압도적인 쿠버네티스와 같은 클라우드 네이티브 플랫폼의 모니터링을 해결하려면 특별한 기능이 필요하다. 프로메테우스는 컨테이너의 임시적인^{ephemeral} 특성을 효율적으로 처리하는 것과 같은 요구 사항을 충족한다.

프로메테우스 서비스 디스커버리 통합은 쿠버네티스 API를 통해 필요한 모든 데이터를 검색해 클러스터의 상태를 최신 상태로 유지한다. 쿼리에 사용할 수 있는 API 객체의 수로 인해 프로메테우스의 디스커버리 구성에는 역할 개념이 있는데, **node**, **service**, **pod**, **endpoint**, 또는 **ingress**가 될 수 있다. 쿠버네티스의 핵심 개념을 설명하는 것은 이 책의 범위를 벗어나지만 각 역할이 무엇을 발견하는 데 사용되는지를 빠르게 살펴볼 수 있다. **node**는 쿠버네티스 클러스터를 형성하는 실제 노드(예, kubelet 에이전트를 실행하는 VM)를 수집하는 데 사용해 클러스터 자체와 기본 인프라를 모니터링할 수 있다. 쿠버네티스의 서비스 객체는 로드밸런서와 같은 역할을 하며, **service**는 하나 또는 여러 개의 애플리케이션 인스턴스를 지원하는지 여부에 관계없이 구성된 각 서비스의 포트당 단일 엔드포인트를 제공하고, 블랙박스 모니터링에만 사용된다. **pod**는 서비스에 속하는지 여부에 관계없이 개별 파드를 검색하는 데 사용된다. **endpoint**는 주어진 서비스를 지원하는 파드에서 기본 프로세스를 감지한다. 마지막으로 서비스와 유사한 **ingress**는 애플리케이션 인스턴스 셋에 대한 외부 연결 로드밸런서를 반환하므로 종단 간 프로빙에 사용된다.

다음 코드 조각은 값이 **hey**인 레이블 **app**이 있는 항목과 일치하는 파드를 쿼리하는 방법의 예를 제공한다.

```
scrape_configs:
  - job_name: kubernetes_sd
    kubernetes_sd_configs:
      - role: pod
    relabel_configs:
      - action: keep
        regex: hey
        source_labels:
          - __meta_kubernetes_pod_label_app
```

위 환경설정은 다음 화면에 표시된 데이터를 생성한다. 여기서 쿠버네티스 API를 통해 수집된 모든 메타데이터를 볼 수 있다.

그림 12.3 `kubernetes_sd` 데이터를 보여주는 프로메테우스의 `/service-discovery` 엔드포인트

이는 서비스 디스커버리의 아주 작은 예다. 일반적으로 쿠버네티스 서비스 디스커버리를 사용하는 설정은 **relabel_configs**를 광범위하게 사용해 타깃을 필터링하고 컨테이너 이름과 일치하도록 작업 레이블을 다시 작성하며, 쿠버네티스 어노테이션 annotation과 관련된 규칙에 따라 영리하게 자동 환경설정을 수행한다.

서비스 디스커버리 시스템

운영자 입장에서 서비스 수가 증가함에 따라 서비스 간에 서로 통신하도록 제대로 구성돼 있는지, 시스템 작동 방식을 제대로 파악하고 있는지를 함께 관리하는 것이 점점 어려워지고 있다. 이러한 문제의 일반적인 해결 방법은 서비스의 레지스트리 역할을 하고 소프트웨어 클라이언트와 모니터링 시스템에서 참조할 수 있는 서비스 디스커버리 시스템을 구현하는 것이다.

프로메테우스는 몇 가지 주류 서비스 디스커버리 시스템과 원활하게 통합되며, 현재 컨설Consul, 너브Nerve, 서버셋ServerSet을 지원한다. 디스커버리 서비스와 직접 통합하면 프로메테우스는 실행 중인 내용과 위치를 항상 최신 상태로 파악할 수 있으므로 서비스 인스턴스가 생성되는 즉시 삭제되기 전까지 자동으로 모니터링할 수 있다.

컨설은 서비스 디스커버리와 강력하면서도 사용하기 쉬운 커맨드라인 도구 및 API를 구현할 수 있는 모든 기능을 제공하고 확장이 용이해 가장 널리 사용된다. 예를 위해 다음 설정을 사용한다.

```
scrape_configs:
  - job_name: 'consul_sd'
    consul_sd_configs:
      - server: http://consul.prom.inet:8500
        datacenter: dc1
    relabel_configs:
      - source_labels: [__meta_consul_service]
        target_label: job
      - source_labels: [job, __address__]
        regex: "consul;([^:]+):.+"
        target_label: __address__
        replacement: ${1}:9107
```

이 예는 생성된 레이블뿐만 아니라 타깃의 정의도 볼 수 있는 다음 화면으로 변환된다.

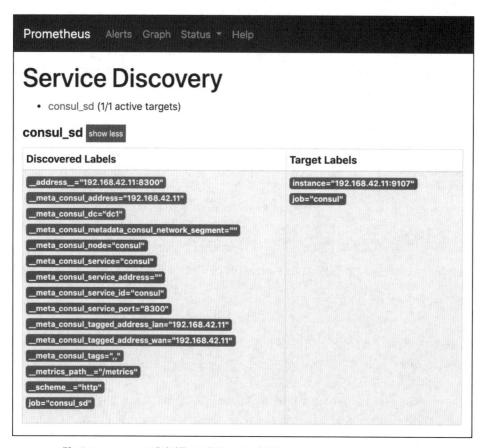

그림 12.4 `consul_sd` 데이터를 보여주는 프로메테우스 `/service-discovery` 엔드포인트

앞의 예는 `relabel_configs`를 사용해 타깃의 `job` 레이블을 `job_name` 대신 서비스 이름으로 다시 작성하고자 컨설 서버에 등록된 모든 사용 가능한 서비스에서 데이터를 수집하는 작업 환경설정을 보여준다. 이는 컨설에 등록된 모든 애플리케이션 인스턴스가 자동으로 스크레이핑 타깃으로 선택되고 올바른 작업 이름이 올바르게 할당됨을 의미한다. 또한 마지막 레이블 변경 규칙은 서비스 이름이 Consul인 경우 타깃 포트를 9107로 변경해 타깃을 컨설 자체에서 익스포터 타깃으로 변경한다.

DNS 기반 서비스 디스커버리

이러한 유형의 서비스 검색은 DNS를 사용해 데이터를 수집한다. 타깃을 얻기 위해 주기적으로 조회할 도메인 네임 목록을 정의해 작동한다. 해석에 사용되는 네임 서버는 /etc/resolv.conf에서 조회된다. DNS 디스커버리 통합은 A 및 AAAA DNS 레코드를 지원할 뿐만 아니라 SRV 레코드를 쿼리할 수 있으며, 서비스에 대한 포트를 제공한다.

```
~$ dig SRV hey.service.example.inet
...
;; QUESTION SECTION:
;hey.service.example.inet. IN SRV

;; ANSWER SECTION:
hey.service.example.inet. 0 IN SRV 1 1 8080 server01.node.example.inet.

;; ADDITIONAL SECTION:
server01.node.example.inet. 0 IN A 192.168.42.11
server01.node.example.inet. 0 IN TXT "squad=purple"
...
```

이 예에서 hey.service.example.inet에 대한 SRV 레코드를 쿼리해 서비스 위치 server01.node.example.inet과 포트 8080을 얻은 것을 볼 수 있다. 또한 서비스 IP 주소를 가진 A 레코드와 일부 메타데이터를 가진 TXT 레코드를 얻는다.

다음 코드 조각은 이 DNS 서비스 디스커버리 통합을 사용하는 샘플 스크레이핑 환경 설정을 보여준다. 이전 hey.service.example.inet 도메인을 사용해 다음 작업을 수행한다.

```
scrape_configs:
  - job_name: 'dns_sd'
    dns_sd_configs:
```

```
- names:
  - hey.service.example.inet
```

반환된 SRV 레코드는 새로운 타깃으로 변환된다. 프로메테우스는 RFC 6763에 지정된 고급 DNS-SD를 지원하지 않으므로 이전 **dig** 명령어 결과에서 볼 수 있듯이 관련 TXT 레코드에서 메타데이터를 전송할 수 있다. 이 방법을 사용해 서비스 주소와 포트 만을 검색할 수 있다. 다음 화면에서 사용할 수 있는 검색된 레이블을 확인할 수 있다.

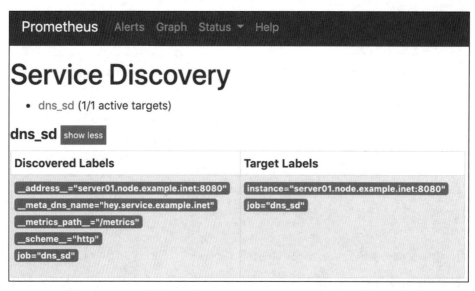

그림 12.5 `dns_sd` 데이터를 보여주는 프로메테우스 `/service-discovery` 엔드포인트

모든 디스커버리 통합에서 제공되는 메타데이터의 양은 적다. 게다가 서비스 디스커버리를 위해 DNS를 사용하는 것이 쉽지 않을 것이다. 따라서 캐시 계층을 고려해 레코드 TTL을 적용하는 등의 여러 우려 사항이 있어 고급 구성에서만 사용한다.

파일 기반 서비스 디스커버리

11장에서 설명했듯이 지원되지 않는 통지 시스템과 통합하기 위한 솔루션인 웹훅 통지기와 유사하게 파일 기반 통합은 동일한 유형의 서비스 디스커버리 솔루션을 제공한다. 유효한 JSON이나 YAML 파일 목록을 로드해 작동한다. 이러한 파일은 필요한 타깃의 레이블을 생성하는 데 사용된다. 디스커버리 파일이 변경된 후 프로메테우스를 다시 로드하거나 다시 시작할 필요가 없다. 운영체제에 따라 변경 사항을 감시하고 자동으로 다시 읽는다. 또한 디스커버리 파일도 일정에 따라(기본적으로 5분마다) 읽는다.

다음 JSON 코드 조각은 유효한 프로메테우스 디스커버리 파일을 보여준다. 레이블 목록과 레이블이 적용되는 타깃 배열을 볼 수 있다.

```json
[
    {
        "labels": {
            "job": "node"
        },
        "targets": [
            "192.168.42.11:9100"
        ]
    }
]
```

다음 스크레이핑 설정은 `file_sd` 디스커버리를 사용한다. 이 디스커버리는 이전에 보여준 내용이 있는 `file_sd.json`을 로드한다.

```yaml
scrape_configs:
  - job_name: 'file_sd'
    file_sd_configs:
      - files:
```

```
    - file_sd.json
```

TIP files 목록을 사용하면 파일 레벨에서 경로의 마지막 요소를 볼 수 있다.

이 환경설정에서 발견된 타깃은 다음 화면에서 볼 수 있다. 파일에서 제공하는 메타데이터와 프로메테우스에서 자동으로 생성한 레이블을 확인할 수 있다.

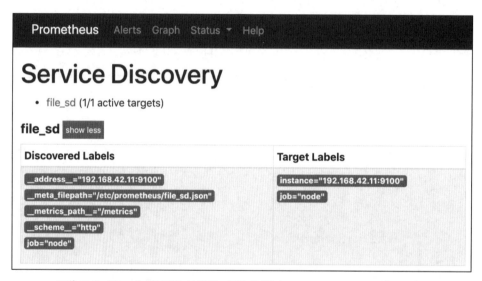

그림 12.6 file_sd 데이터를 보여주는 프로메테우스 /service-discovery 엔드포인트

통합이 어떻게 다양한 가능성을 열어 주는지 쉽게 알 수 있다. 이러한 파일은 지속적으로 실행되는 데몬daemon이나 크론cron 작업, 셸 스크립트(단순한 wget) 또는 프로그래밍 언어를 사용해 만들거나 환경설정 관리를 통해 간단히 넣을 수 있다. 사용자 정의 서비스 디스커버리를 작성하는 방법은 12장의 뒷부분에서 살펴본다.

▌빌트인 서비스 디스커버리 사용

이 절에서는 프로메테우스와 서비스 디스커버리 제공업체 간의 통합이 어떻게 작동하는지 이해하기 위해 테스트 환경에 의존할 것이다. 쿠버네티스에서 실행되는 프로메테우스의 실무 사례를 제공하며, 이 플랫폼에 대한 고유한 서비스 디스커버리에 의존한다. 실습 예제는 모든 것이 어떻게 서로 연결돼 있는지 보여주므로 이점뿐만 아니라 이러한 메커니즘의 단순성을 파악하는 데 도움이 된다.

컨설 서비스 디스커버리 사용

12장에서는 가상머신 기반의 테스트 환경에서 서비스 디스커버리 시스템으로 컨설을 구성했다. 컨설은 설정이 매우 간단해 예제에 적합하다. 작동 방식은 각 노드에서 클라이언트 모드로 에이전트를 실행하고 서버 카탈로그에서 서비스 카탈로그를 유지하는 홀수의 에이전트를 실행하는 것이다. 클라이언트 노드에서 사용 가능한 서비스는 서버 노드에 직접 전달되는 반면, 클러스터 멤버십은 클러스터의 모든 노드 간에 가십 프로토콜(랜덤 피어투피어 메시지 전달)을 사용해 전파된다. 주요 목표가 컨설을 사용해 프로메테우스 서비스 디스커버리를 소개하는 것이기 때문에 인메모리 서버를 사용할 수 있도록 개발 모드에서 실행되는 에이전트로 테스트 환경을 구성했다. 물론 보안, 확장성, 데이터 안전성, 복원성을 완전히 무시한다. 컨설을 올바르게 구성하는 방법은 https://learn.hashicorp.com/consul/에서 찾을 수 있으며, 프로덕션 환경에서 컨설을 배포하고 유지 관리할 때 고려해야 한다.

테스트 환경에서 어떻게 설정되는지 살펴보려면 컨설을 실행하는 인스턴스에 연결해야 한다.

```
vagrant ssh consul
```

컨설 설정 방법을 살펴볼 수 있다. 예를 들어 다음 코드 조각은 사용 중인 시스템 단위 파일을 보여준다. 사용 중인 설정 플래그는 개발 모드에서 에이전트로 실행되도록 구성돼 있고, 포트를 인스턴스의 외부 IP 주소에 바인딩해야 한다.

```
vagrant@consul:~$ systemctl cat consul.service
...
[Service]
User=consul
ExecStart=/usr/bin/consul agent \
        -dev \
        -bind=192.168.42.11 \
        -client=192.168.42.11 \
        -advertise=192.168.42.11
...
```

ss를 실행하고 컨설에 속하는 행만 표시하도록 출력을 필터링하면 사용 중인 모든 포트를 찾을 수 있다.

```
vagrant@consul:~$ sudo /bin/ss -lnp | grep consul
udp UNCONN 0 0 192.168.42.11:8301 0.0.0.0:* users:(("consul",pid=581,fd=8))
udp UNCONN 0 0 192.168.42.11:8302 0.0.0.0:* users:(("consul",pid=581,fd=6))
udp UNCONN 0 0 192.168.42.11:8600 0.0.0.0:* users:(("consul",pid=581,fd=9))
tcp LISTEN 0 128 192.168.42.11:8300 0.0.0.0:* users:(("consul",pid=581,fd=3))
tcp LISTEN 0 128 192.168.42.11:8301 0.0.0.0:* users:(("consul",pid=581,fd=7))
tcp LISTEN 0 128 192.168.42.11:8302 0.0.0.0:* users:(("consul",pid=581,fd=5))
tcp LISTEN 0 128 192.168.42.11:8500 0.0.0.0:* users:(("consul",pid=581,fd=11))
tcp LISTEN 0 128 192.168.42.11:8502 0.0.0.0:* users:(("consul",pid=581,fd=12))
tcp LISTEN 0 128 192.168.42.11:8600 0.0.0.0:* users:(("consul",pid=581,fd=10))
```

확인했듯이 컨설은 많은 포트(TCP와 UDP)를 수신한다. 중요한 포트는 HTTP API를 제공하는 포트이고, 기본적으로 TCP 포트 8500이다. http://192.168.42.11:8500을 웹 브라우저에서 열면 다음 그림과 유사한 내용이 표시된다.

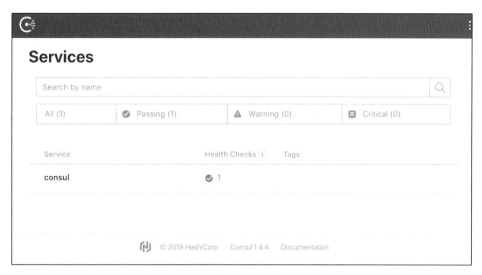

그림 12.7 기본 설정을 표시하는 컨설 웹 인터페이스

컨설 서비스 자체는 기본적으로 단일 서비스로 구성돼 있다.

예제를 좀 더 흥미롭게 만들고자 consul_exporter(프로메테우스 프로젝트에서 제공한 익스포터)를 consul 인스턴스에 배포한다. 이 익스포터는 컨설 측에서 추가 설정이 필요하지 않으므로 작동해야 한다. 다음과 같이 systemd 단위 파일에서 서비스를 실행하는 데 사용되는 설정을 찾을 수 있다.

```
vagrant@consul:~$ systemctl cat consul-exporter.service
...
[Service]
User=consul_exporter
ExecStart=/usr/bin/consul_exporter --consul.server=consul:8500
...
```

consul_exporter의 소스코드와 설치 파일은 https://github.com/prometheus/consul_exporter에서 확인할 수 있다.

익스포터가 컨설에 올바르게 연결하고 메트릭을 구문 분석하는지 확인하려면 다음 명령어를 실행할 수 있다.

```
vagrant@consul:~$ curl -qs localhost:9107/metrics | grep "^consul"
consul_catalog_service_node_healthy{node="consul",service_id="consul",servi
ce_name="consul"} 1
consul_catalog_services 1
consul_exporter_build_info{branch="HEAD",goversion="go1.10.3",revision="75f02d80
bbe2191cd0af297bbf200a81cbe7aeb0",version="0.4.0"} 1
consul_health_node_status{check="serfHealth",node="consul",status="critical "} 0
consul_health_node_status{check="serfHealth",node="consul",status="maintena nce"}
0 consul_health_node_status{check="serfHealth",node="consul",status="passing" }1
consul_health_node_status{check="serfHealth",node="consul",status="warning" }0
consul_raft_leader 1
consul_raft_peers 1
consul_serf_lan_members 1
consul_up 1
```

컨설에서 메트릭을 성공적으로 연결하고 수집할 수 있을 때 익스포터는 consul_up 메트릭을 1로 설정한다. 또한 consul_catalog_services 메트릭을 볼 수 있고, 컨설 웹 인터페이스에서 일치하는 하나의 서비스에 대해 서비스를 인지하고 있음을 알려 준다.

다음 명령어를 사용해 컨설 인스턴스의 연결을 끊고 프로메테우스 인스턴스에 연결할 수 있다.

```
exit
vagrant ssh prometheus
```

프로메테우스 서버 설정을 살펴보면 다음 내용을 찾을 수 있다.

```
vagrant@prometheus:~$ cat /etc/prometheus/prometheus.yml
...

  - job_name: 'consul_sd'
    consul_sd_configs:
      - server: http://consul:8500
        datacenter: dc1
    relabel_configs:
      - source_labels: [__meta_consul_service]
        target_label: job
...
```

환경설정은 프로메테우스가 컨설 API 주소(http://192.168.42.11:8500)에 연결하도록
허용하고 relabel_configs를 사용해 __meta_consul_service 레이블에 표시된 이름
과 일치하게 job 레이블을 재정의하도록 한다. 프로메테우스 웹 인터페이스를 살펴보
면 다음 정보를 찾을 수 있다.

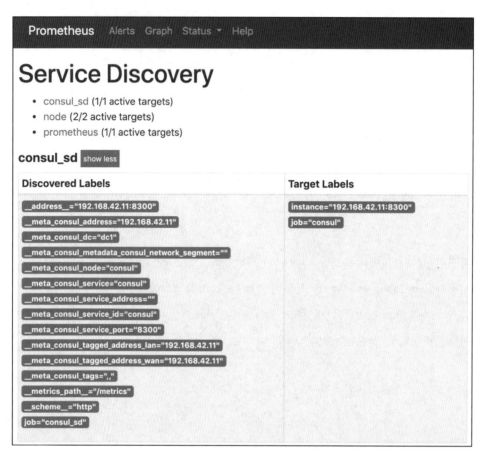

그림 12.8 컨설 기본 서비스를 보여주는 프로메테우스 /service-discovery 엔드포인트

이제 흥미로운 부분은 컨설에서 서비스로 정의해 consul_exporter에 대한 스크레이핑 타깃을 자동으로 추가하는 것이다. 12장의 리소스로 컨설 서비스 설정이 있는 JSON 페이로드가 제공되므로 컨설 API를 통해 추가할 수 있다. 페이로드는 다음 경로에서 찾을 수 있다.

```
vagrant@prometheus:~$ cat /vagrant/chapter12/configs/consul_exporter/payload.json
{
    "ID": "consul-exporter01",
```

```
    "Name": "consul-exporter",
    "Tags": [
        "consul",
        "exporter",
        "prometheus"
    ],
    "Address": "consul",
    "Port": 9107
}
```

다음 명령어로 HTTP API를 통해 새로운 서비스를 컨설의 서비스 카탈로그에 추가한다.

```
vagrant@prometheus:~$ curl --request PUT \
--data @/vagrant/chapter12/configs/consul_exporter/payload.json \
http://consul:8500/v1/agent/service/register
```

명령어를 실행한 후 컨설 웹 인터페이스를 살펴보고 새 서비스가 추가됐는지 확인한다.

그림 12.9 consul-expoter 서비스를 보여주는 컨설 웹 인터페이스

마지막으로 프로메테우스 /service-discovery 엔드포인트를 살펴보고 컨설 서비스 디스커버리의 정상적인 동작으로 새로운 타깃이 있는지 확인할 수 있다.

그림 12.10 consul-exporter 타깃을 보여주는 프로메테우스 /service-discovery 엔드포인트

다시 consul_catalog_services 메트릭을 참조하면 2로 변경됐음을 알 수 있다. 이제 프로메테우스에서 consul_exporter 메트릭을 수집하고 있으므로 promtool을 사용해 현재 값을 쿼리할 수 있다.

```
vagrant@prometheus:~$ promtool query instant http://localhost:9090
'consul_catalog_services'
consul_catalog_services{instance="consul:9107", job="consul-exporter"} => 2
@[1555252393.681]
```

컨설 태그를 사용하면 지정된 태그가 있을 때 메트릭 경로를 변경하거나 HTTPS를 사용해 스크레이핑 여부를 표시하는 태그가 있는지 등 여러 요구 사항이 있는 서비스에 relabel_configs를 사용해 스크레이핑 작업 환경설정을 수행할 수 있다. __meta_consul_tags 레이블 값은 매칭을 쉽게 하고자 시작과 끝에 쉼표 구분 기호가 있다. 이렇게 하면 일치시키려는 태그 문자열의 위치에 따라 정규 표현식을 특수하게 처리할 필요가 없다. relabel_configs의 예는 다음과 같다.

```
...
  relabel_configs:
    - source_labels: [__meta_consul_tags]
      regex: .*,exporter,.*
      action: keep
...
```

위 설정은 exporter 태그가 있는 컨설에 등록된 서비스만 유지하고 다른 모든 서비스는 버리게 된다.

쿠버네티스 서비스 디스커버리 사용

이 절에서는 컨테이너 오케스트레이션 플랫폼의 프로메테우스 네이티브 서비스 디스커버리 통합에 집중할 수 있도록 11장에서 사용했던 프로메테우스 쿠버네티스 오퍼레이터를 살펴본다. 쿠버네티스 테스트 환경에서 프로메테우스를 실행하는 데 필요한 매니페스트는 다음 경로에서 찾을 수 있다.

```
cd ./chapter12/provision/kubernetes/
```

다음 단계는 서비스 디스커버리 구성 요소에 초점을 맞출 수 있도록 프로비저닝에 필요한 모든 소프트웨어와 새로운 쿠버네티스 환경을 제공하는 것이다.

실행 중인 다른 환경이 없는지 확인한다.

```
minikube status
minikube delete
```

새로운 쿠버네티스 환경을 시작한다.

```
minikube start \
    --cpus=2 \
    --memory=3072 \
    --kubernetes-version="v1.14.0" \
    --vm-driver=virtualbox \
    --extra-config=kubelet.authentication-token-webhook=true \
    --extra-config=kubelet.authorization-mode=Webhook
```

프로메테우스가 Service Account 토큰을 사용해 kubelet과 상호작용할 수 있도록 minikube의 추가 환경설정이 필요하다. 위 명령어가 완료되면 새로운 쿠버네티스 환경을 사용할 준비를 마쳤다. 다음 명령어를 사용해 설정을 배포할 수 있다.

```
kubectl apply -f ./bootstrap/
kubectl rollout status deployment/prometheus-deployment -n monitoring
```

위 명령어는 여러 가지 매니페스트를 적용한다. 그중에서도 프로메테우스가 쿠버네티스 API를 쿼리할 수 있게 하는 monitoring 네임스페이스와 서비스 어카운트, 필요한 모든 RBAC 설정을 만든다. bootstrap/03_prometheus-configmap.yaml에서 찾을 수 있는 프로메테우스 서버 설정의 ConfigMap도 포함돼 있다. 다음 코드 조각에서 볼 수 있듯이 서비스 디스커버리를 통해 타깃으로 하는 쿠버네티스 구성 요소에 대한 몇 가지 스크레이핑 작업을 정의한다.

```
$ cat bootstrap/03_prometheus-configmap.yaml
...
data:
  prometheus.yml: |
    scrape_configs:
...
    - job_name: kubernetes-pod
      kubernetes_sd_configs:
      - role: pod
      relabel_configs:
      - action: keep
        regex: hey
        source_labels:
        - __meta_kubernetes_pod_label_app
...
```

다음 명령어를 실행해 프로메테우스 웹 인터페이스를 열 수 있다.

```
minikube service prometheus-service -n monitoring
```

/service-discovery 엔드포인트에서 서비스 디스커버리 섹션으로 이동하면 여러 개의 파드를 볼 수 있지만, app 레이블의 값 hey와 일치하는 항목이 없어지고 삭제되는 것을 알 수 있다.

그림 12.11 kubernetes-pods 항목에서 삭제된 타깃을 보여주는 프로메테우스 /service-discovery 엔드포인트

이제 올바른 레이블/값 쌍으로 새로운 파드를 추가해 서비스 디스커버리 환경설정을 트리거할 차례다. 다음 명령어를 실행해 hey 애플리케이션을 배포하고 배포의 상태를 확인할 수 있다.

```
kubectl apply -f ./services/
kubectl rollout status deployment/hey-deployment -n default
```

성공적으로 배포한 후 /service-discovery 엔드포인트의 프로메테우스 웹 인터페이스로 다시 이동하면 kubernetes-pods 스크레이핑 작업에 현재 3개의 활성 타깃이 있음을 알 수 있다. 다음 화면은 이러한 타깃 중 하나와 쿠버네티스 API에서 제공하는 모든 레이블을 보여준다.

그림 12.12 kubernetes-pods 작업의 감지된 타깃을 표시하는 프로메테우스 /service-discovery 엔드포인트

테스트가 끝나면 다음 명령어를 실행해 쿠버네티스 기반 환경을 삭제할 수 있다.

```
minikube delete
```

이러한 서비스 디스커버리 방식을 통해 프로메테우스 환경설정을 수동으로 변경하지 않고도 여러 쿠버네티스 객체를 자동으로 추적할 수 있다. 이러한 환경으로 모든 종류의 설정을 테스트할 수 있으며, 쿠버네티스 서비스 디스커버리를 특정 요구 사항에 맞게 조정할 수 있는 기반을 제공한다.

▌사용자 정의 디스커버리 설정

가능한 모든 서비스 디스커버리 옵션을 사용하더라도 지원되지 않는 다른 많은 시스템과 프로바이더가 있다. 이러한 경우 사용할 다음과 같은 몇 가지 옵션이 있다.

- 프로메테우스가 특정 서비스 디스커버리를 지원하도록 요청하고, 커뮤니티나 메인테이너maintainer에게 구현하도록 요청한다.
- 프로메테우스에서 직접 서비스 디스커버리 통합을 구현하고 포크를 유지하거나 프로젝트에 다시 기여한다.
- 프로메테우스 로드맵에 의존하지 않고 최소한의 유지 관리 작업과 시간 비용으로 프로메테우스 인스턴스에 필요한 타깃을 가져올 수 있는 방법을 파악한다.

처음 두 가지 옵션은 통제 범위를 벗어나거나 유지하기가 번거롭기 때문에 좋은 선택은 아니다. 또한 상당한 관심 없이 프로메테우스에 새로운 서비스 디스커버리 통합을 추가하고 커뮤니티를 지원하는 것은 새로운 통합을 수용하지 않는 메인테이너에게 큰 부담을 주게 된다.

다행히 비용이 많이 드는 포크나 창의적인 해킹을 유지하지 않고도 모든 유형의 서비스나 인스턴스 카탈로그와 쉽게 통합할 수 있는 방법이 있다. 다음 절에서는 자체 서비스 디스커버리를 프로메테우스와 통합하는 방법을 다룬다.

사용자 정의 서비스 디스커버리 개념

사용자 정의 서비스 디스커버리를 통합하는 데 권장되는 방법은 파일 기반 서비스 디스커버리인 **file_sd**를 사용하는 것이다. 이 통합을 구현하는 방법은 프로세스(로컬 또는 원격, 예약 또는 영구 실행)가 데이터 소스(카탈로그/API/데이터베이스/환경설정 관리 데이터베이스[CMDB])를 쿼리하고 프로메테우스가 액세스할 수 있는 경로에 모든 타깃과 해당 레이블이 포함된 JSON이나 YAML 형식의 파일을 작성하는 것이다. 그런 다음 프로메테우스가 디스크를 감시하거나 일정에 따라 파일을 자동으로 읽는다. 그러면 스크레이핑에 사용할 수 있는 타깃을 동적으로 업데이트할 수 있다.

다음 다이어그램은 앞에서 언급한 워크플로우를 보여준다.

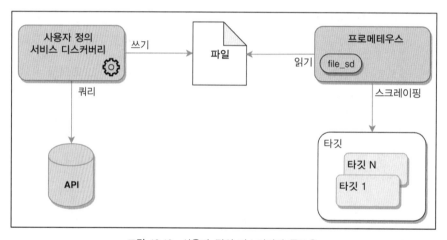

그림 12.13 사용자 정의 디스커버리 플로우

이러한 유형의 접근 방식이 전부는 아니지만 대부분의 필수적인 사용 사례를 준수할 수 있을 정도로 일반적인 방법으로 사용자 정의 서비스 검색 메커니즘을 간단하게 구축할 수 있다.

> **TIP** 커뮤니티 중심의 `file_sd` 통합은 https://prometheus.io/docs/operating/integrations/#file-service-discovery에서 찾을 수 있다.

이러한 유형의 통합이 어떻게 작동해야 하는지 알았으므로 바로 살펴보고 직접 구축해보자.

권장 접근 방식

지금까지 설명한 것처럼 사용자 정의 서비스 디스커버리를 구성하는 것은 충분히 관리가 가능한 것처럼 보인다. 이제 데이터를 위해 무언가를 쿼리하고 표준 형식에 따라 해당 데이터를 파일에 작성해야 한다. 프로메테우스 팀은 개발자의 삶을 더 편하게 하려고 새로운 서비스 디스커버리를 통합 개발할 때 많은 상용구를 제거하는 어댑터를 개발했다.

이 어댑터는 프로메테우스 자체의 일부 코드를 재사용하기 때문에 Go 프로그래밍 언어에만 제공된다. 이러한 방식으로 만들어진 어댑터는 큰 노력 없이 관리되지 않는 서비스 디스커버리 통합을 독립 실행형 서비스로 마이그레이션할 수 있을 뿐만 아니라, 어댑터를 사용해 구성된 외부 디스커버리 통합의 메인 프로메테우스 바이너리로 쉽게 마이그레이션할 수 있다. 이러한 통합을 구축하는 데 선택한 언어를 사용하는 것을 방해하는 것은 없지만 권장되는 접근 방식을 따르기 위해 Go와 디스커버리 어댑터를 고수할 것이다. Go에서 프로그래밍하는 방법을 설명하는 것은 이 책의 범위를 벗어난다.

메인 프로메테우스 저장소에서는 어댑터 코드와 컨설을 사용한 예제를 찾을 수 있다. 컨설 예제는 테스트 환경에서 이미 설정했으며, 알다시피 컨설 통합은 프로메테우스에서 기본적으로 지원한다. 그러나 컨설 통합이 되지 않은 것처럼 가정하고 통합하겠다. 다음 절에서는 모든 것을 통합하고 사용자 정의 서비스 디스커버리를 구축하는 방법을 살펴본다.

사용자 정의 서비스 디스커버리 예제 코드는 https://github.com/prometheus/prometheus/tree/v2.9.1/documentation/examples/custom-sd에서 확인할 수 있다.

서비스 디스커버리 어댑터

상위 레벨의 개요로서 어댑터는 사용자 정의 서비스 디스커버리 코드를 시작하고 관리하며 생성되는 타깃 그룹을 소비하고 이를 file_sd 형식으로 변환해 필요한 경우 JSON 데이터가 파일에 기록되게 한다. 이 어댑터를 사용해 서비스 디스커버리 통합을 작성할 때 코드를 변경할 필요 없이 라이브러리로 가져올 수 있다. 어댑터가 수행하는 작업을 좀 더 자세히 이해하기 쉽도록 하위 레벨의 세부 사항을 설명하고, 어댑터를 사용해 자체 디스커버리를 구현할 때 하위 레벨의 세부 사항을 설명하겠다.

다음 코드 조각에서는 코드에서 호출해야 하는 어댑터의 Run 함수를 보여준다. 이 함수는 자체 고루틴^{goroutine}(a.manager.run)에서 discovery.manager를 시작하고 디스커버리 구현(a.disc)을 실행하도록 지시하고, 마지막으로 다른 고루틴(a.runCustomSD)에서 어댑터 자체를 실행하도록 지시한다.

```
// Run 함수는 디스커버리 매니저(discovery.manager)와 사용자 정의 디스커버리 수행을 시작한다.
func (a *Adapter) Run() {
    go a.manager.Run()
    a.manager.StartCustomProvider(a.ctx, a.name, a.disc)
    go a.runCustomSD(a.ctx)
}
```

시작 후 어댑터는 Manager가 제공한 채널에서 코드에 생성할 타깃 그룹을 업데이트한다. 업데이트가 도착하면 타깃 그룹을 file_sd 형식으로 변환하고 마지막 업데이트 이후 변경 사항이 있는지 확인한다. 변경 사항이 있으면 향후 비교를 위해 새 타깃 그룹을 저장하고 JSON으로 출력 파일에 기록한다. 즉, 업데이트할 때마다 타깃 그룹

442

의 전체 목록을 보내야 한다. 채널을 통해 전송되지 않은 그룹은 생성된 디스커버리 파일에서 제거된다.

 file_sd 어댑터 소스코드는 https://github.com/prometheus/prometheus/blob/v2.9.2/ documentation/examples/custom-sd/adapter/adapter.go에서 확인할 수 있다.

사용자 정의 서비스 디스커버리 예

이제 어댑터의 작동 방식을 알아보자. 사용자 정의 서비스 디스커버리를 수행하기 위해 구현해야 할 사항을 살펴본다. 앞서 봤듯이 어댑터는 discovery.Manager를 사용하므로 디스커버리가 실행될 수 있도록 Discoverer 인터페이스를 구현해야 한다. 인터페이스는 다음과 같다.

```
type Discoverer interface {
    Run(ctx context.Context, up chan<- []*targetgroup.Group)
}
```

 Discoverer 인터페이스 문서는 https://godoc.org/github.com/prometheus/prometheus/ discovery#Discoverer에서 확인할 수 있다.

Run 함수만 구현하면 반복적으로 디스커버리 로직을 실행해 적절한 타깃 그룹을 생성하고 up 채널을 통해 어댑터로 보낸다. ctx 컨텍스트는 언제 중지해야 하는지 알려준다. 구현한 코드는 데이터 소스에서 사용 가능한 모든 타깃/메타데이터를 정기적으로 수집한다. 이번 예에서는 컨설을 사용하는데, 먼저 서비스 목록을 가져와서 각 서비스에 대해 서비스를 지원하는 인스턴스와 메타데이터를 쿼리해 레이블을 생성해야 한다. 문제가 발생하면 불완전하거나 잘못된 데이터보다 오래된 데이터를 제공하는 것이 더 좋기 때문에 채널을 통해 업데이트를 보내지 않는다.

마지막으로 main 함수에서 새 어댑터를 인스턴스화하고 백그라운드 컨텍스트, 출력 파일 이름, 디스커버리 구현 이름, Discoverer 인터페이스를 구현하는 디스커버리 객체와 log.Logger 인스턴스를 제공하면 된다.

```
func main() {
    ...
    sdAdapter := adapter.NewAdapter(ctx, *outputFile, "exampleSD", disc, logger)
    sdAdapter.Run()
    ...
}
```

 https://github.com/prometheus/prometheus/blob/v2.9.2/documentation/examples/
custom-sd/adapter-usage/main.go에서 어댑터 구현 예제를 확인할 수 있다.

다음 단계는 새로 생성된 서비스 디스커버리 프로바이더를 프로메테우스와 함께 배포하고 통합하는 것이다.

사용자 정의 서비스 디스커버리 사용

사용자 정의 서비스 디스커버리의 작동 방식을 직접 확인하기 위해 테스트 환경을 사용한다. 사용자 정의 서비스 디스커버리의 예로 컨설의 디스커버리 통합을 재현하는 custom-sd 바이너리는 프로메테우스와 함께 배포돼 즉시 사용할 수 있다. 테스트 환경에서 모두 함께 잘 동작하는지 확인할 수 있도록 컨설 구성이 포함돼 있는 테스트 환경을 제공한다.

custom-sd는 다음 명령어를 실행해 Go 개발 환경을 가진 컴퓨터에서 구성할 수 있다.

go get https://github.com/prometheus/prometheus/tree/master/documentation/ examples/custom-sd/adapter-usage

다음 명령어를 실행해 prometheus 인스턴스에 접속할 수 있다.

```
vagrant ssh prometheus
```

그런 다음 `file_sd`를 통합으로 사용하도록 프로메테우스 환경설정을 변경할 수 있다. 이를 위해서는 `consul_sd`를 사용하게 설정된 스크레이핑 작업을 새 작업으로 교체해야 한다. 작업을 더 쉽게 하려고 /etc/prometheus/에서 이미 변경된 환경설정 파일을 배치했다. 이를 사용하려면 현재 설정을 새 설정으로 바꾸면 된다.

```
vagrant@prometheus:~$ sudo mv /etc/prometheus/prometheus_file_sd.yml
/etc/prometheus/prometheus.yml
```

관심이 있는 스크레이핑 작업은 다음과 같다.

```
- job_name: 'file_sd'
  file_sd_configs:
  - files:
    - custom_file_sd.json
```

프로메테우스가 이러한 변경 사항을 인식하게 하려면 다시 로드해야 한다.

```
vagrant@prometheus:~$ sudo systemctl reload prometheus
```

컨설 서버에 이전에 추가한 consul-exporter 설정이 있는지 확인해야 한다. 확인 단계를 놓친 경우 다음 코드를 실행해 추가할 수 있다.

```
vagrant@prometheus:~$ curl --request PUT \
--data @/vagrant/chapter12/configs/consul_exporter/payload.json \
http://consul:8500/v1/agent/service/register
```

프로메테우스 웹 인터페이스를 살펴보면 다음과 비슷한 것을 볼 수 있다.

그림 12.14 file_sd 타깃이 없는 프로메테우스 /service-discovery 엔드포인트

이제 custom-sd 애플리케이션을 시험할 준비가 돼 있다. 프로메테우스 서버가 읽을 컨설 API 주소와 출력 파일의 경로를 지정해야 한다. 다음 명령어를 통해 올바른 사용자가 파일을 작성하고 있는지 확인하고, 프로메테우스가 프로세스 파일에 액세스할 수 있게 한다.

```
vagrant@prometheus:~$ sudo -u prometheus -- custom-sd
--output.file="/etc/prometheus/custom_file_sd.json" --
listen.address="consul:8500"
```

그림 12.15 디스커버리 타깃을 보여주는 프로메테우스 `/service-discovery` 엔드포인트

또한 custom-sd에 의해 생성한 파일을 검사하고 다음과 같이 내용의 유효성을 검사할 수 있다. 출력 결과는 간결하게 작성했다.

```
vagrant@prometheus:~$ sudo cat /etc/prometheus/custom_file_sd.json
[
```

```
    {
        "targets": ["consul:9107"],
        "labels": {
            "__address__": "consul:9107",
            "__meta_consul_address": "192.168.42.11",
            "__meta_consul_network_segment": "",
            "__meta_consul_node": "consul",
            "__meta_consul_service_address": "consul",
            "__meta_consul_service_id": "consul-exporter01",
            "__meta_consul_service_port": "9107",
            "__meta_consul_tags": ",consul,exporter,prometheus,"
}}]
```

이제 파일 기반 서비스 디스커버리 메커니즘을 사용해 프로메테우스와 완벽하게 통합된 사용자 정의 서비스 디스커버리를 시작하고 실행할 수 있다. 더 복잡한 배포는 **custom-sd** 서비스를 데몬으로 실행해야 한다. 스크립트 언어에 익숙하다면 디스커버리 파일을 생성하고 종료하는 서비스 디스커버리 스크립트를 직접 작성할 수 있다. 이 경우 크론 작업으로 실행하는 것이 옵션이다. 마지막으로 환경설정 관리 소프트웨어에서 일정에 따라 디스커버리 파일을 동적으로 생성하게 할 수 있다.[1]

▌요약

12장에서는 지속적으로 증가하는 인프라를 깔끔하게 관리하는 데 서비스 디스커버리가 필수적인 이유를 이해할 수 있게 설명했다. 프로메테우스는 몇 가지 서비스 디스커버리 옵션을 활용하기 때문에 매우 빠르고 익숙한 방식으로 구성을 시작할 수 있다. 프로메테우스가 서비스 디스커버리를 위해 제공하는 옵션들을 살펴봤고, 그로부터 무

---

1. 환경설정 관리 소프트웨어에는 Ansible, Chef, Puppet 등이 있고, 인프라 환경설정을 자동화하고 코드로 관리할 수 있는 기능을 제공한다. – 옮긴이

엇을 얻을 수 있는지 확인할 수 있었다. 그런 다음 컨설과 쿠버네티스를 사용해 이전에 공개한 개념들을 구체화하는 몇 가지 예를 확인했다. 마지막으로 권장된 방식과 **file_sd**를 사용해 사용자 정의 서비스 디스커버리를 프로메테우스와 통합하는 방법을 살펴봤다.

13장에서는 프로메테우스를 확장하고 페더레이션하는 방법을 알아본다.

▌질문

1. 프로메테우스에서 서비스 디스커버리 메커니즘을 사용해야 하는 이유는 무엇인가?
2. 클라우드 공급자 서비스 디스커버리를 사용할 때 통합을 설정하기 위한 주요 요구 사항은 무엇인가?
3. DNS 기반 서비스 디스커버리 통합이 지원하는 레코드 유형은 무엇인가?
4. 쿠버네티스 서비스 디스커버리 통합에서 **role** 개념이 어떤 목적에 도움이 되는가?
5. 사용자 정의 서비스 디스커버리를 구축할 때 사용 가능한 통합은 무엇인가?
6. **file_sd**에 설정된 타깃 파일이 업데이트될 때 프로메테우스를 다시 로드해야 하는가?
7. 사용자 정의 서비스 디스커버리를 구축하는 데 권장되는 방법은 무엇인가?

▌더 읽을거리

- **프로메테우스 서비스 디스커버리 설정:** https://prometheus.io/docs/prometheus/latest/configuration/configuration/

프로메테우스 확장과 페더레이션

프로메테우스는 단일 서버로 실행되도록 설계됐으며, 수천 개의 타깃과 수백만 개의 시계열을 처리할 수 있지만 규모에 따라 충분하지 않은 상황에 처할 수도 있다. 13장에서는 이러한 요구 사항을 해결하고 샤딩을 통해 프로메테우스를 확장하는 방법을 알아본다. 그러나 샤딩을 사용하면 인프라에 대한 글로벌 뷰$^{global\ view}$를 갖기 어렵다. 이런 문제를 해결하기 위해 샤딩의 장점과 단점, 페더레이션을 살펴보고 마지막으로 프로메테우스 커뮤니티가 제시한 일부 문제점을 해결하기 위해 만든 타노스^{Thanos}를 소개한다.

13장에서 다루는 내용은 다음과 같다.

- 테스트 환경
- 샤딩 형태의 확장

- 페더레이션을 이용해 글로벌 뷰 설정
- 타노스를 사용해 규모로서의 프로메테우스 단점 보완

▌ 테스트 환경

13장에서는 프로메테우스의 확장과 페더레이션(연동)에 초점을 맞춘다. 이를 알아보고자 글로벌 프로메테우스 인스턴스가 다른 두 개의 프로메테우스 인스턴스에서 메트릭을 수집하는 시나리오를 시뮬레이션하기 위해 3개의 인스턴스를 배포한다. 테스트환경을 통해 필요한 설정을 탐색할 수 있을 뿐만 아니라 모든 구성 요소의 작동 방식을 이해할 수 있다.

사용할 설정은 다음 다이어그램에서 보여준다.

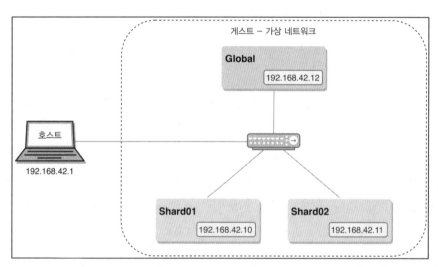

그림 13.1 13장의 테스트 환경

452

배포

새로운 테스트 환경을 구성하려면 저장소 루트 경로를 기준으로 13장으로 이동한다.

```
cd ./chapter13/
```

실행 중인 다른 테스트 환경이 없는지 확인하고 13장 환경을 구동한다.

```
vagrant global-status
vagrant up
```

다음 명령어를 사용해 테스트 환경의 성공적인 배포를 확인할 수 있다.

```
vagrant status
```

다음과 같은 출력이 표시된다.

```
Current machine states:

shard01                   running (virtualbox)
shard02                   running (virtualbox)
global                    running (virtualbox)

This environment represents multiple VMs. The VMs are all listed above with their
current state. For more information about a specific VM, run `vagrant status NAME`.
```

배포 작업이 끝나면 자주 사용하는 자바스크립트를 지원하는 웹 브라우저를 사용해 호스트 컴퓨터에서 다음 엔드포인트를 확인할 수 있다.

서비스	엔드포인트
Shard01 프로메테우스	http://192.168.42.10:9090/
Shard02 프로메테우스	http://192.168.42.11:9090/
글로벌 프로메테우스	http://192.168.42.12:9090/
글로벌 타노스 쿼리어	http://192.168.42.12:10902/

아래 명령어를 사용해 이러한 각 인스턴스에 액세스할 수 있어야 한다.

인스턴스	명령어
Shard01	vagrant ssh shard01
Shard02	vagrant ssh shard02
글로벌	vagrant ssh global

정리

테스트를 마쳤으면 ./chapter13/ 내에 있는지 경로를 확인하고 다음을 실행한다.

```
vagrant destroy -f
```

필요한 경우 쉽게 환경을 재구성할 수 있을 것이다.

▌샤딩 형태의 확장

성장과 함께 더 많은 팀, 더 많은 인프라, 더 많은 애플리케이션이 등장한다. 시간이 지남에 따라 단일 프로메테우스 서버로 운영하는 것이 불가능한 상태가 시작될 것이다. 레코딩/알림 규칙과 스크레이핑 작업 변경 사항이 더욱 빈번해지고, 설정된 스크레이핑 간격에 따라 최대 몇 분이 소요되는 리로드 작업이 필요할 것이다. 또한 프로메테우스의 부하로 인해 누락된 스크레이핑이 발생하기 시작하고, 또는 해당 인스턴스를 담당하는 사람이나 팀의 조직 프로세스 측면에서 병목현상이 될 수 있다. 이러한 상황이 발생할 때 확장 형태의 솔루션 아키텍처를 다시 생각해볼 것이다. 고맙게도 커뮤니티에서는 이러한 문제를 반복적으로 해결해야 할 문제로 다뤘으며, 이러한 문제에 접근하는 방법에 대한 몇 가지 권고 사항이 있고, 샤딩sharding과 관련이 있다.

문맥에서 샤딩은 스크레이핑 타깃 목록을 두 개 이상의 프로메테우스 인스턴스 사이에서 분할하는 것을 의미한다. 두 가지 방법으로 수직 샤딩이나 수평 샤딩을 통해 수행할 수 있다. 수직으로 샤딩하는 것이 가장 일반적인 방법으로, 샤딩의 제한이 스크레이핑 작업인 경우, 예를 들어 범위, 기술, 조직 경계 형태로 그룹화해 논리적으로 다른 프로메테우스 인스턴스에서 스크레이핑 작업을 수행한다. 반대로 수평 샤딩은 샤드 작업 레벨에서 수행된다. 수평 샤딩에서는 프로메테우스가 여러 인스턴스를 갖는 것을 의미하며, 각 인스턴스는 주어진 작업에 대한 타깃 하위 셋을 스크레이핑한다. 수평 샤딩은 단일 프로메테우스 인스턴스가 처리할 수 있는 것보다 스크레이핑 작업이 더 큰 경우가 드물기 때문에 거의 사용되지 않는다.

또한 각 데이터 센터/환경에서 프로메테우스를 샤딩으로 사용하는 것을 고려하지 않는다. 프로메테우스는 대역폭 및 지연 시간과 복원성 측면에서 네트워크 장애 시 영향이 적은 이유로 모니터링하는 시스템/서비스와 함께 실행돼야 한다.

작업의 논리적 그룹

단일 프로메테우스 인스턴스만으로는 충분하지 않을 때 스케일링을 위한 좋은 출발점은 스크레이핑 작업을 논리 그룹으로 분할한 후 그룹을 다른 프로메테우스 인스턴스에 할당하는 것이다. 이를 수직 샤딩이라 한다.

그룹은 아키텍처/범위(프론트엔드, 백엔드, 데이터베이스), OSI 계층(OS 레벨 메트릭, 인프라 서비스, 애플리케이션), 내부 조직별, 팀별, 네트워크 보안 경계(스크레이핑이 방화벽을 통과하지 않아도 됨), 심지어 애플리케이션 클러스터를 기준으로 한다.

다음 다이어그램은 해당 유형의 수직 샤딩을 보여준다.

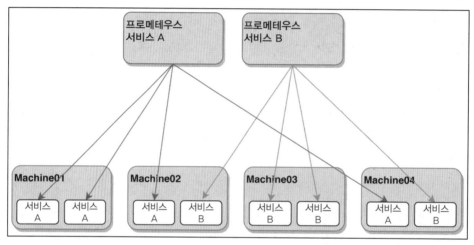

그림 13.2 수직 샤딩을 보여주는 다이어그램

이러한 유형의 샤딩을 사용하면 프로메테우스 인스턴스 간에 격리할 수 있다. 지정된 타깃 셋에서 많이 사용되는 메트릭의 하위 셋을 여러 인스턴스로 분할할 수 있으며, 더 많은 리소스가 필요할 수 있다. 많은 사용량으로 발생하는 부작용은 이런 방식으로 조절될 것이며, 전체적인 모니터링 플랫폼 안정성에 영향을 미치지 않을 것이다.

또한 각 팀에 수직 샤딩을 수행하면 다음과 같은 몇 가지 조직적인 이점을 얻을 수 있다.

- 서비스 소유자가 카디널리티 고려 사항들을 더 잘 볼 수 있다.
- 팀은 자신의 서비스 모니터링에 대한 권한을 부여하고 책임을 느낀다.
- 다른 사람에게 영향을 줄 걱정 없이 규칙과 대시보드에 대해 더 많은 실험을 할 수 있다.

단일 작업 스케일링 문제

프로메테우스를 수직으로 샤딩하는 몇 가지 전략을 살펴봤지만 아직 해결하지 못한 문제가 있다. 단일 작업에 관련된 스케일링 요구 사항이 있다. 하나의 데이터 센터 안에 수만 개의 스크레이핑 타깃 작업이 있다고 상상해보자. 더 이상 분리할 수 있는 논리적인 방법이 없다. 이러한 경우에는 동일한 작업을 여러 프로메테우스 서버에 분산해 수평으로 분할하는 것이 가장 좋다. 다음 다이어그램은 이러한 유형의 샤딩 예를 보여준다.

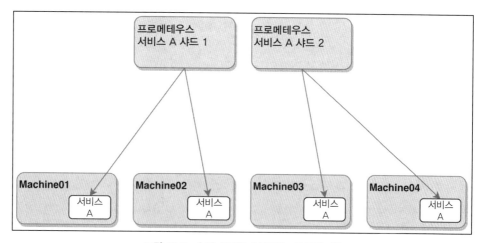

그림 13.3 수평 샤딩을 보여주는 다이어그램

이를 수행하려면 hashmod 레이블 재지정에 의존해야 한다. hashmod의 작동 방식은 target_label을 연결된 source_label에 대한 해시의 modulus로 설정한 다음 프로메테우스 서버에 배치하는 것이다. shard01과 shard02의 테스트 환경에서 해당 환경설정이 실제로 작동해 노드 작업을 효과적으로 샤딩할 수 있다. /etc/prometheus/prometheus.yml에 있는 설정을 살펴보자.

```
...
scrape_configs:
  - job_name: 'node'
    static_configs:
      - targets: ['shard01:9100', 'shard02:9100', 'global:9100']
    relabel_configs:
      - source_labels: [__address__]
        modulus: 2 # Because we're using 2 shards
        target_label: __tmp_shard
        action: hashmod
      - source_labels: [__tmp_shard]
        regex: 0 # Starts at 0, so this is the first action: keep
...
```

> **TIP** 위의 예처럼 임시 레이블을 사용할 때는 항상 __tmp 접두사를 사용한다. 이 접두사는 프로메테우스에서 내부적으로 사용되지 않는다.

다음 화면에서 shard01과 shard02 프로메테우스 인스턴스가 나란히 있고 /service-discovery 엔드포인트를 볼 수 있다. hashmod 작업의 결과로 다음과 같이 노드 익스포터 작업을 두 인스턴스에서 분할할 수 있게 했다.

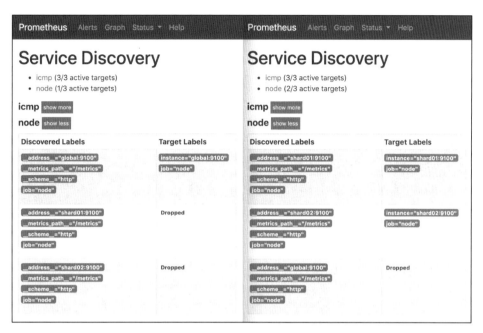

그림 13.4 hashmod 결과를 보여주는 shard01과 shard02 /service-discovery 엔드포인트

이런 유형의 샤딩이 필요한 스케일링 상황에 도달하는 경우는 거의 없지만 프로메테우스가 해당 상황에서 바로 사용할 수 있음을 아는 것은 좋다.

샤딩 시 고려해야 할 사항

특정 상황에서 필요하더라도 수직 샤딩이나 수평 샤딩 전략은 가볍게 사용해서는 안된다. 여러 프로메테우스 인스턴스에 대한 설정 관리의 복잡성이 빠르게 증가하고 필요한 자동화를 계획하지 않은 경우 작업이 더욱 어려워진다. 외부 레이블, 외부 URL, 사용자 콘솔, 스크레이핑 작업과 같은 항목을 프로그래밍 방식으로 설정해 샤딩을 유지 관리하는 팀의 운영 부담을 줄일 수 있다.

각 프로메테우스 인스턴스가 자체 데이터 하위 셋을 갖기 때문에 글로벌 뷰를 갖는 것도 문제가 된다. 예를 들어 그라파나에서 여러 데이터 소스를 사용하는 경우에 데이터의 위치가 즉시 명확하지 않을 수 있으므로 대시보드 구성을 어렵게 만들 수 있으며, 일부 쿼리가 여러 분할된 데이터베이스에 분산된 서비스를 집계하지 못하게 할 수도 있다. 이 문제는 13장의 뒷부분에서 살펴볼 몇 가지 기술을 통해 완화할 수 있다.

마지막으로 필요한 시계열이 동일한 샤드에 있지 않으면 일부 레코딩 규칙과 알림 규칙이 실용적이지 않을 수 있다. 예를 들어 OS 레벨 메트릭이 있는 샤드와 애플리케이션 메트릭이 있는 샤드가 있다고 가정해보자. 두 샤드의 메트릭을 상호 연관시켜야 하는 경고는 문제가 될 것이다. 이 문제는 각 샤드에 대해 신중하게 계획하거나 페더레이션을 사용해 필요한 메트릭을 필요한 곳에서 사용할 수 있게 하거나, 프로메테우스 외부에서 이 작업을 수행할 수 있는 외부 시스템에 원격 쓰기를 사용해 해결할 수 있다(14장에서 다룬다).

샤딩 대안

13장의 시작 부분에 언급된 바와 같이 프로메테우스 인스턴스 하나가 적절하게 구성되고 활용될 경우 큰 도움이 될 것이다. 높은 카디널리티 메트릭을 방지하기 위해 노력하는 것이 가장 중요하게 고려돼야 하며, 샤딩의 필요성을 줄여야 한다. 과도한 양의 메트릭을 생성하는 스크레이핑 타깃에서 프로메테우스 인스턴스를 보호하려면 스크레이핑 작업당 수집할 최대 샘플을 정의하는 것이 도움이 될 것이다. 스크레이핑 작업에 sample_limit을 추가하면 metric_relabel_configs 이후의 샘플 수가 설정된 제한을 초과할 경우 스크레이핑이 완전히 삭제된다. 설정의 예는 다음과 같다.

```
scrape_configs:
  - job_name: 'massive_job'
    sample_limit: 5000
    static_configs:
      - targets:
        - 'shard01:9999'
        - 'shard02:9999'
```

다음 화면은 스크레이핑이 설정된 sample_limit에 도달할 때 어떤 일이 발생하는지 보여준다.

그림 13.5 샘플 한계를 초과해 스크레이핑 작업이 삭제되는 프로메테우스 타깃 엔드포인트

이 한계를 적용하는 경우 up 메트릭과 함께 prometheus_target_scrapes_exceeded_sample_limit_total_metric을 사용해 스크레이핑이 떨어지지 않게 주의해야 한다. up은 프로메테우스 타깃 스크레이핑을 할 수 없는 것을 나타내며, prometheus_target_scrapes_exceeded_sample_limit_total_metric에서는 원인을 제공한다.

스크레이핑이 누락되는 것이 문제가 되지 않고 해상도 손실을 유지할 수 있다면 스크레이핑 간격을 늘리는 것이 대안이다. 5장에서 설명한 것처럼 단 한 번의 스크레이핑 실패로 인해 메트릭 종속이 발생할 위험이 있으므로 2분 이상 증가시키면 안 된다.

▌ 페더레이션을 사용해 글로벌 뷰 설정

프로메테우스 서버가 여러 개인 경우 특정 메트릭을 쿼리할 서버를 아는 것이 매우 번거로울 수 있다. 빠르게 발생하는 또 다른 문제는 여러 데이터 센터에서 여러 인스턴스의 데이터를 집계하는 방법이다. 여기서 페더레이션^{federation}이 등장한다. 페더레이션을 사용하면 프로메테우스 인스턴스가 다른 인스턴스에서 선택한 시계열을 스크레이핑해 상위 레벨에서 집계 인스턴스로 효과적으로 사용할 수 있다. 페더레이션은 계층적 방식과 교차 서비스 패턴으로 구성할 수 있다. 계층적 방식은 하위 레벨 인스턴스의 메트릭을 좀 더 포괄적인 시계열로 집계할 수 있고, 교차 서비스 패턴은 페더레이션을 위해 동일한 레벨의 인스턴스에서 일부 메트릭이 선택돼 일부 레코딩 규칙과 알림 규칙이 가능하다. 예를 들어 각 샤드의 서비스 처리량이나 지연에 대한 데이터를 수집한 다음 모든 샤드에서 집계해 글로벌 값을 가질 수 있다.

프로메테우스에서 페더레이션을 설정하는 데 필요한 것이 무엇인지 살펴보고, 앞서 언급한 페더레이션 패턴을 살펴본다.

페더레이션 설정

실행 중인 프로메테우스 서버는 /federate에서 제공되는 특수 엔드포인트를 노출한다. 7장에서 다뤘듯이 federate 엔드포인트를 사용하면 하나 이상의 인스턴트 벡터 셀렉터와 일치하는 시계열을 검색할 수 있다. 이러한 메커니즘을 이해하기 위해 테스트 환경에서 매우 간단한 예를 제공했다. 각 샤드 인스턴스에는 익스포터에 대한 HTTP 요청 수를 나타내는 집계 메트릭을 생성하는 레코딩 규칙이 있고, 다음 코드 블록에서 레코딩 규칙을 확인할 수 있다.

```
vagrant@shard01:~$ cat /etc/prometheus/rules.yml
groups:
  - name: recording_rules
```

```
  rules:
    - record: job:promhttp_metric_handler_requests:sum_rate1m
      expr: sum by (job) (rate(promhttp_metric_handler_requests_total[1m]))
```

글로벌 뷰를 제공하려면 테스트 환경에서 전역 인스턴스를 사용해 두 샤드의 페더레이션 엔드포인트를 스크레이핑하고 다음 코드 조각에서 볼 수 있듯이 **job:**으로 시작하는 모든 집계 메트릭만 요청할 수 있다.

```
vagrant@global:~$ cat /etc/prometheus/prometheus.yml
...
scrape_configs:
  - job_name: shards
    honor_labels: true
    metrics_path: /federate
    params:
      match[]:
        - '{__name__=~"job:.+"}'
    static_configs:
      - targets:
        - shard01:9090
        - shard02:9090
...
```

위 코드 조각에는 주의해야 할 몇 가지 사항이 있다. 페더레이션은 일반 스크레이핑 작업과 동일한 메커니즘을 사용하지만 다른 스크레이핑 엔드포인트의 설정과 수집하려는 메트릭을 지정하는 HTTP 매개변수가 필요하다. 또한 honor_labels: true를 설정하면 원래 레이블 값이 모두 유지되고 재정의되지 않는다. 그렇지 않으면 프로메테우스가 instance나 job과 같은 스크레이핑 작업[Job]의 값으로 레이블을 설정하므로 honor_labels 설정이 필요할 것이다.

다음과 같이 http://192.168.42.12:9090/targets 엔드포인트의 테스트 환경에서

집계 프로메테우스^{Aggregator Prometheus} 인스턴스에서 페더레이션된 타깃 상태를 확인할
수 있다.

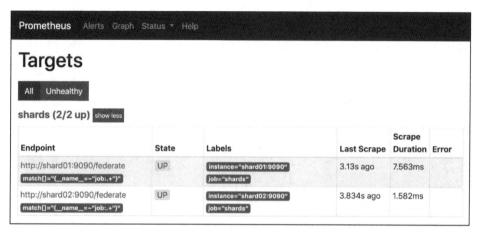

그림 13.6 페더레이션된 서버를 보여주는 프로메테우스 타깃 엔드포인트

글로벌 프로메테우스 웹 인터페이스에서 메트릭 페더레이션을 테스트할 수 있다. 프
로메테우스 인스턴스가 익스포터를 스크레이핑하지 않고 레코딩 규칙을 갖지 않더라
도 모든 시계열을 각 샤드 인스턴스에서 생성되는 `job:promhttp_metric_handler_`
`request:sum_rate1m` 메트릭을 가져올 수 있다. 반환되는 `job` 레이블은 페더레이션
스크레이핑 작업이 아닌 원래 작업에서 가져온 것이다. 또한 인스턴스에 외부 레이블
로 설정한 `shard` 레이블을 확인할 수 있다. `external_labels` 섹션에 정의된 레이블은
다음과 같이 `/federate` 엔드포인트에서 반환되는 메트릭에 자동으로 추가된다.

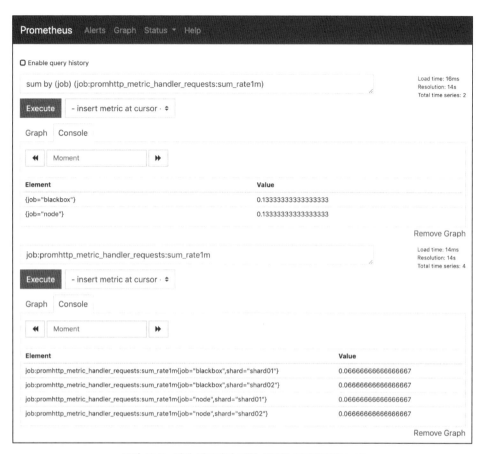

그림 13.7 집계 메트릭에 대한 글로벌 프로메테우스 뷰

페더레이션의 작동 방식을 이해했으면 일반적인 페더레이션의 패턴과 모범 사례를 살펴볼 수 있다.

페더레이션 패턴

프로메테우스에서 페더레이션을 구현할 때 가장 먼저 알아야 할 사항은 페더레이션 메트릭 셋을 미리 집계하거나 직접 선택해야 한다는 것이다. 페더레이션을 사용해 하나의 프로메테우스에서 다른 프로메테우스로 대량의 데이터나 모든 메트릭을 가져오는 것은 다음과 같은 이유로 인해 일반적으로 좋지 않은 생각이다.

- 각 스크레이핑에서 수집되는 데이터의 엄청난 양으로 인해 메트릭을 생성하는 인스턴스와 그것을 소비하는 인스턴스 모두에 부정적인 성능 영향을 미칠 것이다.

- 스크레이핑 처리[ingestion]는 격리되지 않기 때문에 타깃팅되는 프로메테우스 인스턴스는 경쟁으로 인해 시계열의 불완전한 스냅샷이 나타날 수 있다. 스크레이핑 작업을 처리하는 도중에 발생할 수 있고 그 순간에 처리된 내용을 반환할 것이다. 이는 히스토그램[histogram]이나 서머리[summary]와 같은 다중 시계열 메트릭 유형에 특히 적합하다.

- 더 큰 스크레이핑이 타임아웃으로 인해 고통 받을 가능성이 더 높다. 페더레이션 스크레이핑을 수행하는 프로메테우스 인스턴스의 데이터에 간격을 만들 것이다.

- 프로메테우스 인스턴스에서 다른 인스턴스로부터 모든 시계열을 가져 오려고 하면 페더레이션이 실패할 수 있다. 메트릭을 프록시하는 문제라면 실제 프록시 서버가 더 나은 선택일 것이다. 그럼에도 불구하고 가장 좋은 방법은 모니터링하려는 타깃 근처에서 프로메테우스를 실행하는 것이다.

프로메테우스 시계열 페더레이션을 구현하는 두 가지 주요 방법이 있다. 계층과 교차 서비스다. 두 패턴 모두 보완적이며, 함께 사용할 수 있다.

계층 페더레이션

여러 샤드나 하나 이상의 데이터 센터가 있는 경우 시계열이 다른 프로메테우스 인스턴스에 분산된다. 계층 페더레이션은 하나 이상의 프로메테우스 서버가 다른 프로메테우스 인스턴스에서 상위 레벨의 집계 시계열을 수집함으로써 문제를 해결하는 것을 목표로 한다. 두 개 이상의 페더레이션 레벨을 가질 수 있지만, 상당한 규모가 필요하다. 계층 페더레이션을 통해 상위 계층의 프로메테우스는 인프라와 애플리케이션을 좀 더 폭넓게 볼 수 있다. 그러나 집계된 메트릭만 페더레이션해야 하므로 컨텍스트와 세부 정보가 가장 많은 메트릭은 여전히 하위 계층에 있게 된다. 다음 다이어그램은 어떻게 작동하는지 보여준다.

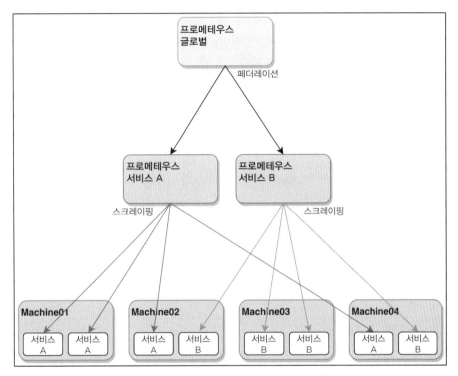

그림 13.8 계층 페더레이션 예제 다이어그램

예를 들어 여러 데이터 센터의 지연 시간을 볼 수 있다. 이러한 요구 사항을 충족하기 위한 3단계 프로메테우스 계층 구조는 다음과 같다.

- 여러 작업을 스크레이핑하는 수직 샤드 몇 개
- 작업 레벨에서 집계된 시계열에 대한 샤드를 스크레이핑하는 데이터 센터 인스턴스(__name__=~"job:.+")
- 데이터 센터 레벨에서 집계된 시계열에 대해 데이터 센터 인스턴스를 스크레이핑하는 글로벌 프로메테우스(__name__=~"dc:.+")

이 레이아웃에서 모니터링 플랫폼을 사용하는 경우 가장 상위 레벨에서 시작하고 다음 레벨로 드릴다운하는 것이 일반적이다. 이 작업은 페더레이션의 각 계층을 데이터 원본으로 구성할 수 있으므로 그라파나를 사용해 쉽게 수행할 수 있다.

알림 규칙은 가능한 한 사용하는 시계열의 원본에서 가깝게 실행돼야 한다. 교차해야 하는 모든 페더레이션 계층에서 알림 임계 경로에 새로운 실패 지점이 생길 수 있다. 스크레이핑이 수행될 때 안정성이 떨어지는 네트워크나 인터넷 링크를 거쳐야 할 수도 있기 때문에 데이터 센터 전체를 집계할 때 특히 그렇다.

교차 서비스

이러한 유형의 페더레이션은 레코딩 규칙이나 알림 규칙을 위해 로컬에서 다른 프로메테우스 인스턴스에서 몇 개의 시계열을 선택해야 하는 경우에 유용하다. 노드 익스포터 스크레이핑과 다른 애플리케이션용으로 작업하는 프로메테우스 인스턴스가 있는 예제 시나리오로 돌아가서 교차 서비스 패턴을 사용하면 다음 다이어그램과 같이 애플리케이션 알림에 사용할 수 있는 특정 OS 레벨 메트릭을 페더레이션할 수 있다.

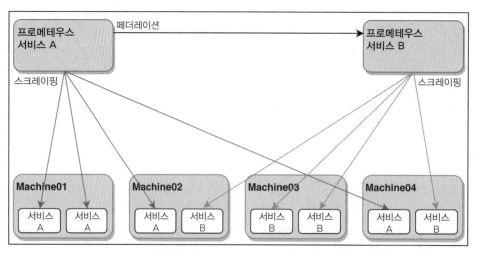

그림 13.9 교차 서비스 페더레이션 예제 다이어그램

교차 서비스 페더레이션의 구성은 이전 패턴과 거의 동일하지만 이 경우 스크레이핑 된 프로메테우스는 동일한 논리적 계층에 있고, 사용된 셀렉터는 집계 대신 특정 메트릭과 일치해야 한다.

다음 절에서는 프로메테우스 커뮤니티에서 큰 관심을 끌고 있는 새로운 구성 요소를 소개하고 글로벌 뷰를 가져야 하는 과제를 해결한다.

▍타노스를 사용해 규모로서의 프로메테우스 단점 보완

프로메테우스의 확장을 시작하면 교차 샤드 가시성$^{cross-shard\ visibility}$ 문제에 빠르게 부딪히게 된다. 실제로 그라파나는 동일한 대시보드 패널에 여러 데이터 스토어 소스를 추가할 수 있으므로 도움이 될 수 있지만 여러 팀이 특별한 서로 다른 요구 사항을 제시할 때 유지 관리가 어려워진다. 명확히 정의된 경계가 없을 때 어떤 메트릭이 중요하지 않은지 추적하게 된다. 팀당 샤드가 하나만 있을 때는 각 팀이 자신의 메트릭에만 신경을 쓸 수 있기 때문에 문제가 되지 않을 수 있지만, 단일 팀에 의해 관리되고 조직에 서비스로 여러 개의 샤드 형태가 노출되는 경우 문제가 발생한다.

또한 알림 경로에서 단일 장애 지점$^{SPOF,\ Single\ Point\ Of\ Failure}$을 방지하기 위해 HA $^{high-availability}$ 형태로 두 개의 동일한 프로메테우스 인스턴스를 실행하는 것이 일반적이다. 각 인스턴스마다 데이터가 약간 다르며, 특히 게이지 메트릭에서는 쿼리를 분산시키는 로드밸런서가 있으면 대시보드 데이터를 새로 고칠 때마다 결과가 일치하지 않으며, 대시보드가 더욱 복잡해진다.

다행히 무엇보다 정확히 위와 같은 문제를 해결하기 위한 프로젝트가 시작됐다. 타노스^{Thanos}라는 프로젝트다. 프로메테우스 2.x의 새로운 스토리지 엔진/시계열 데이터베이스 개발자인 파비안 레이나르츠$^{Fabian\ Reinartz}$와 공동으로 임프로바블^{Improbable} I/O에서 개발했다.

프로메테우스는 잘 정의된 작업 범위를 가진다. 예를 들어 클러스터링을 위해 만들어 진 것이 아니며, 무엇보다도 안정성과 성능을 목표로 했다. 이러한 디자인 선택은 프로메테우스가 성공하게 된 초석 중 일부이고, 소수의 타깃을 처리하는 간단한 배포에서 초당 수백만 건의 샘플을 처리하는 거대한 인스턴스까지 확장할 수 있었지만 항상 트레이드오프가 있다. 앞에서 본 것처럼 페더레이션을 통해 프로메테우스는 공유 상태에 의존하지 않고 기능을 구현할 수 있는 몇 가지 해결 방법을 제공하지만, 페더레이션할 메트릭을 선택하는 등의 몇 가지 제한 사항이 있다. 이러한 제한 사항을 극복하려는 창의적인 몇 가지 솔루션이 노력 중이고, 타노스는 이러한 솔루션 중 하나다.

앞으로 14장에서 타노스의 특징을 자세히 살펴보겠지만, 13장에서는 타노스 프로젝트의 글로벌 쿼리 측면에 초점을 맞춘다.

타노스의 글로벌 뷰 구성 요소

타노스를 사용해 글로벌 뷰를 얻으려면 먼저 몇 가지 구성 요소를 이해해야 한다. 프로메테우스와 마찬가지로 타노스는 Go로 작성됐고 실행할 때 제공된 하위 명령어에 따라 다르게 작동하는 플랫폼/아키텍처별 단일 바이너리를 제공한다. 여기서는 사이드카와 쿼리 구성 요소를 확장한다.

 타노스의 소스코드와 설치 파일은 https://github.com/thanos-io/thanos에서 확인할 수 있다.

간단하게 설명하면 사이드카는 프로메테우스 인스턴스의 데이터를 다른 타노스의 구성 요소에서 사용할 수 있게 하는 반면, 쿼리는 수신한 쿼리를 사이드카나 다른 쿼리 인스턴스와 같은 다른 타노스 구성 요소로 분배하는 프로메테우스의 호환 가능한 대체 API다. 개념적으로 타노스의 글로벌 뷰 방식은 다음 다이어그램과 유사하다.

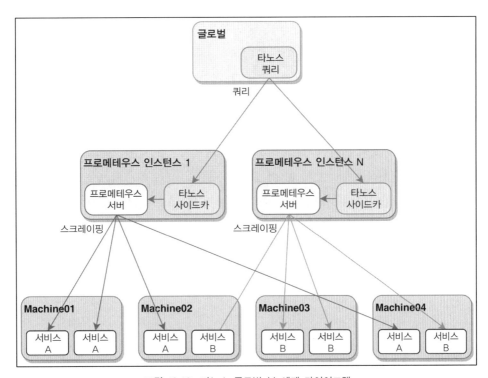

그림 13.10 타노스 글로벌 뷰 예제 다이어그램

쿼리 결과를 반환할 수 있는 타노스는 저장소 API를 구현하고 있다. 요청이 타노스 쿼리어^{querier}에 도달하면 구성된 모든 스토어 API 노드로 팬아웃^{fan out}된다. 이 API 노드는 해당 프로메테우스 서버에서 시계열을 사용할 수 있게 하는 타노스 사이드카다. 쿼리어는 응답을 정렬하고(분리된 데이터를 집계하거나 중복을 제거할 수 있음) 그런 다음 데이터셋에 필요한 PromQL 쿼리를 수행한다. 데이터 중복 제거 기능은 고가용성 프로메테우스 서버 쌍을 사용할 때 특히 유용하다.

이제 각 구성 요소를 살펴보고 작동 방식과 설정 방법을 자세히 살펴본다.

사이드카

사이드카는 프로메테우스와 함께 로컬로 배포되고 원격 읽기 API를 통해 연결된다.

프로메테우스의 원격 읽기 API를 사용하면 다른 시스템과의 통합을 통해 마치 로컬에서 쿼리할 수 있는 것처럼 샘플에 액세스할 수 있다. 원격 읽기는 쿼리의 네트워크 경로로 인해 대역폭 관련 문제를 발생시킬 수 있다. 사이드카는 원격 읽기의 장점을 이용해 프로메테우스에서 다른 타노스 구성 요소에 데이터를 제공할 수 있게 한다. 저장소 API를 기본 포트 10901에 바인딩되는 gRPC 엔드포인트로 노출하며, 이는 타노스 쿼리에서 사용돼 사이드카를 쿼리어의 관점에서 데이터 저장소로 효과적으로 변환한다. 또한 사이드카는 포트 10902 HTTP 엔드포인트를 /metrics 핸들러와 함께 노출해 프로메테우스에서 내부 메트릭을 수집할 수 있다.

사이드카가 연결된 프로메테우스 인스턴스는 각 인스턴스가 고유하게 식별되도록 external_labels를 설정해야 한다. 이는 타노스가 쿼리할 저장 API를 필터링하고 데이터 중복 제거를 작동하는 데 필수적이다.

안타깝게도 고유한 외부 레이블을 사용하면 고가용성을 위해 프로메테우스 인스턴스 쌍을 사용할 때 알림 매니저 데이터 중복 제거가 중단된다. 각 프로메테우스 인스턴스에 고유한 레이블을 삭제하려면 alerting 섹션에서 alert_relabel_configs를 사용해야 한다.

테스트 환경에서 사용 가능한 각 샤드에서 실행되는 타노스 사이드카를 찾을 수 있다. 사용 중인 설정의 유효성을 신속하게 확인하고자 모든 샤드 인스턴스에서 다음 명령어를 실행할 수 있다.

```
vagrant@shard01:~$ systemctl cat thanos-sidecar
...
ExecStart=/usr/bin/thanos sidecar \
        --prometheus.url "http://localhost:9090"
...
```

위 코드 조각은 사이드카가 로컬 프로메테우스 인스턴스에 연결돼 있음을 나타낸다.

사이드카는 14장에서 볼 수 있듯이 훨씬 더 많은 기능을 제공하지만 글로벌 뷰를 구현하는 데는 이 설정으로 충분하다.

쿼리

쿼리는 프로메테우스 HTTP API를 구현해 구성된 모든 타노스 스토어[Store] API의 데이터에 대해 PromQL 표현식을 실행할 수 있다. 또한 프로메테우스의 자체 UI를 기반으로 하는 쿼리용 웹 인터페이스도 포함돼 있어 사용자에게 편의성을 제공한다. 쿼리는 완전한 스테이트리스[stateless] 형태며, 수평으로 확장할 수 있다. 프로메테우스 API와 호환되므로 그라파나에서 프로메테우스 유형의 데이터 소스로 직접 사용할 수 있기 때문에 타노스에 대한 프로메테우스 쿼리를 대체할 수 있다.

타노스 구성 요소는 테스트 환경, 특히 전역 인스턴스에서 실행되며, 다음 명령어를 실행해 환경설정을 확인할 수 있다.

```
vagrant@global:~$ systemctl cat thanos-query
...
ExecStart=/usr/bin/thanos query \
        --query.replica-label "shard" \
        --store "shard01:10901" \
        --store "shard02:10901"
...
```

위 코드 조각에서 볼 수 있듯이 쿼리어를 통해 사용할 수 있도록 저장소 API를 사용해 모든 구성 요소를 지정해야 한다. 대부분의 기본값을 사용하므로 웹 인터페이스는 10902 포트에서 사용할 수 있고 다음 화면에 표시된 대로 브라우저를 http://192.168.42.12:10902/stores로 지정해 유효성을 검증할 수 있다.

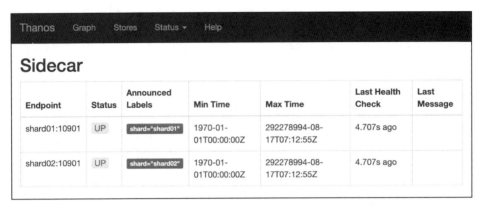

그림 13.11 /store 엔드포인트를 보여주는 타노스 쿼리 웹 인터페이스

쿼리어 HTTP 포트는 프로메테우스 메트릭 수집에 대한 /metrics 엔드포인트로도 제공된다.

--query.replica-label 플래그를 사용하면 특정 프로메테우스 외부 레이블을 사용해 메트릭 중복 제거를 수행할 수 있다. 예를 들어 shard01과 shard02에서 동일한 icmp 작업을 수행하고 모두 식별 가능한 고유한 shard 외부 레이블을 갖고 있을 것이다. 데이터 중복 제거가 없으면 두 사이드카가 관련 데이터를 가졌기 때문에 쿼리를 수행할 때 메트릭에 두 가지 결과가 나타난다. 샤드 복제본을 식별하는 레이블로 표시하면 쿼리어는 결과 중 하나를 선택할 수 있다. 모든 스토어 API의 메트릭을 포함할지 아니면 단일 프로메테우스 인스턴스 데이터의 단일 결과에 대해서만 확인할지는 애플리케이션 프로그래밍 인터페이스(GET 매개변수에서 dedup=true 전송)나 웹 인터페이스(데이터 중복 제거 옵션 선택)를 통해 데이터 중복 제거를 토글^toggle할 수 있다. 다음 화면은 이러한 차이점을 보여준다.

그림 13.12 타노스 쿼리 중복 제거의 비활성화와 활성화

중복 제거 기능은 기본적으로 활성화돼 쿼리어가 쿼리를 제공할 때 프로메테우스를 완벽하게 대체할 수 있다. 이런 방식으로 그라파나와 같은 업스트림 시스템은 쿼리 계층이 변경됐음을 모르더라도 계속 작동할 수 있다.

▌요약

13장에서는 프로메테우스를 대규모로 실행하는 것과 관련된 문제를 해결했다. 단일 프로메테우스 인스턴스로도 충분히 원하는 구성을 할 수 있지만 필요한 경우 성장할 수 있는 지식을 키우는 것이 좋다. 수직 샤딩과 수평 샤딩의 작동 방식, 언제 샤딩을 사용해야 하는지, 샤딩의 이점과 우려 사항을 알아봤다. 프로메테우스를 계층적 또는 교차 서비스로 페더레이션할 때 일반적인 패턴과 요구 사항에 따라 선택하는 방법을 소개했다. 때로는 기본 제공되는 페더레이션보다 더 많은 요구 사항으로 인해 타노스 프로젝트와 글로벌 뷰 문제를 해결하는 방법도 소개했다.

14장에서는 또 다른 공통 요구 사항과 그중 하나인 프로메테우스 프로젝트의 핵심 관심 사항이 아닌 시계열의 롱텀 저장 요구 사항을 다룬다.

▌질문

1. 언제 프로메테우스를 샤딩하는 것을 고려해야 하는가?

2. 수직, 수평 샤딩의 차이점은 무엇인가?

3. 샤딩 전략을 선택하기 전에 할 수 있는 일이 있는가?

4. 계층적 패턴으로 페더레이션되는 데 가장 적합한 메트릭 유형은 무엇인가?

5. 교차 서비스 페더레이션을 필요로 하는 이유는 무엇인가?

6. 타노스 쿼리어와 사이드카 사이에는 어떤 프로토콜이 사용되는가?

7. 프로메테우스 HA 쌍과 함께 실행되는 사이드카로 구성된 타노스 쿼리어에 복제본 레이블이 설정되지 않은 경우 여기서 실행되는 쿼리의 결과는 어떻게 되는가?

▌더 읽을거리

- **프로메테우스 확장과 페더레이팅:** https://www.robustperception.io/scaling-and-federating-prometheus

- **타노스 구성 요소:** https://github.com/thanos-io/thanos/tree/master/docs/components

- **타노스 - 규모로서의 프로메테우스:** https://improbable.io/blog/thanos-prometheus-at-scale

롱텀 스토리지와 통합

프로메테우스의 단일 인스턴스 디자인은 로컬에서 사용할 수 있는 스토리지의 양에 따라 제한되므로 과거 데이터의 대규모 데이터셋을 유지하는 것은 실용적이지 않다. 많은 기간에 걸친 시계열을 보유하면 계절별 추세 분석과 용량 계획이 가능하므로 데이터셋이 로컬 스토리지에 맞지 않을 경우 프로메테우스는 서드파티 클러스터 스토리지 시스템으로 데이터를 푸시해 제공한다. 14장에서는 타노스의 도움으로 원격 읽기와 쓰기 API뿐만 아니라 객체 스토리지용 메트릭을 전송하는 방법을 살펴본다. 이러한 요구 사항을 해결하는 방법에 대한 옵션을 제공하고, 여러 아키텍처에서의 선택을 가능하게 한다.

14장에서 다루는 내용은 다음과 같다.

- 테스트 환경

- 원격 쓰기와 원격 읽기
- 메트릭 스토리지 옵션
- 타노스 원격 스토리지와 생태계

▍ 테스트 환경

14장에서는 클러스터 스토리지에 초점을 맞춘다. 프로메테우스가 메트릭을 생성하는 시나리오를 시뮬레이션하기 위한 3개의 인스턴스를 배포한 후 객체 스토리지 솔루션에 해당 인스턴스를 저장하는 방법의 몇 가지 옵션을 살펴본다. 이 접근 방식을 통해 필요한 구성을 확인할 수 있을 뿐만 아니라 모든 구성 요소가 어떻게 작동하는지 확인할 수 있다.

사용할 설정은 다음 다이어그램과 유사하다.

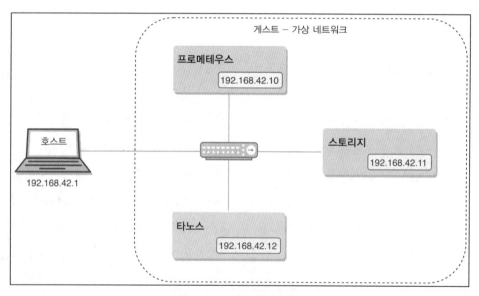

그림 14.1 14장의 테스트 환경

다음 절에서는 테스트 환경을 시작하고 실행하는 방법을 알아본다.

배포

새로운 테스트 환경을 구성하려면 저장소 루트 경로를 기준으로 14장으로 이동한다.

```
cd ./chapter14/
```

실행 중인 다른 테스트 환경이 없는지 확인하고 14장 환경을 구동한다.

```
vagrant global-status
vagrant up
```

다음 명령어를 사용해 테스트 환경의 성공적인 배포를 확인할 수 있다.

```
vagrant status
```

다음과 같은 출력이 표시된다.

```
Current machine states:

prometheus                running (virtualbox)
storage                   running (virtualbox)
thanos                    running (virtualbox)

This environment represents multiple VMs. The VMs are all listed above with their
current state.
For more information about a specific VM, run `vagrant status NAME`.
```

배포 작업이 끝나면 자주 사용하는 자바스크립트를 실행할 수 있는 웹 브라우저를 사용해 호스트 시스템에서 다음 엔드포인트를 확인할 수 있다.

서비스	엔드포인트
프로메테우스	http://192.168.42.10:9090
타노스 사이드카	http://192.168.42.10:10902
객체 스토리지 Access key: strongACCESSkey Secret key: strongSECRETkey	http://192.168.42.11:9000
타노스 쿼리어	http://192.168.42.12:10902

다음 명령어 중 하나를 사용해 원하는 인스턴스에 액세스할 수 있어야 한다.

인스턴스	명령어
프로메테우스	vagrant ssh prometheus
스토리지	vagrant ssh storage
타노스	vagrant ssh thanos

정리

테스트를 마쳤으면 ./chapter14/ 내에 있는지 경로를 확인하고 다음을 실행한다.

```
vagrant destroy -f
```

필요한 경우 쉽게 환경을 재구성할 수 있을 것이다.

▌ 원격 쓰기와 원격 읽기

원격 쓰기와 원격 읽기를 통해 프로메테우스는 각각 샘플을 푸시하고 가져올 수 있다. 원격 쓰기는 일반적으로 원격 스토리지 전략을 구현하는 데 사용되지만, 원격 읽기는 PromQL 쿼리가 원격 데이터를 투명하게 타깃^{Target}할 수 있게 한다. 다음 절에서는 원격 쓰기와 읽기 기능을 살펴보고 사용할 수 있는 몇 가지 예를 제시한다.

원격 쓰기

원격 쓰기는 프로메테우스에서 매우 인기 있는 기능이었다. 처음에는 openTSDB, InfluxDB와 Graphite 데이터 형식으로 샘플을 보내기 위한 기본 지원으로 구현됐다. 그러나 가능한 한 각 원격 시스템을 지원하지 않고 사용자 정의 어댑터를 빌드하는 데 적합한 일반적인 쓰기 메커니즘을 제공하기로 결정됐다. 이를 통해 프로메테우스 로드맵에서 분리돼 맞춤형 통합이 가능해졌으며, 해당 브리지에서도 읽기 경로를 지원할 수 있게 됐다. 원격 쓰기의 시스템별 구현은 프로메테우스 바이너리에서 제거됐으며, 독립형 어댑터로 변환됐다. 어댑터에 의존하고 필요한 통합을 구축할 수 있도록 커뮤니티에 권한을 부여하는 논리는 사용자 정의 서비스 검색 통합을 구축하기 위해 12장에서 다룬 철학을 따른다.

사용자 정의 원격 스토리지 어댑터의 공식 예는 https://github.com/prometheus/prometheus/tree/master/documentation/examples/remote_storage/remote_storage_adapter에서 확인할 수 있다.

프로메테우스는 프로메테우스 내부와 연결되지 않은 매우 간단한 형식을 사용해 개별 샘플을 원격 쓰기 엔드포인트로 보낸다. 다른 쪽의 시스템은 스토리지 시스템이 아니라 카프카^{Kafka}나 리만^{Riemann}과 같은 스트림 프로세서일 수도 있다. 프로메테우스는 효율적으로 청크를 만드는 방법을 이미 알고 있었으며, 네트워크로 보낼 수 있었기 때문에 원격 쓰기 디자인을 정의할 때 어려운 결정이었다. 청크는 스트리밍 시스템을 지원하는 것이 비실용적이었으며, 샘플을 보내는 것은 어댑터와 관련해 이해하기 쉽고 구현하기가 더 쉽다.

원격 쓰기는 프로메테우스 2.8 버전 릴리스의 큰 개선 항목이었다. 이전에는 네트워크나 서비스 문제로 인해 메트릭이 원격 쓰기 엔드포인트에 전달되지 못한 경우 데이터를 저장하기 위한 작은 버퍼만 존재했다. 버퍼가 채워지면 메트릭이 삭제되고 해당 원격 시스템에서 영구적으로 손실됐다. 심지어 버퍼로 인해 역부하$^{back-pressure}$가 발생하면 메모리 부족$^{OOM, Out Of Memory}$ 에러로 프로메테우스 서버 장애가 발생할 수 있다. 원격 쓰기 API가 북키핑^{Bookkeeping}을 위해 로그 선행 기입$^{WAL, Write-Ahead Log}$에 의존하기 시작했기 때문에 더 이상 발생하지 않는다. 버퍼를 사용하는 대신 원격 쓰기는 이제 WAL에서 직접 읽는다. WAL에는 모든 트랜잭션과 스크레이핑 샘플이 있다. 원격 쓰기 서브시스템에서 WAL을 사용하면 프로메테우스 메모리 사용량을 좀 더 예측 가능하게 하고 원격 시스템에 대한 연결이 중단된 후 중단된 위치에서 다시 시작할 수 있다.

다음 코드 조각은 프로메테우스에서 원격 쓰기 엔드포인트를 설정하는 데 필요한 최소한의 코드를 보여준다.

```
remote_write:
  - url: http://example.com:8000/write
```

원격 쓰기는 외부 시스템과의 인터페이스를 위한 또 다른 인스턴스이기 때문에 external_labels가 전송되기 전에 샘플에 적용된다. 또한 둘 이상의 프로메테우스 서버를 사용해 동일한 위치로 데이터를 푸시할 때 원격 측의 메트릭 충돌을 방지할 수 있다. 원격 쓰기는 write_relabel_configs도 지원하므로 전송되는 메트릭과 삭제되는 메트릭을 제어할 수 있다. 이 레이블 재지정은 외부 레이블이 적용된 후에 실행된다.

14장 뒷부분에서는 원격 쓰기 사용의 실용적인 예로 리시버^{receiver}라는 상당히 새로우며 실험적인 타노스 구성 요소를 알아본다.

원격 읽기

원격 쓰기 기능을 사용할 수 있게 된 이후 원격 읽기의 요구 사항들이 생길 것이다. 프로메테우스 데이터를 원격 엔드포인트에 전송한 후 앞서 언급한 데이터에 액세스하기 위해 InfluxDB 쿼리 언어인 InfluxQL와 같은 새로운 쿼리 언어를 배워야 한다고 상상한다면 매우 부담이 될 것이다. 원격 읽기 기능을 포함시키면 PromQL을 로컬에서 사용할 수 있는 것처럼 프로메테우스 서버 외부에 저장된 데이터를 쉽게 사용할수 있다.

원격 데이터에 실행되는 쿼리는 중앙에서 평가^{evaluate}된다. 즉, 원격 엔드포인트에 요청된 정규 매처와 시간 범위에 대한 데이터만 전송하고 PromQL은 쿼리가 시작된 프로메테우스 인스턴스에 적용된다. 다시 한 번 언급하지만 분산 평가와 반대되는 중앙 집중식 쿼리 평가를 선택하는 것은 API를 설계할 때 중요한 결정이었다. 분산 평가는 각 쿼리의 로드를 분산시킬 수 있지만 원격 시스템이 PromQL을 이해하고 평가하고 데이터가 분리되지 않은 경우 수많은 문제를 처리하게 함으로써 앞서 언급한 시스템의 구현 복잡성을 크게 증가시킨다. 중앙 집중식 평가를 통해 원격 시스템에서 요청된 데이터를 다운샘플링해서 매우 긴 시간 범위의 쿼리를 크게 향상시킨다.

원격 읽기가 유용한 한 가지 예는 프로메테우스 v1에서 프로메테우스 v2로 이동하는 것과 같은 주요 버전의 프로메테우스 간 마이그레이션을 지원하는 것이다. v2는 v1에서 원격으로 읽도록 구성할 수 있어 기존 인스턴스를 읽기 전용으로 설정한다. 이때 스크레이핑 작업은 설정되지 않는다. 이렇게 하면 메트릭이 더 이상 유용하지 않을 때까지 v1 인스턴스를 원격 스토리지로 사용한다. 이러한 전략의 기본 요건으로는 원격 읽기로 설정된 프로메테우스 인스턴스의 `external_labels`와 기존 프로메테우스 인스턴스의 `external_labels`가 일치해야 한다.

반대로 프로메테우스 자체의 원격 읽기 엔드포인트의 예는 13장에서 확인할 수 있다. 타노스 사이드카는 로컬 프로메테우스 인스턴스의 원격 읽기 API를 사용해 타노스 쿼리어에서 요청한 시계열을 가져온다.

환경설정 측면에서 원격 읽기를 수행하도록 프로메테우스를 설정하는 것은 매우 간단하다. 다음 코드 조각은 환경설정 파일의 필수 항목을 보여준다.

```
remote_read:
  - url: http://example.com:8000/read
```

remote_read 섹션에서는 지정된 엔드포인트에 쿼리하기 위해 셀렉터에 있어야 하는 required_matchers를 사용해 매처 목록을 지정할 수도 있다. 이 기능은 스토리지가 아닌 원격 시스템에 유용하며, 또는 원격 스토리지에 메트릭의 하위 집합만 기록해 원격 읽기의 메트릭을 제한하는 경우에 활용할 수 있다.

▌메트릭 스토리지 옵션

기본적으로 프로메테우스는 자체 TSDB를 사용해 로컬 메트릭 스토리지 관리 작업을 훌륭하게 수행한다. 그러나 프로메테우스만으로 충분하지 않을 것이다. 로컬 스토리지는 프로메테우스 인스턴스에서 로컬로 사용 가능한 디스크 공간의 양에 의해 제한되며, 이는 수년에 이르는 대규모 보관 기간이나 그 양을 초과하는 대용량 데이터 볼륨에는 적합하지 않다. 다음 절에서는 로컬 스토리지 접근 방식과 현재 사용 가능한 원격 스토리지 옵션을 알아본다.

로컬 스토리지

시계열을 위한 프로메테우스의 기본 제공 스토리지 솔루션은 단순히 로컬 스토리지다. 이는 이해하기 쉽고 관리하기가 쉬우며, 단일 디렉터리에 데이터베이스가 있기때문에 백업, 복원, 또는 필요한 경우 파기하기 용이하다. 프로메테우스는 클러스터링을 지원하지 않음으로써 네트워크 파티션이 발생할 때 정상적인 동작을 보장한다. 가장 중요한 시점에 모니터링 시스템이 실패하는 것을 원하지 않을 것이다. 일반적으로 고가용성은 각각 고유한 데이터베이스가 있는 두 개의 프로메테우스 인스턴스를동일한 설정으로 실행해 간단하게 구성할 수 있다. 그러나 로컬 스토리지 솔루션은모든 사용 사례에 적합하지 않으며, 몇 가지 단점이 있다.

- **내구성 부재**: 컨테이너 오케스트레이션 배포에서 영구 볼륨을 사용하지 않을 경우 컨테이너가 다시 스케줄링될 때 이전 데이터가 삭제되고 현재 데이터가 새롭게 시작돼 수집된 데이터가 사라진다. VM 배포 환경에서는 데이터가 로컬 디스크만큼 내구성이 있다.
- **수평적 확장 불가**: 로컬 스토리지를 사용하면 데이터셋은 인스턴스에서 사용할 수 있는 디스크 공간만큼만 커야 한다.
- 로컬 스토리지는 올바른 메트릭 기준과 카디널리티 제어, 장기 보관을 위해 설계되지 않았다.

이러한 단점들은 일반적인 사용 사례의 중소 규모 배포에서는 상관없이 훌륭하게 작동하고, 반면 고급이나 대규모 사용 사례와는 트레이드오프의 문제가 있다. 일상적인운영 모니터링이나 발생한 문제 해결 측면에서 알림과 대시보드는 최대 2주 정도의데이터 정도만 필요할 것이다.

장기 보관을 위한 원격 메트릭 스토리지 시스템으로 보내기 전에 TSDB 관리 API 엔드포인트(snapshot과 delete_series)를 사용해 로컬 스토리지 관리를 고려할 수 있다. 이 엔드포인트는 로컬 스토리지를 제어하는 데 도움이 된다. 5장에서 언급했듯이

TSDB 관리 API는 기본적으로 사용할 수 없다. API를 활성화하려면 `--web.enable-admin-api` 플래그로 프로메테우스를 시작해야 한다.

14장의 테스트 환경에서 이러한 엔드포인트를 사용해보고 목표를 달성할 수 있다. 프로메테우스 인스턴스에 연결해 TSDB 관리 API가 활성화됐는지 검증하고 다음 명령어를 사용해 로컬 스토리지 경로를 찾을 수 있다.

```
vagrant@prometheus:~$ systemctl cat prometheus
...
    --storage.tsdb.path=/var/lib/prometheus/data \
    --web.enable-admin-api \
...
```

`/api/v1/admin/tsdb/snapshot` 엔드포인트에서 HTTP POST를 실행하면 사용 가능한 블록을 스냅샷 디렉터리에 저장하는 새 스냅샷이 트리거된다. 스냅샷은 하드 링크를 사용해 만들어지므로 프로메테우스가 여전히 해당 블록을 갖고 있는 한 매우 공간 효율적이다. 다음 명령어는 스냅샷이 처리되는 방법을 보여준다.

```
vagrant@prometheus:~$ curl -X POST
http://localhost:9090/api/v1/admin/tsdb/snapshot
{"status":"success","data":{"name":"20190501T155805Z-55d3ca981623fa5b"}}

vagrant@prometheus:~$ ls /var/lib/prometheus/data/snapshots/
20190501T155805Z-55d3ca981623fa5b
```

그런 다음 스냅샷 디렉터리를 백업할 수 있다. 이 디렉터리는 쿼리를 위해 히스토리 데이터가 필요할 때 `--storage.tsdb.path`를 통해 다른 프로메테우스 인스턴스의 TSDB 스토리지 경로로 사용할 수 있다. 프로메테우스가 보관 기간 이외의 블록을 삭제하기 시작할 수 있으므로 `--storage.tsdb.retention.time`을 데이터 기간에 맞게 조정해야 할 수도 있다.

물론 이는 TSDB의 증가를 막지는 못할 것이다. 이러한 측면을 관리하려고 /api/v1/admin/tsdb/delete_series 엔드포인트를 사용할 수 있으며, 이는 주 단위나 일일 유지 보수에 유용하다. 모든 일치하는 시계열을 삭제하도록 표시하는 매치 셀렉터 셋이 있는 HTTP POST 요청을 통해 작동하고, 선택적으로 시간 범위도 전송되는 경우 지정된 시간 윈도우^{window}로 삭제를 제한한다. 다음 표는 URL 매개변수의 개요를 보여준다.

URL 매개변수	설명
match[]=<selector>	하나 이상의 매치 셀렉터, 예를 들어 match[]={__name__=~"go_.*"} (go_로 시작되는 이름을 가진 모든 메트릭을 삭제)
start=<unix_timestamp>	RFC 3339나 유닉스 형식의 삭제 시작 시간(선택 사항, 기본값은 가능한 가장 빠른 시간)
end=<unix_timestamp>	RFC 3339나 유닉스 형식의 삭제 종료 시간(선택 사항, 기본값은 가능한 가장 늦은 시간)

POST 요청이 실행된 후 HTTP 204가 반환된다. 다음 프로메테우스 압축 이벤트가 발생할 때까지 기다려야 하므로 디스크 공간이 즉시 확보되지 않을 것이다. 아래 설명대로 clean_tombstones 엔드포인트를 요청해 정리 작업을 강제 실행할 수 있다.

```
vagrant@prometheus:~$ curl -X POST -w "%{http_code}\n" --globoff
'http://localhost:9090/api/v1/admin/tsdb/delete_series?match[]={__name__=~"
go_.*"}'
204

vagrant@prometheus:~$ curl -X POST -w "%{http_code}\n"
http://localhost:9090/api/v1/admin/tsdb/clean_tombstones
204
```

이 내용은 로컬 스토리지를 통제하고 주로 확장성 관련 복잡한 부분에 시간을 소모하지 않도록 하는 데 도움이 될 것이다.

원격 스토리지 통합

원격 메트릭 스토리지를 선택하는 것은 여러 가지 의미가 있으므로 가볍게 사용해서는 안 된다. 원격 스토리지 솔루션을 선택할 때 고려해야 할 몇 가지 요소는 다음과 같다.

- **성숙도**: 일부 스토리지 솔루션은 다른 스토리지 솔루션보다 성숙하고 잘 유지 관리된다.
- **제어**: 자체 인스턴스를 실행하는 솔루션이 있지만 다른 솔루션은 SaaS 방식의 오퍼링^{offerings}이다.
- **가용성, 신뢰성, 확장성**: 스토리지 솔루션을 내부적으로 직접 관리하는 경우 이러한 측면을 고려해야 한다.
- **유지 보수성**: 일부 솔루션은 배포나 유지 관리가 정말 복잡하다.
- **원격 읽기와 쓰기**: 둘 다 정말로 필요한가? 아니면 사용 사례?
- **비용**: 모두 절감할 수 있다. 금전적 의미뿐만 아니라 솔루션을 배우고 테스트하고 운영하는 데 필요한 시간의 관점에서 비용을 정의해야 한다.

고려해야 할 또 다른 중요한 요소는 알림과 관련이 있다. 신뢰성을 위해 규칙은 로컬 데이터만 쿼리해야 한다. 이렇게 하면 네트워크 계층에서 일시적인 에러가 규칙 평가에 부정적인 영향을 줄 수 있다. 따라서 원격 스토리지 시스템의 데이터는 중요한 알림에 사용해서는 안 되며, 최소한 누락된 데이터를 허용할 수 있어야 한다.

프로메테우스를 구성할 때 확장 가능한 스토리지를 요구하거나, 예를 들어 용량 계획과 같이 중요한 히스토리 데이터가 필요한 경우 몇 가지 옵션이 있다. 공식 프로메테우스 설명서 https://prometheus.io/docs/operating/integrations/#remote-endpoints-

and-storage에는 원격 스토리지 통합 목록이 제공된다. 이 목록에는 여러 사용 사례가 포함돼 있다. SaaS 오퍼링(예, SignalFX와 Splunk), 스트림 처리 시스템(카프카), 다른 시계열 데이터베이스(유료(IRONdb)와 오픈소스(InfluxDB, Cortex, TimescaleDB, M3DB) 다른 모니터링 시스템(OpenTSDB, Graphite)), 일반 데이터 저장소(예, 일래스틱서치와 TiKV)도 있다. 그중 상당 부분은 원격 읽기와 쓰기를 모두 지원하고, 일부 스토리지 솔루션은 독자적인 책으로 다룰 자격이 있다.

흥미롭게도 심층적으로 살펴볼 타노스는 다루는 문제에 대해 완전히 다른 접근법을 사용하기 때문에 집필 당시 언급된 목록에 없었으며, 실제로 오버레이 형태로 작동하기 때문에 프로메테우스를 알 필요조차 없다. 여기서는 복잡성, 비용, 기능 셋의 균형을 잘 유지하는 가장 유망한 롱텀 스토리지 타노스에 중점을 둔다.

▌타노스 원격 스토리지와 생태계

13장에서 프로메테우스의 확장 관점에서 일부 단점을 개선하기 위해 개발된 오픈소스 프로젝트인 타노스를 소개했다. 특히 타노스 사이드카와 쿼리 구성 요소를 사용해 여러 프로메테우스 인스턴스에 글로벌 뷰를 제공해 해결하는 방법을 살펴봤다. 이제 다른 타노스 구성 요소를 소개하고 객체 스토리지를 사용해 적은 비용으로 장기 보관을 가능하게 하는 방법을 살펴볼 차례다. 해당 예시를 따라갈 때 복잡성이 증가하므로 요구 사항을 확인하고 글로벌 뷰 접근 방식과 로컬 스토리지가 특정 사용 사례에 충분하지 않은지 확인해야 한다.

타노스 생태계

이전에 다뤘던 타노스 쿼리어와 사이드카 외에도 타노스 생태계에는 몇 가지 다른 구성 요소가 있다. 모든 구성 요소는 동일한 바이너리에 포함돼 있으며, 다른 하위 명령어를 호출해 실행된다.

- **query:** 일반적으로 쿼리어^{querier}로 알려져 있으며 쿼리를 팬아웃과 구성된 Store API 엔드포인트에 쿼리와 결과를 중복 제거하는 데몬이다.

- **sidecar:** 로컬 프로메테우스 인스턴스에서 데이터에 액세스하기 위해 Store API 엔드포인트를 노출하고 앞에서 언급한 인스턴스의 TSDB 블록을 객체 스토리지에 제공하는 데몬이다.

- **store:** Store API 엔드포인트를 노출시키는 원격 스토리지의 게이트웨이 역할을 하는 데몬이다.

- **compact:** 일반적으로 compactor로 알려진 이 데몬은 객체 스토리지에서 사용 가능한 블록을 압축하고 새로운 다운샘플링된 시계열을 생성한다.

- **bucket:** 객체 스토리지에 저장된 데이터를 확인, 복구, 검사할 수 있는 커맨드 라인 도구다.

- **receive:** receiver라고도 하는 이 메소드는 프로메테우스 인스턴스의 원격 쓰기를 수용하고 Store API 엔드포인트를 통해 푸시된 데이터를 노출하며, 블록을 객체 스토리지로 전달할 수 있는 데몬이다.

- **rule:** 일반적으로 ruler로 알려진 데몬으로, 원격 Store API 엔드포인트에 대해 프로메테우스 레코딩 규칙과 알림 규칙을 평가하는 데몬이다. 또한 자체 Store API를 노출해 평가 결과를 쿼리에 사용할 수 있도록 결과를 객체 스토리지에 제공하고 알림 매니저 클러스터에 연결해 알림을 전송한다.

 타노스의 소스코드와 설치 파일은 https://github.com/thanos-io/thanos에서 확인할 수 있다.

다음 구성 요소는 함께 동작해 몇 가지 문제를 해결한다.

- **글로벌 뷰**: 반환된 시계열을 집계하고 중복을 제거하면서 동일한 위치에서 모든 프로메테우스 인스턴스를 쿼리한다.
- **다운샘플링**: 수개월 또는 수년간의 데이터를 쿼리할 때 전체 해상도로 샘플이 나올 때 문제가 된다. 다운샘플링된 데이터를 자동으로 생성함으로써 오랜 기간에 걸친 쿼리가 가능해진다.
- **규칙**: 다른 프로메테우스 샤드의 메트릭을 혼합하는 글로벌 알림 규칙과 레코딩 규칙을 생성할 수 있다.
- **장기 보관**: 객체 스토리지를 활용해 스토리지의 내구성, 신뢰성, 확장성 문제를 모니터링 스택 외부에 위임한다.

타노스에서 이러한 문제가 어떻게 해결되는지 살펴보자. 타노스의 주요 관심은 롱텀 스토리지 측면에 있다.

스토리지 측면에서 타노스 프로젝트는 장기 데이터 저장을 위해 객체 스토리지에 정착했다. 대부분의 클라우드 공급자는 객체 스토리지 서비스에 대한 서비스 레벨 계약SLA, Service-Level Agreements을 보장할 수 있는 추가적인 이점을 제공한다. 객체 스토리지는 일반적으로 상위 클라우드 공급자에서 99.9999999%의 내구성과 99.99%의 가용성을 제공한다. 온프레미스 인프라가 있는 경우 스위프트Swift(객체 스토리지 API를 제공하는 오픈스택OpenStack 구성 요소)를 사용하거나 14장의 테스트 환경에서 사용하는 MinIO 프로젝트를 사용할 수도 있다. 이러한 온프레미스 객체 스토리지 솔루션의 대부분은 동일한 특성을 갖고 있다. 대부분의 도구가 AWS S3를 지원하기 때문에 많은 솔루션이 AWS S3를 모방해 모델링된 API를 제공한다. 또한 클라우드 제공업체의 객체 스토리지는 일반적으로 매우 비용 효율적인 솔루션이다.

다음 다이어그램은 타노스를 사용해 프로메테우스 시계열을 장기간 보관하는 데 필요한 핵심 구성 요소의 간단한 개요를 제공한다.

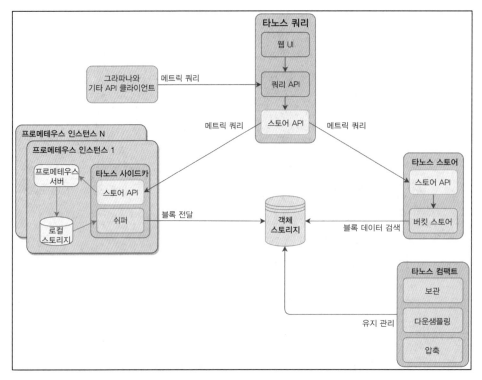

그림 14.2 상위 레벨의 타노스 롱텀 스토리지 아키텍처

다이어그램에서 볼 수 있듯이 일부 타노스 구성 요소를 통해 이러한 문제를 해결할 것이다. 다음 절에서는 타노스의 모든 구성 요소를 살펴보고 전체 디자인에서 그 역할을 확장한다.

타노스 구성 요소

타노스 롱텀 스토리지 아키텍처의 개요를 살펴봤으므로 타노스의 모든 구성 요소를 만나볼 차례다. 각 구성 요소의 소개 외에도 테스트 환경에서 사용할 수 있는 기능, 생태계에서 구성 요소의 역할과 설정까지 확장해 알아본다.

테스트 환경 사양

이 책의 시작 부분에 명시된 것처럼 제공된 테스트 환경을 사용하면 비용이 발생하지 않는다. 따라서 예제를 위한 객체 스토리지 버킷이 필요하기 때문에 S3 호환 API를 제공하는 MinIO 프로젝트를 사용했다. 자세한 내용은 https://min.io/에서 찾을 수 있고, 설정에 따라 MinIO 스토리지 엔드포인트는 다음 설정을 사용해 스토리지 인스턴스에서 사용할 수 있어야 한다.

```
vagrant@storage:~$ systemctl cat minio
...
EnvironmentFile=/etc/default/minio
ExecStart=/usr/bin/minio server $MINIO_OPTS $MINIO_VOLUMES
...
```

앞의 systemd 단위 파일은 다음 환경 변수를 로드한다.

```
vagrant@storage:~$ sudo cat /etc/default/minio
MINIO_VOLUMES='/var/lib/minio/data'
MINIO_OPTS='--address :9000'
MINIO_ACCESS_KEY='strongACCESSkey'
MINIO_SECRET_KEY='strongSECRETkey'
```

블록이 객체 스토리지로 전송될 때까지 2시간을 기다릴 필요 없도록 테스트 환경에서 프로메테우스 서버에는 다음과 같은 설정이 있다.

```
vagrant@prometheus:~$ systemctl cat prometheus
...
    --storage.tsdb.max-block-duration=10m \
    --storage.tsdb.min-block-duration=10m
...
```

위 설정은 블록 지속 시간을 변경해 디스크에 플러시하는 간격을 기본 2시간에서 10분으로 설정한다. 이러한 낮은 값을 설정하면 특정 기능을 테스트하는 데 매우 유용하지만 다른 기능에는 완전히 권장되지 않는다. 이번 예제를 이해하기 위해 테스트를 제외하고 해당 값을 2시간 이외의 값으로 변경해야 할 이유가 없다.

14장의 테스트 환경에 대한 세부 사항을 살펴보면 개별적인 타노스 구성 요소를 확인할 수 있다.

타노스 쿼리

13장에서 타노스 쿼리어와 사이드카를 살펴봤고 글로벌 뷰 문제를 해결했다. 쿼리의 경우 14장에서 다뤘던 기능도 사용할 것이다. 계속해서 쿼리어를 사용해 여러 Store API 엔드포인트를 쿼리하고 제공되는 중복 제거를 활용한다. 또한 웹 인터페이스를 통해 쿼리 API를 사용한다.

테스트 환경에서 사용할 수 있는 설정은 타노스 인스턴스에서 가져온 다음 코드 조각에서 볼 수 있듯이 매우 간단하다.

```
vagrant@thanos:~$ systemctl cat thanos-query
...
ExecStart=/usr/bin/thanos query \
        --query.replica-label replica \
        --store "prometheus:10901" \
        --store "thanos:11901" \
```

```
    --store "thanos:12901"
...
```

이 코드 조각에서 볼 수 있듯이 여러 **--store** 엔드포인트를 지정했다. 이 코드 조각을 이해하려면 브라우저를 통해 타노스 쿼리 웹 인터페이스 http://192.168.42.12: 10902/stores에 접속해 아래 화면에 표시된 것처럼 사용 가능한 저장소를 확인할 수 있다.

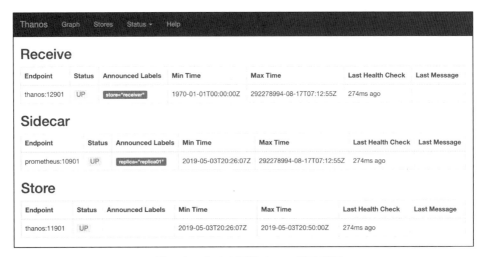

그림 14.3 타노스 쿼리어 /store 엔드포인트

화면은 테스트 환경에서 사용 가능한 모든 저장소 API를 보여준다. 타노스 쿼리어에서 쿼리를 실행할 때마다 사용되는 데이터 소스가 될 것이다.

타노스 사이드카

이전에 다뤘던 타노스 사이드카에 의해 노출된 스토어 API 외에도 디스크에서 TSDB 블록을 수집해 객체 스토리지 버킷으로 전달할 수 있다. 이렇게 하면 과거 데이터를 내구성 있는 매체에 보관해 프로메테우스 서버에서의 데이터 보유 기간을 줄일 수 있다. 사이드카에서 블록 업로드 기능을 사용하려면 기본 동작과 일치하게 --storage.
tsdb.min-block-duration과 --storage.tsdb.max-block-duration 플래그를 동일
한 값인 2시간으로 설정해야 한다. 그러면 프로메테우스 로컬 압축이 비활성화된다.

사용 중인 설정은 prometheus 인스턴스에서 확인할 수 있으며, 다음 명령어를 실행해
검사할 수 있다.

```
vagrant@prometheus:~$ systemctl cat thanos-sidecar
...
ExecStart=/usr/bin/thanos sidecar \
        --log.level debug \
        --prometheus.url "http://localhost:9090"\
        --tsdb.path "/var/lib/prometheus/data"\
        --objstore.config-file "/etc/thanos/storage.yml"
...
```

보다시피 이번 예제에서 --objstore.config-file 플래그는 TSDB 블록을 버킷 이름
과 같은 타노스 객체 스토리지 버킷으로 저장하기 위해 파일에서 필요한 모든 설정을
로드한다. 다음은 해당 파일의 내용이다.

```
vagrant@prometheus:~$ sudo cat /etc/thanos/storage.yml
type: S3
config:
  bucket: 'thanos'
  endpoint: 'storage:9000'
  insecure: true
  signature_version2: true
  access_key: 'strongACCESSkey'
  secret_key: 'strongSECRETkey'
```

프로메테우스 테스트 인스턴스에서는 10분마다 새로운 TSDB 블록이 생성되고 타노
스 사이드카가 객체 스토리지 엔드포인트로 이 블록을 전송한다.

http://192.168.42.11:9000/minio/thanos/에서 확인할 수 있는 MiniO의 웹 인터페이스를 사용해 버킷에서 블록을 검토할 수 있다. 앞의 코드 조각에 표시된 access_key와 secret_key를 통해 로그인하면 다음 화면과 유사한 것을 볼 수 있다.

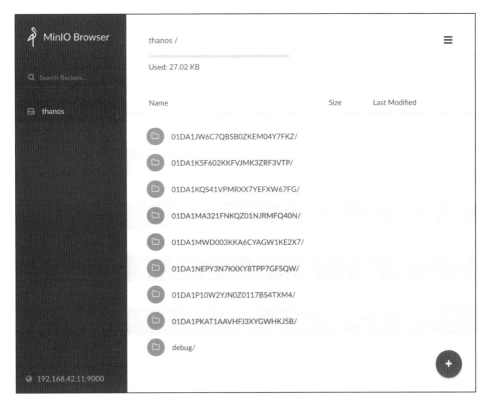

그림 14.4 MiniO 객체 스토리지 웹 인터페이스

이제 테스트에 사용할 수 있는 몇 가지 과거 데이터가 있어야 한다. 앞으로 이러한 데이터를 쿼리하는 방법이 필요할 것이다. 타노스 스토어 게이트웨이^{Thanos Store Gateway}가 이런 역할을 수행한다.

타노스 스토어 게이트웨이

타노스 스토어 게이트웨이의 주요 기능은 Store API 엔드포인트를 통해 객체 스토리지로 전달되는 블록의 과거 시계열에 대한 액세스를 제공하는 것이다. 즉, API 게이트웨이 역할을 효과적으로 수행할 수 있다. 구글 클라우드 스토리지, AWS S3, 애저^Azure 스토리지 등의 타노스 스토어의 모든 주요 객체 스토리지와 통합은 프로덕션 환경에서 실행하기에 충분히 안정된 것으로 간주된다. 모든 블록 메타데이터의 비교적 작은 로컬 캐시를 사용하며, 스토리지 버킷과 동기화 상태를 유지한다.

타노스 스토어 게이트웨이에 대한 최소 설정은 테스트 환경의 타노스 인스턴스에서 확인할 수 있다. 다음은 해당 코드 조각이다.

```
vagrant@thanos:~$ systemctl cat thanos-store
...
ExecStart=/usr/bin/thanos store \
          --data-dir "/var/lib/thanos/store" \
          --objstore.config-file "/etc/thanos/storage.yml" \
          --grpc-address "0.0.0.0:11901" \
          --http-address "0.0.0.0:11902"
...
```

확인했듯이 객체 스토리지 환경설정은 자신의 환경설정 파일에서 이뤄진다. 대부분의 다른 구성 요소와 마찬가지로 저장소는 쿼리를 수신하기 위한 Store API GRPC 포트와 HTTP 포트를 바인딩해 메트릭을 프로메테우스에 의해 수집할 수 있게 한다.

타노스 컴팩트

타노스 사이드카 업로드 기능이 안정적으로 작동하려면 프로메테우스 블록 압축 기능을 해제해야 하므로 압축 작업은 타노스 컴팩트^Thanos Compact라는 다른 구성 요소에 위임된다. 프로메테우스 스토리지 엔진과 동일한 압축 전략을 사용하지만 객체 스토리지의 블록에 사용하도록 설계돼 있다. 객체 스토리지에서 직접 압축을 수행할 수 없으므로 컴팩트는 블록을 처리하기 위해 로컬 디스크에 상당한 양의 사용 가능한 공간(원격으로 저장된 양에 따라 수백 GB)이 필요하다.

타노스 컴팩트에서 수행하는 또 다른 중요한 기능은 다운샘플링된 샘플을 생성하는 것이다. 다운샘플링의 가장 큰 장점은 엄청난 양의 데이터를 가져올 필요 없이 큰 시간 범위를 안정적으로 쿼리하는 것이다. 다운샘플링하는 방법은 단순히 샘플을 제거하는 것이 아니라 5개의 다른 집계 함수를 사용해 미리 집계하기 때문에 다운샘플링된 데이터를 사용할 때 *_over_time 함수(7장에서 설명)를 사용하는 것이 좋다. 이는 각 원본 시계열마다 5개의 새로운 시계열을 가져옴을 의미한다. 기억해야 할 중요한 점은 전체 해상도 데이터가 40시간 후 5분의 해상도로 다운샘플링된다는 것이다. 동일하게 5분 해상도의 1시간 동안 다운샘플링된 데이터는 원본 데이터를 소스로 사용해 10일(240시간) 후 생성될 것이다. 원본 데이터를 유지하는 것은 특정 이벤트를 시간 내에 확대하는 데 유용할 수 있다. 다음 표에 표시된 대로 원본, 5분과 1시간 형식으로 데이터 보관, 즉 보관 기간을 관리하기 위한 세 가지 플래그가 있다.

플래그	기간
--retention.resolution-raw	지속기간 동안 객체 스토리지 버킷에 원시 해상도 데이터를 유지한다. 예, 365일(기본값은 0일이며, 이는 영구 보관을 의미함)
--retention.resolution-5m	지속기간 동안 객체 스토리지 버킷에 5분 해상도 데이터를 유지한다. 예, 365일(기본값은 0일이며, 이는 영구 보관을 의미함)
--retention.resolution-1h	지속기간 동안 객체 스토리지 버킷에 1시간 해상도의 데이터를 유지한다. 예, 365일(기본값은 0일이며, 이는 영구 보관을 의미함)

 각 스토리지 버킷에서 동시에 실행되도록 설계되지 않았기 때문에 하나의 타노스 컴팩터(compactor)에만 연결돼 있어야 한다.

보관 정책을 고려할 때 첫 번째 다운샘플링 단계에서 5분 분량의 데이터를 집계하고, 집계로 인해 5개의 새로운 시계열이 생성되므로 실제로 공간을 절약하려면 스크레이핑 간격이 1분보다 짧아야 한다. 간격의 샘플 수는 집계 단계에 의해 생성된 샘플보다 높아야 한다.

컴팩터는 필요할 때 작동하도록 데몬으로 실행하거나, 실행이 끝날 때 종료되는 단일 샷(일회성) 작업으로 실행될 수 있다. 테스트 환경에는 객체 스토리지 버킷을 관리하기 위해 thanos 인스턴스에서 타노스 컴팩터가 실행된다.

테스트 환경을 단순화하고자 --wait 플래그를 사용해 서비스로 실행된다. 사용 중인 환경설정은 다음 코드 조각에 표시된다.

```
vagrant@thanos:~$ systemctl cat thanos-compact
...
ExecStart=/usr/bin/thanos compact \
        --data-dir "/var/lib/thanos/compact" \
        --objstore.config-file "/etc/thanos/storage.yml" \
        --http-address "0.0.0.0:13902" \
        --wait \
        --retention.resolution-raw 0d \
        --retention.resolution-5m 0d \
        --retention.resolution-1h 0d
...
```

다른 구성 요소와 마찬가지로 HTTP 엔드포인트는 메트릭을 스크레이핑하는 데 유용하다. retention.* 플래그에서 볼 수 있듯이 데이터를 사용 가능한 모든 해상도로 영구적으로 유지한다. 다음에는 타노스 관리 스토리지 버킷을 검사하는 데 도움이 되는 디버깅 도구인 타노스 버킷을 알아본다.

타노스 버킷

타노스 생태계에서 버킷bucket은 객체 스토리지의 블록 검증, 복구, 나열, 검사를 담당한다. 다른 구성 요소와 달리 버킷은 데몬 대신 커맨드라인 도구로 작동한다.

객체 스토리지 버킷에 사용 가능한 블록을 나열한 다음 예제를 시도해볼 수 있다.

```
vagrant@thanos:~$ sudo thanos bucket ls -o wide --objstore.config-
file=/etc/thanos/storage.yml
01D9SN3KEBNCB2MHASYXSDF1DE -- 2019-05-01 12:00 - 2019-05-01 12:10 Diff: 10m0s,
Compaction: 1, Downsample: 0, Source: sidecar
01D9SNNXCAXWKZ0EH6118FTHSS -- 2019-05-01 12:10 - 2019-05-01 12:20 Diff: 10m0s,
Compaction: 1, Downsample: 0, Source: sidecar
01D9SP87A9NZ9DE35TC2QNS7ZZ -- 2019-05-01 12:20 - 2019-05-01 12:30 Diff: 10m0s,
Compaction: 1, Downsample: 0, Source: sidecar
01D9SPTH88G9TR4503C4763TDN -- 2019-05-01 12:30 - 2019-05-01 12:40 Diff: 10m0s,
Compaction: 1, Downsample: 0, Source: sidecar
01D9SQCV68KVE7CXK4QDW9RWM1 -- 2019-05-01 12:40 - 2019-05-01 12:50 Diff: 10m0s,
Compaction: 1, Downsample: 0, Source: sidecar
01D9SQN6TVJ97NP4K82APW7YH9 -- 2019-05-01 10:51 - 2019-05-01 11:50 Diff: 58m41s,
Compaction: 2, Downsample: 0, Source: compactor
```

버킷은 문제를 해결하고 저장소 버킷의 블록 상태를 빠르게 이해하는 데 매우 유용하다.

타노스 리시버

이 책 집필 시점에 리시버receiver는 여전히 실험적이다. 그러나 '원격 쓰기와 원격 읽기' 절에서 약속한 대로 리시버는 원격 쓰기가 무엇인지 보여주는 훌륭한 예로, 리시버가 제공하는 기능이 무엇인지 살펴보겠다. 리시버는 프로메테우스 원격 쓰기 요청에 대한 타깃Target 역할을 하고, 수신된 샘플을 로컬에 저장한다. 또한 리시버는 Store API 엔드포인트도 구현해 저장소 노드 역할을 수행할 수 있고, 사이드카처럼 블록을 객체 스토리지에 전달할 수도 있다.

앞의 모든 것이 무엇을 의미하는지 이해하기 위해 두 가지 시나리오를 살펴보자.

프로메테우스 서버는 기본적으로 2시간마다 블록을 생성한다. 블록 전달과 함께 타노스 사이드카를 사용하더라도 타노스 쿼리어가 프로메테우스 서버의 원격 읽기 API를 통해 사이드카 없이 WAL^Write-ahead logging에 있는 데이터를 가져올 수 있는 방법은 없다. 그라파나 또는 기타 API 클라이언트가 프로메테우스에 대해 엄청난 요청을 생성하는 규모에 도달하면 프로메테우스 성능에 영향을 미치고 결국 알림에도 영향을 미칠 가능성이 있다. 이전에 봤던 것처럼 프로메테우스의 보호 메커니즘이 있더라도 말이다. 타노스 리시버를 사용해서 간단히 클라이언트 쿼리를 분리할 수 있어 프로메테우스 서버의 스크레이핑과 규칙 평가의 주요 작업을 보장할 수 있다. 간단히 말해 프로메테우스 서버의 쓰기에서 읽기를 효과적으로 분리할 수 있다. 타노스 사이드카를 계속 사용해 블록을 전달하고 타노스 리시버를 사용해 새 캐시와 마찬가지로 프로세스 프로메테우스 쓰기 경로를 보호할 수 있는 새로운 캐시처럼 모든 타노스 쿼리 요청에 응답할 수 있다.

 TIP 타노스 리시버는 2시간마다 블록을 생성하며, 프로메테우스와 달리 설계에 따라 하드 코딩돼 있다.

여러 테넌트나 팀이 사용하는 인프라를 관리하는 시나리오를 상상해보자. 기술적으로 충분히 잘 알고 있다면 각자 프로메테우스 서버를 관리하기 원할 것이다. 서버를 관리하는 데 필요한 모든 자동화를 제공할 수 있지만, 병목현상이 빠르게 발생할 것이다. 한 가지 옵션은 관리할 프로메테우스 서버와 타노스 리시버, 타노스 스토어 엔드포인트를 제공하는 것이다. 타노스 리시버는 블록을 객체 스토리지로 전달하고 타노스 스토어는 액세스할 수 있는 방법을 제공해 테넌트에서 원격 스토리지의 복잡성을 모두 추상화한다. 이는 인프라에 대한 서비스로 롱텀 스토리지를 제공하는 첫 번째 단계다.

테스트 환경의 thanos 인스턴스에서 타노스 리시버가 실행 중이다. 다음 코드 조각에서 설정을 확인할 수 있다.

```
vagrant@thanos:~$ systemctl cat thanos-receive
...
ExecStart=/usr/bin/thanos receive \
        --tsdb.path "/var/lib/thanos/receive" \
        --tsdb.retention 6h \
        --labels "store=\"receiver\"" \
        --remote-write.address "0.0.0.0:19291" \
        --grpc-address "0.0.0.0:12901" \
        --http-address "0.0.0.0:12902"
...
```

타노스 사이드카가 이미 객체 스토리지에 TSDB 블록을 보내는 프로메테우스 서버와 함께 실행되고 있기 때문에 --objstore.config-file 플래그를 추가하지 않고 리시버의 전달 기능을 비활성화했다. 이 리시버의 Store API에 의해 노출된 모든 시계열에 추가할 레이블을 지정할 수 있는 --label 플래그를 주목하자. 효과적으로 외부 레이블을 구성하는 방법이다. 또 다른 주목할 만한 플래그는 원격 쓰기 엔드포인트를 제공하는 데 사용되는 --remote-write.address다. prometheus 인스턴스를 살펴보면 앞서 언급한 플래그를 활용하는 다음과 같은 설정을 찾아볼 수 있다.

```
vagrant@prometheus:~$ cat /etc/prometheus/prometheus.yml
...
remote_write:
    - url: http://thanos:19291/api/v1/receive
...
```

테스트를 위해 다음과 같이 prometheus 인스턴스에서 타노스 사이드카를 멈출 수 있다.

```
vagrant@prometheus:~$ sudo systemctl stop thanos-sidecar
```

이렇게 하면 타노스 쿼리어가 더 이상 타노스 사이드카에 액세스할 수 없으며, 최근 블록 정보가 디스크로 플러시되지 않는다. 이런 경우에 리시버가 이 데이터를 제공하는지 여부를 확인할 수 있다. http://192.168.42.12:10902/graph에서 타노스 쿼리 웹 인터페이스로 이동해 up{instance=~"prometheus.+"}와 같은 인스턴트 쿼리를 실행하는 경우 다음과 같은 출력으로 표시된다.

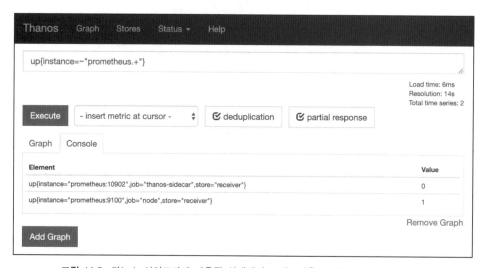

그림 14.5 타노스 사이드카가 다운된 상태에서도 메트릭을 보여주는 타노스 리시버

또한 타노스 사이드카가 현재 다운돼 있음을 알려주는 동안 타노스 리시버가 데이터를 제공하고 있음을 나타내는 **store** 레이블을 참고하자. 이는 프로메테우스 원격 쓰기 API 덕분에 최근 데이터를 쿼리할 수 있다.

리시버를 사용하는 것은 몇 가지 단점이 있으므로 가볍게 사용해서는 안 된다. 리시버는 실험적 기능이라는 사실 외에도 그라파이트Graphite와 같은 푸시 기반 시스템이다. 따라서 푸시 기반의 모든 단점(즉 악의적이고 불량한 클라이언트를 관리하는 데 어려움이 있는 것) 역시 있다.

504

타노스 규칙

타노스 규칙^{rule}을 사용하면 타노스 쿼리어나 사이드카와 같은 원격 쿼리 엔드포인트에 대해 프로메테우스 호환 레코딩 규칙과 알림 규칙을 실행할 수 있다. 로컬 블록에 저장된 규칙 평가 결과를 사용할 수 있도록 스토어 API 엔드포인트를 제공하며, 이러한 TSDB 블록을 객체 스토리지에 제공할 수도 있다. 타노스 규칙 구성 요소를 여러 프로메테우스 인스턴스에 분산시키는 대신 중앙 집중식 규칙 관리를 위한 해결책으로 사용하는 것은 매력적이지만, 이는 그런 목적이 아니며 권고하지 않는 사항이다. 이 책에서는 특히 알림을 위한 규칙이 얼마나 중요한지 강조했다. 또한 필수 메트릭이 있는 프로메테우스 인스턴스에서 이러한 규칙을 로컬로 실행하는 것이 중요하다는 점도 강조했다. 여러 프로메테우스 인스턴스에서 메트릭을 수집하기 위해 계층적 또는 교차 서비스 페더레이션과 같은 대안을 제공했다. 알림을 위해 타노스 규칙을 사용하면 다른 타노스 구성 요소, 네트워크 장애와 최악의 경우 객체 스토리지 등 여러 가지 실패 지점을 임계 경로에 추가할 수 있다. 알림은 예측 가능하고 신뢰할 수 있어야 하므로 가장 필요할 때 제대로 작동할 수 있다는 확신을 가져야 한다. 타노스 규칙은 적당한 사용 사례가 될 수 있지만, 대부분의 알림 요구에 대해서는 고려하지 않아야 한다. 그럼에도 불구하고 타노스 규칙의 존재를 알고 있는 것이 중요하다.

 타노스 규칙에 관련된 더 자세한 정보는 https://thanos.io/components/rule.md/에서 찾을 수 있다.

지금까지 타노스 생태계의 전체 개요와 테스트 환경이 어떻게 구성됐는지 살펴봤다. 타노스 스토어를 제외한 모든 저장소 API를 중지하거나 타노스 버킷을 사용해 객체 스토리지 버킷에서 사용할 수 있는 데이터를 파악하는 등의 동작을 평가하면서 모든 구성 요소를 테스트해보기 바란다.

▍요약

14장에서는 원격 읽기와 원격 쓰기 엔드포인트를 소개했다. WAL을 사용하는 최근의 원격 쓰기 전략이 프로메테우스의 글로벌 성능이나 가용성에 얼마나 중요한지 살펴봤다. 그런 다음 프로메테우스 로컬 스토리지를 제어할 수 있는 몇 가지 대안을 살펴보면서 롱텀 스토리지 솔루션 선택의 의미를 설명했다. 마지막으로 타노스를 살펴봤다. 디자인 결정을 내리고 전체 구성 요소의 생태계를 소개하고 다양한 구성 요소가 함께 작동하는 방식을 보여주는 실용적인 예를 제시했다. 이를 통해 필요한 경우 프로메테우스용 롱텀 스토리지 솔루션을 구축할 수 있다.

▍질문

1. WAL을 기반으로 한 원격 쓰기의 주요 장점은 무엇인가?

2. 실행 중인 프로메테우스 서버의 백업을 어떻게 수행할 수 있는가?

3. 프로메테우스 서버의 디스크 공간을 운영 중에 확보할 수 있는가? 그렇다면 어떻게 하는가?

4. 객체 스토리지를 사용하는 타노스의 주요 장점은 무엇인가?

5. 가능한 모든 해상도로 데이터를 유지하는 것이 합리적인가?

6. 타노스 스토어의 역할은 무엇인가?

7. 타노스를 사용해 객체 스토리지에서 사용 가능한 데이터를 어떻게 검사할 수 있는가?

❚ 더 읽을거리

- 프로메테우스 HTTP API: https://prometheus.io/docs/prometheus/latest/querying/api/

- 타노스 공식 웹사이트: https://thanos.io/

A

평가

▌ 1장, 모니터링 기초

1. 모니터링은 업계 또는 심지어 특정 직무 환경별로 빠르게 변화하기 때문에 명확하게 정의하기 어렵다. 관점의 다양성, 모니터링 시스템을 구성하는 요소, 그리고 데이터가 수집되거나 사용되는 방법까지 모두 명확한 정의에 도달하기 위한 요소들이다.

2. 시스템 관리자는 고해상도, 짧은 대기 시간, 높은 다양성을 가진 데이터에 관심이 있다. 시스템 관리자 관점에서 모니터링의 주요 목표는 문제를 신속하게 발견하고 근본 원인을 최대한 빨리 식별하는 것이다.

3. 저해상도, 높은 대기 시간, 높은 다양성을 가진 데이터

4. 모니터링을 얼마나 넓게 정의할지에 따라 달라진다. 이 책의 범위 내에서 로깅은 모니터링으로 간주되지 않는다.

5. 모니터링 서비스의 위치를 모든 타깃에 알려야 한다. 이러한 방식의 큰 단점은 시스템이 한동안 보고되지 않았다면 문제가 있는 것인지 아니면 의도적으로 모니터링에서 제외된 것인가 하는 점이다. 또한 데이터를 중앙 지점으로 푸시하는 분산된 호스트와 서비스 셋을 관리할 경우 동시에 들어오는 많은 연결로 인한 과부하나 잘못된 설정으로 인해 예기치 않은 데이터 홍수가 발생할 수 있어 위험도가 더 복잡해지고 시간이 많이 소요된다.

6. RED 방법은 속도^{Rate}, 에러^{Error}, 기간^{Duration} 메트릭을 선택하는 매우 좋은 시작점이다.

7. 해당 검사는 모니터링에 대한 블랙박스 접근 방식이며, 대신 직접 또는 익스포터를 통해 계측해야 한다.

▌2장, 프로메테우스 생태계 개요

1. 주요 구성 요소는 프로메테우스^{Prometheus}, 알림 매니저^{Alertmanager}, 푸시 게이트웨이^{Pushgateway}, 네이티브 계측 애플리케이션(라이브러리), 익스포터, 시각화 솔루션이다.

2. 프로메테우스 배포에는 프로메테우스와 기본적으로 계측돼 있거나 익스포터를 사용하든 관계없이 스크레이핑 타깃이 필수적인 요소다. 그러나 알림 라우팅과 관리를 수행하려면 알림 매니저가 필요하다. 푸시 게이트웨이는 배치 작업과 같은 매우 구체적인 사용 사례에서만 필요하다. 프로메테우스에는 기본 대시보드 기능이 내장돼 있지만 그라파나 시각화 옵션으로 스택에 추가할 수 있다.

3. 모든 애플리케이션이 프로메테우스 호환 계측 도구로 구축되는 것은 아니다. 때로는 메트릭이 전혀 노출되지 않는다. 이러한 경우 익스포터에 의존할 수 있다.

4. 정보를 신속하게 수집해 동기 작업에서 노출해야 한다.

5. 가능한 경우 파티션의 양쪽에서 경고가 전송될 수 있다.

6. 가장 빠른 옵션은 웹훅 통합을 사용하는 것이다.

7. 프로메테우스 서버에는 표현식 브라우저와 콘솔이 함께 제공된다.

▌ 3장, 테스트 환경 구축

1. 프로메테우스 스택은 거의 모든 주류 운영체제에 배포할 수 있다. 데스크톱 환경에서도 확실하게 실행될 수 있지만 시스템 배포를 시뮬레이션하려고 베이그런트 기반 테스트 환경을 사용하거나 쿠버네티스 기반 프로덕션 환경과 동일하게 동작하는 미니쿠베 환경에서도 사용할 수 있다.

2. utils 디렉터리 있는 defaults.sh 파일을 사용하면 가상 시스템 기반 예제의 소프트웨어 버전을 변경할 수 있다.

3. 모든 가상 시스템 기반 예제에서 기본 서브넷은 192.168.42.0/24다.

4. 프로메테우스 인스턴스를 시작하고 실행하는 단계는 다음과 같다.

   a. 소프트웨어 버전이 권장 버전과 일치하는지 확인한다.

   b. 제공된 코드 저장소를 복제한다.

   c. 해당 장의 디렉터리로 이동한다.

   d. vagrant up을 실행한다.

   e. 완료되면 vagrant destroy -f를 실행한다.

5. 해당 정보는 프로메테우스 웹 인터페이스의 /targets에서 사용할 수 있다.

6. ./cache/alerting.log 아래에서 확인할 수 있다.

7. 테스트 환경 설정을 완료하면 해당 장의 디렉터리 아래에서 vagrant destroy -f 를 실행한다.

▌4장, 프로메테우스 메트릭 개념

1. 시계열은 일반적으로 동일한 소스에서 고정된 간격과 연대순으로 수집되는 일련의 수치형 데이터 포인트로 정의될 수 있다. 따라서 이러한 종류의 데이터는 그래픽 형식으로 표현될 때 x축은 시간이고 y축은 데이터 값인 시간에 따른 데이터의 변화를 표시한다.

2. 타임스탬프, 값^{value}, 태그/레이블

3. WAL$^{Write-Ahead\ Log}$

4. 기본값은 2h며, 변경할 수 없다.

5. float64 값과 밀리초 정밀도의 타임스탬프

6. 히스토그램은 여러 차원에 걸쳐 자유롭게 집계될 수 있으므로, 버킷[1] 지연 시간과 크기(예, 요청 기간이나 응답 크기)를 추적하는 데 특히 유용하다. 또 다른 큰 용도는 히트 맵[2]을 생성하는 것이다. 분위수가 없는 서머리^{Summary}는 생성, 수집, 저장하는 데 매우 저렴하다. 요약에서 분위수를 사용하는 주된 이유는 관측된 이벤트의 분포와 범위에 관계없이 정확한 사분위수 추정이 필요할 때다.

7. 횡단면 집계는 여러 시계열이 집계된 차원에 의해 하나로 결합한다. 종단면 집계는 시간 범위 동안 단일 시계열의 샘플을 단일 데이터 포인트로 결합한다.

---

1. 히스토그램에서 동일한 값의 범위 – 옮긴이
2. 시간이 지남에 따른 히스토그램의 변화 – 옮긴이

▌5장, 프로메테우스 서버 실행

1. scrape_timeout은 기본값 10초로 설정될 것이다.

2. 다시 시작하는 것 외에도 설정 파일은 프로메테우스 프로세스에 SIGHUP 시그널을 보내거나 시작할 때 --web.enable-lifecycle이 사용되는 경우 /-/reload 엔드포인트에 HTTP POST 요청을 전송해 다시 로드할 수 있다.

3. 프로메테우스는 오래된 기준점을 찾지 않는 한 기본적으로 최대 5분까지 되돌아 볼 것이다. 이 경우 즉시 오래된 시계열로 간주된다.

4. 스크레이핑이 수행되기 전에 relabel_configs를 사용해 타깃 목록을 다시 작성하는 반면, metric_relabel_configs는 스크레이핑이 수행된 후 레이블을 다시 작성하거나 샘플을 삭제하는 데 사용된다.

5. 로드밸런서와 유사한 기능인 쿠버네티스 서비스를 통해 스크레이핑할 때 한 번에 하나의 Hey 애플리케이션 인스턴스에만 도달하게 된다.

6. 쿠버네티스 파드의 일시적인 특성으로 인해 추가 자동화 없이 정적 구성을 사용해 스크레이핑 타깃을 정확하게 관리하는 것은 거의 불가능하다.

7. 프로메테우스 오퍼레이터Operator는 프로메테우스 스택과 스크레이핑 작업을 자동으로 관리하는 데 사용되는 도메인별 정의를 선언하려고 사용자 정의 리소스와 사용자 정의 컨트롤러를 활용한다.

▌6장, 익스포터와 통합

1. 텍스트 파일 컬렉터는 프로메테우스 노출 형식의 메트릭을 포함하는 .prom 확장명의 파일에 대한 디렉터리를 확인해 사용자 정의 메트릭을 표시할 수 있게 한다.

2. 데이터는 컨테이너 런타임 데몬과 리눅스 cgroups에서 수집된다.

3. 활성화할 컬렉터(--collectors) 수를 제한하거나 메트릭 화이트리스트(--metric-whitelist)나 블랙리스트(--metric-blacklist) 플래그를 사용할 수 있다.

4. 프로브 디버깅할 때 디버깅 정보를 활성화하기 위한 HTTP GET URL에 &debug=true를 추가할 수 있다.

5. 애플리케이션 로그에서 메트릭을 추출하려고 mtail이나 grok_exporter를 사용할 수 있다

6. 한 가지 가능한 문제는 고가용성이 부족해 단일 장애 지점SPOF이 된다는 것이다. 수직 또는 샤딩 방식으로 확장할 수 있는 유일한 방법이므로 확장성에도 영향을 미친다. 프로메테우스는 푸시 게이트웨이를 사용함으로써 인스턴스를 직접 스크레이핑하지 않으므로 up 메트릭이 상태 모니터링을 위한 프록시가 되는 것을 방지할 수 있다. 또한 node_exporter의 텍스트 파일 컬렉터와 마찬가지로 메트릭은 API를 통해 푸시 게이트웨이에서 수동으로 삭제해야 한다. 그렇지 않으면 메트릭은 프로메테우스에 영원히 노출된다.

7. 특히 생성된 메트릭의 라이프사이클이 인스턴스의 라이프사이클과 일치하는 경우 노드 익스포터의 텍스트 파일 컬렉터가 유효한 솔루션이 될 수 있다.

▌ 7장, 프로메테우스 쿼리: PromQL

1. 비교 연산자는 <(보다 작음), >(보다 큼), ==(같음), !=(다름), =>(크거나 같음), <=(작거나 같음)

2. 풍부하게 하려는 시계열이 PromQL 표현식의 오른쪽에 있을 때

3. topk는 이미 결과를 정렬한다.

4. rate() 함수는 범위 윈도우에 맞게 조정된 범위의 첫 번째 값과 마지막 값을 사용해 지정된 간격 동안 초당 평균 변경 속도를 제공하지만 irate() 함수는 순간 변화율을 생성하는 계산으로 범위의 마지막 두 값을 사용한다.

5. 유형 정보의 메트릭은 _info로 끝나는 이름을 가지며, 가능한 값이 **1**인 일반적인 게이지^{Gauge}다. 이 특별한 종류의 메트릭은 버전(예, 익스포터 버전, 언어 버전, 커널 버전), 할당된 역할이나 VM 메타데이터 정보와 같이 시간이 지남에 따라 값이 변경될 수 있는 레이블이 저장되는 위치로 설계됐다.

6. rate 함수는 카운터를 예상하지만 카운터 중 하나가 재설정될 때 감소할 수 있으므로 카운터의 합은 실제로 게이지다. 카운터가 재설정되는 부분은 그래프로 표시될 때 임의의 스파이크[3]로 변환된다. rate는 카운터 재설정에 의한 감소를 고려하기 때문에 다른 카운터의 총합은 0과 현재 값 사이의 큰 델타(변화량)로 간주된다.

7. CPU 코어가 100% 사용될 때 1 CPU 초가 소요된다. 반대로 유휴 상태면 0 CPU 초가 소요된다. 이렇게 하면 CPU 초를 직접 활용할 수 있으므로 사용량 비율을 쉽게 계산할 수 있다. 가상머신에는 두 개 이상의 코어가 있을 수 있다. 즉, 초당 1개 이상의 CPU를 사용할 수 있다. 다음 표현식은 각 코어가 지난 5분 동안 유휴 상태가 된 초당 CPU 초를 계산한다.

```
rate(node_cpu_seconds_total{job="node",mode="idle"}[5m])
```

최근 5분 동안 초당 평균 CPU 유휴 시간을 계산하는 간단한 방법은 각 코어의 값을 평균화하는 것이다.

```
avg without (cpu, mode)
(rate(node_cpu_seconds_total{job="node",mode="idle"}[5m]))
```

CPU 초와 CPU 초가 유휴 상태일 때 CPU 사용량을 얻기 위해 코어당 초당 총 1개의 CPU를 사용해야 한다.

---

3. spike. 값이 순간적으로 변하는 현상을 말하며 제자리로 돌아오는 특성이 있다. - 옮긴이

```
avg without (cpu, mode) (1 -
rate(node_cpu_seconds_total{job="node",mode="idle"}[5m]))
```

백분율을 얻으려면 100을 곱하면 된다.

```
avg without (cpu, mode) (1 -
rate(node_cpu_seconds_total{job="node",mode="idle"}[5m])) * 100
```

▌ 8장, 트러블슈팅과 검증

1. 프로메테우스는 promtool과 함께 배포되고, 다른 여러 기능 중에서도 환경설
   정 파일에 문제가 있는지를 확인할 수 있다.

   ```
   promtool check config /etc/prometheus/prometheus.yml
   ```

2. promtool 유틸리티는 stdin에서 프로메테우스에 노출되는 형식의 메트릭을
   읽고 현재 프로메테우스 표준에 따라 검증할 수 있다.

   ```
   curl -s http://prometheus:9090/metrics | promtool check metrics
   ```

3. promtool 유틸리티를 사용해 프로메테우스 인스턴스에 대해 인스턴트 쿼리를
   실행할 수 있다.

   ```
   promtool query instant 'http://prometheus:9090' 'up == 1'
   ```

4. promtool을 사용해 주어진 레이블 이름에 대한 모든 레이블 값을 찾을 수 있다.

```
promtool query labels 'http://prometheus:9090' 'mountpoint'
```

5. 프로메테우스 시작 파라미터에 --log.level=debug를 추가한다.

6. /-/healthy 엔드포인트는 인스턴스나 오케스트레이션 시스템에 문제가 있고 재배포해야 하는지 알려주는 반면 /-/ready 엔드포인트는 인스턴스의 로드밸런서가 트래픽을 수신할 준비가 됐는지 알려준다.

7. 프로메테우스 데이터베이스가 잠금 해제돼 있는 동안(예, 프로메테우스가 해당 디렉터리를 사용하지 않는 경우) tsdb 유틸리티를 실행해 메트릭과 레이블 이탈에 대한 특정 데이터 블록을 분석할 수 있다.

```
tsdb analyze /var/lib/prometheus/data 01D486GRJTNYJH1RM0F2F4Q9TR
```

▌ 9장, 알림과 레코딩 규칙 정의

1. 이러한 유형의 규칙은 무거운 쿼리를 미리 계산해 무거운 대시보드에서 부하를 제거하고 원시 데이터를 시계열로 집계해 외부 시스템으로 내보내고 복합 범위 벡터 쿼리를 생성하는 데 도움이 된다.

2. instance_job:latency_seconds_bucket:rate30s에는 적어도 instance와 job 레이블이 있어야 한다. 30초 범위 벡터를 사용해 latency_seconds_bucket_total 메트릭에 rate를 적용해 계산된다. 따라서 원본 표현식은 다음과 같을 수 있다.

```
rate(latency_seconds_bucket_total[30s])
```

3. 레이블 값이 변경되면 알림의 ID도 변경된다.

4. 알림 표현식이 결과를 반환하기 시작하고 알림이 트리거되면 알림이 **pending** 상태로 전환되지만 **for** 간격 설정 동안은 **firing** 상태로 간주되지 않는다.

5. 금방 올 것이다. **for** 절이 지정되지 않은 경우 해당 표현식이 결과를 생성하는 즉시 알림이 실행되는 것으로 간주된다.

6. **promtool** 유틸리티에는 레코딩 규칙과 알림 규칙을 위해 장치 테스트를 실행할 수 있는 **test** 하위 명령어가 있다.

▌10장. 그라파나 대시보드 검색과 생성

1. 그라파나를 시작할 때 프로비저닝 경로에서 YAML 정의를 읽음으로써 데이터 소스의 자동 프로비저닝을 지원한다.

2. 그라파나 갤러리에서 대시보드를 가져 오는 단계는 다음과 같다.

   a. grafana.com 갤러리에서 대시보드 ID를 선택한다.

   b. 그라파나 인스턴스에서 왼쪽 주 메뉴의 더하기 기호를 클릭하고 하위 메뉴에서 Import를 선택한다.

   c. 선택한 ID를 텍스트 필드에 붙여 넣는다.

3. 변수를 사용하면 대시보드에서 표현식과 제목 문자열에 사용할 수 있는 플레이스홀더placeholder를 구성할 수 있으며, 이러한 플레이스홀더는 일반적으로 드롭다운 메뉴의 형태로 대시보드 사용자에게 표시되는 정적 목록이나 동적 목록의 값으로 채워질 수 있다. 선택한 값이 변경될 때마다 그라파나 해당 변수를 사용하는 패널과 제목 문자열에서 쿼리를 자동으로 업데이트한다.

4. 그라파나에서 구성 요소는 패널이다.

5. 아니다. 대시보드 ID는 동일하게 유지되지만 리비전이 증가한다.

6. 콘솔은 프로메테우스 인스턴스에서 직접 제공되는 사용자 정의 대시 보드다.

7. 원시 HTML/CSS/자바스크립트로 작성된 콘솔 템플릿에서 생성되며, Go 템플 릿 언어의 기능을 활용해 제한 없이 사용자 정의할 수 있다. 템플릿은 프로메 테우스 내에서 실행되므로 HTTP API를 통하지 않고 TSDB에 직접 액세스할 수 있어 콘솔 생성이 놀라울 정도로 빠르다.

▮ 11장, 알림 매니저

1. 네트워크 파티션의 경우 각 파티션은 알고 있는 알림에 대한 통지를 보낸다. 클러스터링 장애 시나리오에서는 문제에 대한 중복 통지를 전혀 받지 않는 것보다 받는 것이 좋다.

2. 라우트에서 continue를 true로 설정하면 매칭 프로세스에서 다음 일치할 때 까지 라우팅 트리를 통해 계속 진행되므로 여러 리시버가 트리거될 수 있다.

3. group_interval 설정은 새 알림이 수신될 때 업데이트된 통지를 보내기 전에 지정되고 group_by로 정의된 알림 그룹에서 추가적인 알림을 기다리는 시간 을 정의한다. repeat_interval은 변경 사항이 없을 때 지정된 알림 그룹에 대한 통지를 다시 보낼 때까지 기다리는 시간을 정의한다.

4. catch-all 또는 fallback 라우트라고도 하는 최상위 라우트는 들어오는 알림이 다른 서브라우트에서 일치하지 않을 때 기본 리시버를 트리거한다.

5. 웹훅 연계를 통해 알림 매니저는 통지의 JSON 페이로드와 함께 설정 가능한 웹훅 엔드포인트에 HTTP POST 요청을 할 수 있다. 이는 알림 매니저에서 사 용하는 통지 공급자의 형식으로 변환해 통지를 전달할 수 있는 브리지를 실행 할 수 있다.

6. CommonLabels 필드는 통지의 모든 알림에 공통적인 레이블로 채워진다.

CommonAnotations 필드는 어노테이션에 대해 정확히 동일하게 작동한다.

7. 좋은 방법은 데드맨 스위치 알림^{deadman's switch alert}을 사용하는 것이다. 항상 실행 상태가 될 수 있는 알림을 만든 다음 알림 매니저를 구성해 알림 수신을 중단하는지 여부를 알려주는 외부 시스템으로 알림을 라우트한다.

▎12장, 올바른 서비스 디스커버리 선택

1. 매우 동적인 환경에서 스크레이핑 타깃을 관리하는 것은 자동 디스커버리 없이는 힘든 작업이다.

2. API를 통해 필요한 모든 리소스를 나열할 수 있도록 충분한 권한이 있는 액세스 자격증명 셋이 있어야 한다.

3. A, AAAA, SRV DNS 레코드를 지원한다.

4. 쿼리에 사용할 수 있는 API 객체가 많기 때문에 프로메테우스에 대한 쿠버네티스 디스커버리 환경설정에는 node, service, pod, endpoint 또는 ingress 될 수 있는 role 개념이 있다. 각 객체는 타깃 디스커버리에 해당하는 객체 셋을 사용할 수 있게 된다.

5. 사용자 정의 디스커버리를 구현하는 가장 좋은 메커니즘은 파일 기반 디스커버리 통합을 사용해 프로메테우스에 타깃을 삽입하는 것이다.

6. 아니다. 프로메테우스는 파일 시스템을 모니터링해 변경 사항이 있을 때 자동으로 감지한 후 타깃 목록을 다시 로드하고, 모니터링이 불가능할 경우 일정에 따라 타깃 파일을 다시 읽는다.

7. 프로메테우스 코드 저장소에서 사용할 수 있는 어댑터 코드는 디스커버리 메커니즘을 구현하는 데 필요한 상용구의 대부분을 추상화하므로 사용하는 것이 좋다. 또한 사용자 정의 서비스 디스커버리를 프로젝트에 기여하려는 경우 어댑터를 사용하면 서비스 디스커버리 코드를 프로메테우스 바이너리에 쉽게

통합할 수 있으므로 오픈소스 프로젝트의 견인과 함께 커뮤니티의 지원을 얻을 수 있다.

▌13장, 프로메테우스 확장과 페더레이션

1. 단일 인스턴스가 부하를 처리하기에 충분하지 않고 더 많은 리소스로 실행할 수 없는 경우 샤딩을 고려해야 한다.
2. 수직 샤딩은 각 프로메테우스가 서로 다른 작업을 스크레이핑하는 책임(예, 기능 또는 팀)에 따라 스크레이핑 워크로드를 분할하는 데 사용된다. 수평 샤딩은 단일 스크레이핑 작업에서 여러 프로메테우스 인스턴스로 부하를 분할한다.
3. 프로메테우스 인스턴스에 대한 수집 로드를 줄이려면 `metric_relabel_configs` 규칙을 사용하거나 스크레이핑 간격을 늘려 불필요한 메트릭을 삭제하는 것이 좋다.
4. 인스턴스 레벨의 프로메테우스 서버는 작업 레벨 집계 메트릭을 통합해야 한다. 작업 레벨 프로메테우스 서버는 데이터 센터 레벨의 집계 메트릭을 통합해야 한다.
5. 다른 프로메테우스 인스턴스에서만 사용할 수 있는 메트릭을 레코딩 규칙과 알림 규칙에서 사용해야 할 수도 있다.
6. 사용되는 프로토콜은 gRPC다.
7. 타노스 중복 제거 기능을 사용할 수 없게 될 것이다.

14장, 롱텀 스토리지와 통합

1. 원격 쓰기 기능을 WAL에서 기반으로 하는 주요 이점은 메트릭의 스트리밍을 가능하게 하고 메모리 사용 공간이 훨씬 적으며 크래시에 대한 복원력이 향상된다는 점이다.

2. /api/v1/admin/tsdb/snapshot API 엔드포인트(--web.enable-admin-api 플래그가 활성화된 경우에만 사용 가능)를 사용해 TSDB의 스냅샷을 생성하도록 프로메테우스에 요청한 다음 스냅샷을 백업할 수 있다.

3. /api/v1/admin/tsdb/delete_series API 엔드포인트를 사용한 다음 /api/v1/admin/tsdb/clean_tombstone을 사용해 삭제된 시계열을 정리하게 함으로써 TSDB에서 시계열을 삭제할 수 있다. 해당 엔드포인트는 --web.enable-admin-api 플래그가 활성화된 경우에만 사용할 수 있다.

4. 객체 스토리지는 일반적으로 99.999999999%의 내구성과 99.99%의 가용성을 가진 서비스 레벨 계약을 제공하고, 블록 스토리지에 비해 상당히 저렴하다.

5. 그렇다. 예를 들어 원시 데이터를 유지하는 것은 과거의 짧은 시간 범위를 조사하는 데 유용하다.

6. 타노스^{Thanos} 저장소는 타노스 쿼리어와 객체 스토리지 사이에 API 게이트웨이를 제공한다.

7. thanos bucket 하위 명령어를 사용해 객체 스토리지의 데이터를 검사할 수 있고, 스토리지 버킷을 확인, 복구, 나열, 검사할 수도 있다.

| 찾아보기 |

프로메테우스 인프라스트럭처 모니터링

가상머신, 컨테이너 환경의 프로메테우스 모니터링 실습과 활용

발 행 | 2020년 1월 2일

지은이 | 조엘 바스토스 · 페드로 아라우호
옮긴이 | 김 진 웅 · 문 진 수

펴낸이 | 권 성 준
편집장 | 황 영 주
편 집 | 조 유 나
디자인 | 박 주 란

에이콘출판주식회사
서울특별시 양천구 국회대로 287 (목동)
전화 02-2653-7600, 팩스 02-2653-0433
www.acornpub.co.kr / editor@acornpub.co.kr

이 도서의 국립중앙도서관 출판시도서목록(CIP)은 서지정보유통지원시스템 홈페이지(http://seoji.nl.go.kr)와
국가자료공동목록시스템(http://www.nl.go.kr/kolisnet)에서 이용하실 수 있습니다.(CIP제어번호: CIP2019052326)

책값은 뒤표지에 있습니다.